Remerciements

Dans cet ouvrage collectif sont présentées la plupart des conférences plénières du Symposium Européen de Budapest (Hongrie) qui a eu lieu les 29 février, 1er et 2 mars 1996, organisé par l'Institut Emmi Pikler (Lóczy) sur le thème « *Du corporel au psychique. Que le bébé reste acteur de son développement. Soins protecteurs et thérapeutiques au quotidien dans l'accueil du jeune enfant* ».

Sous le haut patronage de Madame Árpád Göncz, épouse du président de la République hongroise, ce symposium s'est déroulé en français avec traduction hongroise simultanée, en présence de Madame Christiane Nicoullaud, épouse de l'ambassadeur de France à Budapest.

Sous l'égide du ministère du Bien-Etre social de Hongrie, de la WAIMH (World Association for Infant Mental Health) France, l'Association hongroise de psychologie, l'Association des psychanalystes hongrois, l'Association des pédiatres hongrois, l'Association des pouponnières hongroises et le Fonds Houtman (Belgique).

Comité scientifique : I. Barkoczi (Hongrie), A. Canevaro (Italie), J. Falk (Hongrie), B. Golse (France), S. Lebovici (France), J. Osofsky (Etats-Unis), D. Stern (Suisse), R. Caffari (Suisse), M. David (France), Y. Gauthier (Canada), A. Guedeney (France), M.C. Mauroy (Belgique), M. Soule (France), A.M. Thirion (Belgique).

Comité de programme : G. Appell (France), A. Frichet (France), E. Kálló (Hongrie), D. Cupa (France), K. Hevesi (Hongrie), A. Tardos (Hongrie), M. Vincze (Hongrie).

Présidents de séances : B. Golse, R. Lagier, M. Soule.

Soutien financier : Ministère du Bien Etre Social (Hongrie), Ministère des Affaires Etrangères (France), Ministère des Affaires sociales (France), Ambassade de France en Hongrie (France), Institut français de Hongrie (France), Fondation SOROS (Hongrie), Fonds HOUTMAN (Belgique), Fondation de France (France), WAIMH (Hongrie), Médecins sans Frontières (Belgique), Université catholique Péter Pázmány (Hongrie), NESTLE Hungaria (Hongrie), ESSELTE (France), Central Véhicule Industriel-Montélimar (France), DELTA Truck (Hongrie), SERVITEC (Hongrie), Compagnie générale des Eaux, Lorr Ymage Hungary Kft.

Les travaux des ateliers qui ont eu lieu les après-midis ne sont pas présentés dans ce livre. Ils existent sous forme de livrets en vente à l'Association Pikler Lóczy de France, 20 rue de Dantzig, 75015 Paris, tél. : 01 53 68 93 50. On y trouve une description de chacun des films avec les textes des deux discutants chargés de les introduire, et un bref compte rendu des débats.

Ce livre et la mise en forme de ces livrets sont l'occasion de remercier encore une fois tous ceux qui ont contribué à la réussite de ce symposium et plus particulièrement les nurses et Iren Csatari, leurs documents vidéoscopiques ont été particulièrement précieux.

Enfin, nous adressons des remerciements particulièrement chaleureux à Elisabeth Scheurer pour son travail dans la relecture et la mise en forme de ces ouvrages, ainsi qu'à F. Demozay, M. Klein et N. Leblanc pour l'aide qu'elles lui ont apportée.

Illustration de couverture :

Iren Csatari

ISBN : 2-86586-634-3

ME - 15-3-3-4

11 rue des Alouettes, 31520 Ramonville Saint-Agne

www.edition-eres.com

Préface

Ce livre que j'ai l'honneur de présenter est naturellement centré sur les exposés qui furent présentés à Budapest, précédent de peu le cinquantième anniversaire de la fondation Pikler située rue Lóczy.

Or cette institution est centrée sur l'efficacité des soins donnés par les « nurses ». Chacune d'entre elles est essentiellement chargée de faire des enfants dont elle est la référente, des êtres pleins de sécurité et en même temps stables. Le temps de séparation d'avec les parents doit être mis à profit pour que le lieu où l'enfant réside devienne un lieu-de-soins. Emmi Pikler, il y a cinquante ans, avait fondé son Institut pour permettre l'épanouissement de l'enfant. Je me rappelle pour mon compte que le langage tenu à ce moment-là à l'Institut était un peu différent : on parlait alors des progrès du développement de l'enfant plutôt que de son épanouissement. Quoi qu'il en soit, ces soins éducatifs permettaient l'existence de relations interpersonnelles stables et continues avec un nombre restreint d'adultes bien formés à ces techniques.

Chaque professionnel garde deux préoccupations :
— respecter et soutenir les activités libres de l'enfant dont il a la charge ;
— en même temps, faire que chaque enfant sache qu'il est important pour lui de se situer dans un environnement social personnel bien défini où il pourra donner un certain sens aux événements qui ont lieu autour de lui — et probablement aussi à son passé.

On comprend donc la valeur des propos de Geneviève Appell : « Le bébé sait que son entourage professionnel "commence à le porter dans la tête, pas seulement dans les bras." » L'expérience de l'Institut Pikler implique que le personnel engagé dans une interaction avec des bébés puisse comprendre la nature de ce qu'il fait et celle des attitudes de ses collègues au cours de séminaires réguliers. Des observations écrites évitent sans doute des digressions emphatiques. Dans ces conditions, on comprend la nécessité de l'adoption commune du projet pédagogique et des détails concernant la vie quotidienne de chaque enfant.

Anna Tardos a montré un court document dans lequel on voit une petite fille de dix mois, allongée sur le dos dans l'aire de jeux. Elle tient dans la main un disque en bois avec lequel elle tente de saisir un objet en caoutchouc qu'elle ne peut attraper. On va la voir osciller avec sa main gauche pour s'approcher de l'objet. Elle utilise le reflet de sa main et un plat creux pour parvenir finalement à saisir l'objet en caoutchouc qu'elle tient dans ses mains en se mettant sur le dos. Anna Tardos indique l'intérêt de l'enfant sur la liaison entre le reflet de sa main et son mouvement. Elle insiste sur le fait que cet enfant est isolé et que son activité libre n'est pas vécue comme un drame : « Ce bébé a la liberté de suivre son intérêt » alors qu'il n'a que dix mois. A l'Institut, la liberté de profiter de ses mouvements spontanés est vécue par les enfants comme une bonne capacité qui sera confirmée vers quatre ans, au moment où l'enfant dont il vient d'être question est revue charmante et sereine. Une telle observation montre que la situation est thérapeutique pour l'enfant, mais aussi pour l'adulte. Ce dernier peut admirer en effet les capacités du bébé dont il s'occupe, mais aussi les conséquences heureuses de ses soins attentifs et programmés.

Sans doute les mères en font-elles autant : en donnant le bien-être corporel à leur enfant, elles savent qu'elles jouent un rôle essentiel. Mais avoir un bébé qui va bien est un objectif essentiel de la maternalité. En institution, le soin corporel est toujours prioritaire, mais ici l'adulte qui s'occupe de l'enfant n'est pas sa mère. Elle doit être présente cependant pour l'enfant, avec sa main et sa tête. La situation institutionnelle fait que l'adulte soignant doit « porter le bébé dans sa tête », et en même temps il doit obtenir que le bébé ressente un intérêt privilégié pour lui au moment où il reçoit les soins.

J'aimerais ajouter ici qu'il s'agit généralement de bébés qui ont plus de six mois et qui ont vécu dans des conditions très difficile leur vie de fœtus, puis les premiers mois de leur vie. Depuis longtemps, Freud a montré que le traumatisme tend à se répéter : l'expérience de Lóczy se doit d'être déconditionnante, ceci après que l'enfant a été séparé d'un milieu familial dont il doit fairc le deuil, malgré son attachement généralement « insécure ». L'éducateur devrait devenir un véritable psychothérapeute dans la mesure où il prodigue des soins continus. Mais celui qui va réaliser une psychothérapie spécialisée dans les groupes où il ne travaille pas est riche de son expérience d'éducateur dans les groupes.

Après les présentations de bandes vidéoscopiques qui témoignaient de la technique et de la qualité des soins, des discussions eurent lieu dans chaque groupe l'après-midi : un certain nombre d'auteurs ont pu présenter alors des contributions importantes. On lira d'abord celle de Martine Lamour. En étudiant le bain d'une petite fille de trois mois, filmé à Budapest, Martine Lamour va montrer comment on peut y voir « les paysages relationnels de Tünde ». Ce bébé hongrois a vécu de nombreuses expériences qui permettent à Martine Lamour de la comparer aux enfants qu'elle voit elle-même à Paris, qui sont tristes et méfiants, mais que leur mère décrit pourtant avec fierté, comme si l'enfant n'avait pas besoin d'elle. Elle s'aperçoit à ce moment de l'hypervigilance de leur regard et de leur capacité à s'apaiser eux-mêmes grâce à leurs ressources personnelles. Or l'enfant semble déjà mémoriser *in utero*, comme s'il était porteur d'une continuité transnatale (B. Cyrulnick). Cela veut dire qu'une courte séquence peut être encodée grâce au travail de la mémoire épisodique. La répétition des expériences interactives va permettre la « représentation d'interactions généralisées » (Daniel Stern). Ces expériences quotidiennes répétées font le lit de ce que cet auteur a proposé d'appeler « les enveloppes protonarratives » (Daniel Stern, 1994).

Dans les cas étudiés, lorsque l'enfant est en pouponnière, il cherche à obtenir de l'éducatrice les relations qu'il a eues avec sa mère. Les discussions suscitées par un tel comportement montrent le rôle actif du bébé dans les interactions observées. Il faut alors tenir compte, selon Martine Lamour, du « bébé imaginaire de l'institution » : il est un produit du transgénérationnel de cette dernière. Commentant le document au cours du séminaire, Martine Lamour a l'impression que les travailleurs de l'Institut Pikler voient toujours le bébé comme un être solide et plein d'initiatives, à qui il conviendrait de faire adopter des règles sociales, ce qu'Emmi Pikler considérait comme un effet de la motricité libre. Cependant Martine Lamour remarque que, dans son livre, Emmi Pikler (1979) notait l'importance du fait que l'attente de l'adulte soit perçue par l'enfant : il fallait laisser l'initiative à l'enfant, lui permettre l'exécution de son acte et faire que cet acte soit efficace pour lui.

Michel Lemay remarque de son côté que l'expérience de Lóczy fut révolutionnaire dans la mesure où elle constitue une réponse à la condamnation générale des institutions, même lorsque les familles sont très nuisibles. Cette institution a su montrer que l'adoption du modèle familial peut constituer une erreur grave, puisque l'enfant ne peut songer à être inscrit dans le désir de sa mère et de son père. Elle a su cependant inclure l'adulte dans la vie du jeune enfant. Michel Lemay étudie le domaine des soins pour justifier ce propos : il montre qu'une bonne technique peut créer le bien-être et par là mener à la jubilation du bébé. De même, il montre que les activités libres respectent les activités autonomes des autres enfants. Elles se déroulent en effet sous le regard vigilant de l'adulte qui incite l'enfant à exercer une activité autonome. Michel Lemay a tenu cependant à montrer en même temps qu'il est dangereux de vouloir imiter trop facilement une institution comme Lóczy.

Ce danger sera également souligné par Marie-Louise Carels et Gentile Manni, toutes deux engagées dans une collaboration avec des institutions spécialisées où se déroulent des recherches-actions pour lesquelles ces deux psychologues représentent l'université. On sait que ces recherches-actions conduisent des équipes de terrain à réfléchir à leur pratique et éventuellement à la modifier, comme ces deux auteurs le démontrent à propos de deux expériences des soins au quotidien. En Belgique, comme en Italie d'ailleurs, on peut mettre en évidence deux positions :

— l'une donne toute sa valeur à la relation avec l'adulte et à l'activité libre des enfants ;

— l'autre met l'accent sur la valeur de la vie en groupe.

Mais ces recherches-actions exigent une grande attention donnée aux éducatrices et aux puéricultrices qui doivent recevoir un soutien incessant à la fois matériel, moral et psychopédagogique. Ce soutien doit cependant respecter l'interaction entre l'enfant et la puéricultrice, cette dernière étant soumise ainsi à un double message :

— d'une part, il lui est affirmé que son action a un caractère curatif ;

— d'autre part, elle prend conscience du fait que l'enfant malade doit recevoir des soins.

Dans cette perspective contradictoire, on lira les conclusions tirées par Natacha Bizos Kukucka de son expérience personnelle, qui veut associer la pratique de l'Institut Pikler à l'approche psychanalytique. Elle remarque que sa pratique l'a conduite à donner peu d'interprétations : elle introduit plutôt une fonction maternelle qui contient une fonction paternelle qui « module et protège la mère et le bébé ». La mère abandonnée peut reprendre sa double fonction.

Martine Moralès Huet a étudié, avec Serge Stoléru, les soins psychothérapiques donnés à domicile dans les familles incapables d'assurer les soins habituels. Elle propose le paradigme « d'être avec » comme modèle du partenariat observé dans les soins donnés à Lóczy. Il s'agit là d'une option paradoxale, mais l'auteur montre l'importance du maintien actif de la relation clinique, le travail de réflexion en équipe et la poursuite de la collaboration entre services ; ce qui lui permet de rappeler que le modèle non interventionniste du psychothérapeute est ici dépassé. « Etre avec », c'est « faire avec ».

Le lecteur, qui aura pris connaissance de ces diverses formes d'action, ne pourra manquer d'être ému par l'intervention de Myriam David. J'avais moi-même souligné l'aspect empathique des soins donnés à Lóczy. Cette remarque constitue la base de la consultation thérapeutique. Mon hypothèse est en effet que l'empathie du thérapeute détermine chez lui des capacités métaphorisantes et « énactantes ».

Mon intervention fut suivie d'une remarque très émouvante de Myriam David que je ne crois pas pouvoir taire, au risque de lui déplaire, car elle n'aime pas montrer la richesse de sa biographie. Elle s'exprima à peu près de la manière suivante : « A propos de l'absence de soins et de ce que le soin de Lóczy apporte, je le crois au niveau de l'humanité, ce qu'on n'a pas dit, c'est que dans le phénomène des camps de concentration, ce qui a été dynamique dans le sens de la destruction, c'est le "non-soin" absolu. Le "non-soin", c'est l'absence de la nourriture ou lorsque la nourriture est "dégueulasse", c'est la saleté "dégueulasse", ce sont les vêtements "dégueulasses", c'est l'épuisement, l'absence de sommeil. Et l'on n'a pas dit non plus que quand cela arrive au corps, l'âme s'en va. En tout cas, la psyché s'en va et l'on ne pense plus. Un corps maltraité ne peut pas penser. Il est abject. Il donne envie à l'autre de le mépriser, l'envie de le battre et de le détruire. »

Myriam David évoqua ensuite les bébés qu'elle avait rencontrés à la Fondation Parent de Rosan où, abandonnés, ils étaient soignés par des femmes dont les enfants étaient eux-mêmes placés : elles ne pouvaient pas leur donner de soins personnalisés et les appelaient par leur numéro. Cette rencontre date de 1950, mais on a retrouvé la même situation en Roumanie où les enfants abandonnés dans les orphelinats sont devenus « irrécupérables ».

A ce sujet, Myriam David évoque un souvenir tragique personnel : « Dans une cave de Drancy, après avoir été plus que malmenée par les SS, la porte s'est ouverte dans le noir et a laissé passage à quelqu'un dont je ne me souviens que du visage et de l'énorme gratitude et du réconfort que j'en ai éprouvés. Je vois la cuvette et je peux encore sentir l'éponge avec laquelle il m'essuyait le visage, l'impression d'être remontée sur ma bête, d'être totalement réconfortée. »

C'est ainsi que Myriam David exprime sa reconnaissance aux nurses de Lóczy et à celles qui les entourent : « C'est vraiment un travail d'artiste au service de l'humanité et qui produit ces enfants qui, s'ils n'étaient pas dans cette conjoncture-là, seraient justement des enfants carencés à vie : ils deviendraient des êtres abjects, méprisables, méprisés, qu'on a envie de laisser pourrir quelque part. »

Cette intervention révèle un besoin essentiel de ceux dont l'existence est niée.

L'ouvrage comporte quelques articles essentiels et très nouveaux. La première partie décrit le rapport entre l'attention et l'observation. Dans sa contribution sur le concept d'attention, Didier Houzel recourt à la notion d'attention flottante proposée par Freud pour définir la situation d'écoute psychanalytique. En fait, Didier Houzel, se référant à la conception de Bion, propose le concept d'attention inconsciente. Il étudie d'abord l'attention volontaire et prolongée, dirigée vers des objets, c'est l'attention artificielle de Ribot. La neuropsychologie russe avec Vygotsky, Luria et Leontev, insiste sur la dimension sociale de l'attention volontaire, tandis que l'attention spontanée a une origine biologique, commandée par des stimuli externes qui ont acquis tout au long de l'évolution de l'espèce, une valeur de signaux. Les travaux neurophysiologiques ont été stimulés par les recherches sur le développement de l'enfant. Ils distinguent trois réseaux : le système de vigilance, le système attentionnel postérieur et le système attentionnel antérieur.

De fait, le bébé, depuis l'âge de quatre mois, est capable d'avoir une attitude d'attention conjointe (Bruner, 1983) : il oriente son regard dans la même direction que le regard de la mère. Vers neuf mois, c'est le moment où apparaît le pointage, où tout se passe comme s'il était capable de sélectionner l'objet de son attention.

On sait l'importance que les travaux américains attachent aux troubles déficitaires de l'attention (ADD). En fait, le traitement de ces troubles par des neuroleptiques ou des excitants constitue un abus évident avec des effets nuisibles possibles.

Cette esquisse historique permet de rappeler que Freud a travaillé sur l'attention. Il le fait avec plus de détails dans ses « formulations sur les deux principes du fonctionnement mental au cours des événements psychiques » (1911). C'est sur cette base que l'on comprendra le concept d'attention flottante qui domine l'attitude du psychanalyste au cours du traitement. Didier Houzel, insiste sur la contribution de Bion d'après qui l'attention est la matrice « dans laquelle viennent se réunir les éléments du psychisme et où ils peuvent ensemble constituer un tout cohérent ». Selon Bion, l'attention que la mère dirige vers son enfant lui permet de recevoir les messages qu'il lui adresse, en particulier ses projections inconscientes, qu'elle peut transformer en éléments pensables, grâce à sa capacité à la rêverie.

C'est ici que Houzel propose le concept « d'attention inconsciente » qu'il lie à l'absence de souvenirs conscients et de désirs conscients chez l'analyste : ainsi peuvent intervenir « les souvenirs oniriques de l'analyste ».

Bernard Golse propose l'idée que Freud était le meilleur des philosophes. Les métaphores langagières dont il a exposé l'importance dans ses *Trois essais sur la théorie de la sexualité* font de lui un poète et un philosophe : il s'agit de montrer le rôle de poète et de philosophe chez Freud en ce qui concerne le bébé.

Observer, c'est théoriser. Mais l'observation dépasse le regard et fait appel, chez le psychanalyste, à son expérience de partage des représentations colorées par les affects non refoulés, d'où ma proposition plus récente au moins dans sa formulation : les parents — et les nurses de Lóczy — peuvent « co-créer » une vie psychique relationnelle chez le bébé (Lebovici, 1998) : elle définit le double rôle du processus de parentalisation nourri par le bébé, et celui de filiation qui est le produit des « signifiants » maternels, autrement dit de la sexualité infantile de la mère qui tient dans ses bras le bébé réel qui la déçoit souvent et celui qu'elle a imaginé, celui de son désir de grossesse : elle le connaît à travers ses projections, confirmées ou non par les premiers clichés échographiques qui lui permettent de connaître son sexe, de lui choisir un prénom et d'exercer son activité phobique à propos d'éventuelles malformations de ce bébé qu'elle voit avant sa naissance : elle peut donc déployer ses fantasmes inconscients qui ont permis à Monique Bydlowski de parler d'une « dette de vie » à l'égard de la grand-mère maternelle du bébé, tandis que le grand-père maternel devient un substitut du père bilogique. Une telle organisation ne saurait être prise en compte chez de nouveau-nés suivis dans une pouponnière, ce qui n'enlève aucune importance au concept d'empathie pour le définir à la fois par un symbole et par un icône, celui qui veut valoriser les soins empathiques, dans la mesure où la remarquable formation qu'elles reçoivent permet aux nurses de s'identifier au sens profond que cette fonction comporte et qui se trouve très éloignée des limitations bruyantes et volontiers artificielles, telles qu'on les observe malheureusement trop souvent.

Pour notre compte, nous espérons que cette introduction expliquera notre empathie avec cette institution : nous sommes très reconnaissants à Geneviève Appell et à Myriam David d'en avoir depuis longtemps, signalé le grand intérêt encore très mérité — et nous ne voulons pas manquer d'insister sur l'existence de la « fondation Lóczy internationale » : le gouvernement hongrois qui ne pouvait pas maintenir la fondation Lóczy dans son rôle d'expérience pilote a en effet admis le rôle de cette association dans la gestion financière et technique de la fondation Pikler.

Serge Lebovici

Bibliographie

Bruner, J. 1983. *Savoir faire, savoir dire*, Paris, PUF.

Bydlowski, M. 1998. *La dette de vie*, Paris, PUF.

Cyrulnick, B. ; Stern, D. 1986. *Les relations précoces du jeune enfant*, traduction française, Paris, PUF, 1989.

Lebovici, S. 1998. « Lettre ouverte à Robert Emde et réponse à ses questions concernant l'empathie ». *Dans* : Braconnier, A. ; Sipos, J. (dir. publ.) *Interactions précoces*, Paris, PUF.

Stern, Daniel. 1994. « Une manière de construire un nourrisson cliniquement pertinent », *Revue de médecine psychosomatique*, 37/38, pp. 15-38.

Stoléru, S. ; Morales Huet, M. 1989. *Psychothérapies mère-nourrisson dans les familles à problèmes multiples*, Paris, PUF.

Cf. l'ensemble des documents vidéoscopiques multimédias consacrés à la consultation thérapeutique du très jeune enfant, produits par *A l'aube de la vie* (numéro dirigé par Serge Lebovici avec la collaboration de Bernard Golse).

Introduction

Il est couramment considéré que, « s'occuper d'un petit d'homme » est simple, instinctif, à la portée du premier humain venu. Certes, élever son ou ses enfants est dans l'ordre des choses, et est assumé spontanément par la plupart des parents dans toutes les cultures. Mais pour « naturel » qu'il soit, il ne s'agit pas pour autant d'un acte simple, et nous avons appris combien il est difficile de pallier l'absence ou la défaillance des soins parentaux.

Ces dernières décennies, cliniciens et chercheurs ont tenté de comprendre l'impact de ce « prendre soin » sur la construction psychique du petit humain. Qu'est-ce qui se joue, côté mère, côté bébé, côté père, qui fait que ce bébé grandit, se construit et devient cet adulte-là dans son unicité ? Quels sont les facteurs à l'œuvre, dans la complexité de leurs interactions, sans oublier leur entourage et/ou les soignants suppléants ? Quels liens se tissent entre ces adultes et ce bébé à la fois si séduisant et si déroutant parce qu'ayant un fonctionnement mental qu'ils ont eu, puis abandonné et enfoui dans l'oubli après l'avoir plus ou moins bien élaboré. Pour comprendre ces phénomènes, plusieurs notions sont nécessaires à définir, et notamment celle « d'empathie » sans laquelle il ne peut y avoir vraie rencontre humanisante entre l'adulte et le bébé et la mise en place d'un bon soin.

Le terme soin lui-même est à définir. En français, soin est synonyme d'attention, d'application, de vigilance. Au pluriel, il est associé au corporel. On parle des soins assurant hygiène et bien-être. Le soin rend aussi la santé aux malades. C'est sans doute pourquoi il est associé à l'idée de pathologie et est rejeté par certains lorsqu'il s'agit du jeune enfant bien portant. Ils préfèrent alors parler d'éducation. Et pourtant, s'occuper d'un bébé implique toutes ces notions. Il s'agit d'être attentif à ses manifestations, d'être vigilant à son bien-être, de s'appliquer à le bien traiter corporellement et affectivement, et si nécessaire, de prendre en compte son mal-être. C'est tout cela un soin de qualité, et comment y parvenir reste une question sans cesse à réfléchir qui prend encore plus d'importance quand on s'occupe d'enfants séparés de leurs parents et en souffrance.

Dans cet ouvrage, chacun des textes écrits à l'occasion du Symposium Européen de Budapest de février 1996 (« Du corporel au psychique. Que le bébé reste acteur de son développement. Soins protecteurs et thérapeutiques au quotidien dans l'accueil du jeune enfant ») traite à sa manière de ces importantes questions. Ce fut l'occasion, pour leur auteur, de faire connaître l'état de ses réflexions soit sur des concepts soit sur des recherches et observations concernant le développement de l'enfant, soit encore sur son travail clinique auprès de mères, pères, bébés et soignants. Le fait que ce symposium ait été construit autour des travaux de l'Institut Emmi Pikler (Lóczy) a créé un autre lien entre les différentes présentations. Pour de nombreux conférenciers et participants, ce symposium s'inscrivait dans une longue filiation de journées scientifiques organisées par l'Association Pikler Lóczy de France et de travaux dans le cadre de la WAIMH. De plus, les projections de films émanant de Lóczy furent pour beaucoup l'occasion de se découvrir, lors du symposium, des préoccupations communes et des réflexions proches, même si chacun les exprime sur des modes ou en des termes différents. Il devenait alors possible d'échanger sans se mettre en opposition et, tout en n'évacuant pas les différences, de faire avancer la pensée. Il a existé comme une résonance entre ce qui était dit de la qualité du soin à l'enfant, de l'attention à ses parents ainsi qu'à ses soignants, et ce qui se disait de la qualité des échanges qui se sont développés entre les participants.

Les premiers textes de ce livre soulignent plus particulièrement l'importance d'une vraie observation de l'enfant et toute sa complexité. Observer, lorsqu'on prend soin d'un bébé, ce n'est pas répertorier ponctuellement la présence de tel ou tel phénomène, mais plutôt maintenir en continu son attention à son égard pour comprendre ce qu'il exprime, et s'y ajuster le plus finement possible. Une observation sans sollicitude attentive, sans empathie, risque de déshumaniser le regard sur l'enfant, et en conséquence l'enfant lui-même. Alors que cet effort d'attention et d'ajustement permet d'accueillir le bébé dans sa totalité. Il est la condition d'une vraie rencontre entre deux psychismes et devient source de plaisir et de satisfaction de part et d'autre.

Pour l'adulte soignant, il s'agit, dans un mouvement vers le bébé, d'être attentif avec tous ses sens et sa sensibilité, mais aussi d'être à l'écoute de l'écho en soi de ce qui est perçu. C'est là une attitude exigeante mais qui, intégrée au travail d'une équipe, dans une réflexion permanente, lui apporte sécurité et compétence. Elle permet à l'adulte de percevoir que le bébé est lui-même un extraordinaire observateur qui tire un bénéfice immédiat de cette attention que l'adulte lui porte. Il capte celle-ci par tous ses sens et fait un travail psychique fondamental en reliant entre elles toutes ses perceptions.

Montrer les articulations entre attention, observation et théorisation a été un des axes de réflexions des auteurs de la première partie.

On peut rappeler, ici, que l'attention portée par Emmi Pikler à tout ce qui vient de l'enfant fait que, depuis sa toute première activité en tant que pédiatre de famille, l'observation empathique du bébé a été au cœur de ce qu'elle a cherché à transmettre aux parents. Lorsqu'en 1946, lui fut confiée la responsabilité de créer un lieu d'accueil pour enfants sans famille, elle en fit le fondement même du travail des nurses. C'est sur la base de ses observations en famille et en collectivité qu'elle a élaboré sa théorie sur la valeur de l'activité libre du bébé pour son propre développement.

Les auteurs du chapitre 2 soulignent combien la rencontre concrète, ajustée, si particulière, entre un enfant en devenir, dépendant de l'adulte mais déjà capable de manifester ses compétences à cet adulte bienveillant, a un impact sur son développement psychique. Tout en servant de base à l'éclosion d'une relation, elle favorise chez lui l'acquisition du sentiment de continuité, la capacité à gérer ses émotions, son processus d'individuation, et renforce son narcissisme. Penser ainsi la notion de maternage permet de concilier réflexion psychanalytique et psychopédagogique. L'interaction comportementale est là reconnue comme importante pour le développement psychique, et on peut concevoir son articulation avec les interactions affectives et fantasmatiques. Ces trois types d'interactions sont prises en compte sans que parler des unes soit considéré comme un déni des autres.

De même, les notions de rythmes et de mini-coupures sont étudiées sous des angles différents mais complémentaires. Cette même démarche est adoptée entre cognitivistes et psychanalystes, notamment à propos de la notion de « relation contenante ». Tout ceci permet aux uns et aux autres d'avancer dans leur réflexion sur le jeune enfant.

Dans la troisième partie, quatre psychologues analysent, à partir de leur expérience clinique personelle, un bain filmé à l'Institut Pikler. Elles poursuivent, en quelque sorte, la démarche entreprise par de nombreux éducateurs, pédopsychiatres, puéricultrices, psychologues, pédagogues, décidés à approfondir l'étude des idées « piklériennes », des réelles implications de cette approche, de ses bases théoriques et de sa compatibilité avec d'autres théories. Tout ceci dans un véritable esprit d'ouverture.

Introduits et enrichis par les réflexions précédentes, les textes de la dernière partie ouvrent sur une vaste question primordiale : le soin professionnel. Là, et peut-être pour la première fois, il ne s'agit plus pour les auteurs d'opposer soin maternel et soin professionnel mais de réfléchir à leurs similitudes et à leurs différences dans ce qu'ils apportent à l'enfant, ainsi qu'aux sources auxquelles ils s'originent chez l'adulte. Cerner la spécificité et la valeur intrinsèque de chacun d'eux, aussi bien pour l'enfant en bonne santé que pour l'enfant en difficulté, qu'il vive en famille ou en institution, ouvre des pistes importantes pour réfléchir à l'accompagnement du bébé, des parents et des soignants. Cela permet aussi de cheminer vers une réflexion sur les caractéristiques structurantes et/ou thérapeutiques de chacun d'eux.

A titre d'exemple, l'étude sur la notion de rythme et de mini-discontinuité dans le soin maternel, abordée au chapitre 2, conduit à se demander si, dans le soin professionnel (lorsqu'il est, comme à Lóczy, conçu pour être homogène entre les différents soignants), on peut repérer quelque chose de l'ordre de ces discontinuités structurantes pour l'enfant. Ou encore, il devient plus clair que des mouvements psychiques différents sont à l'origine de « l'aller vers » le bébé chez une mère et chez une professionnelle, mais que dans les deux cas, il peut en naître une relation chaleureuse, spécifique certes, mais vitale pour l'épanouissement de l'enfant. Qu'attendre de l'adulte soignant une relation de type maternel, c'est le mettre ainsi que le bébé en grand danger, alors qu'il est possible de structurer un cadre, de développer un regard sur le bébé partenaire actif de son propre développement, et d'élaborer une théorie du soin qui permet l'émergence d'une relation professionnelle épanouissante pour le bébé et son soignant. Enfin, le respect et la prudence nécessaires dans l'accompagnement d'une relation maternelle, qui ont été soulignés, sont aussi à mettre en place dans le cadre du travail d'équipe qui doit accompagner le soignant professionnel. Toute intervention qui concerne le soin au bébé ne peut être constructive que si l'on s'intéresse aux adultes qui prennent soin de lui, et si on les soutient dans leur rencontre avec lui.

De cet ouvrage collectif émerge une nouvelle vision de l'Institut Pikler. A travers les propos des auteurs, on perçoit combien cette approche particulière du soin, si souvent critiquée, rejetée comme trop étrange et sans fondement théorique, est en fait une approche pensée, théorisée, dont on a tiré toutes les implications pratiques dans les moindres « détails » pour un accompagnement le plus adéquat possible de l'enfant.

Certains des auteurs témoignent aussi combien cette approche les inspire dans leur travail clinique dans d'autres types de structures : centre maternel, crèche, consultation mère-enfant…

Si des cliniciens de nombreux pays transmettent combien cette attention respectueuse de l'enfant et cet accordage entre l'adulte et l'enfant sont intéressants, il faut redire qu'ils ne peuvent exister sans un travail préalable, complexe, où l'institution donne le temps et les conditions pour qu'une rencontre entre enfant et professionnel puisse advenir. Cela passe en particulier par un cadre et une organisation quotidienne minutieusement réfléchis pour chaque enfant, avec une observation empathique permettant l'ajustement. Cela implique une confiance et un respect de l'enfant inébranlables ; enfin, que le temps éveillé de celui-ci soit pensé dans le moindre détail en vue de son épanouissement. Il est nécessaire de comprendre comment tous les « détails » s'articulent, ne peuvent remplir leur fonction les uns sans les autres, et influencent le développement de l'enfant. Tout ceci est « soignant » au même titre que le soin corporel ajusté et le dialogue instauré entre le professionnel et l'enfant.

Lors du symposium, l'importance de cette approche concrète du « prendre soin d'un enfant » a été illustrée par le témoignage d'une clinicienne roumaine. Il lui incombe, avec son équipe, la lourde tâche de transformer une de ces institutions mortifères dont toute l'horreur a été montrée par les médias, en un lieu d'humanité. Lieu où les enfants pourront se développer, accompagnés par des professionnels découvrant en eux-mêmes compétences à soigner et plaisir à rencontrer les tout-petits. Elle a su dire en termes particulièrement forts combien ils étaient en difficulté pour aborder ces bébés si longtemps livrés à eux-mêmes et sans histoire familiale connue. Et, par contre, combien l'expérience de l'Institut Emmi Pikler, leurs idées sur l'enfant acteur de son développement et l'accompagnement respectueux des adultes qui prennent soin de lui, les soutenaient dans leur travail.

Si cette approche peut avoir une fonction thérapeutique pour ces enfants roumains ou pour le parent présentant de graves troubles de la parentalité, elle a également une valeur préventive très précieuse. C'est un état d'esprit d'accueil, de rencontre avec l'autre. L'autre étant l'enfant qu'on accompagne, le parent, le professionnel.

On peut peut-être aller jusqu'à dire que cette conception du soin a un aspect universel car elle parle de l'humain de tout âge et de nombreux types de relations à chaque fois qu'il est question d'articuler au mieux dépendance et autonomie dans le respect du sujet et de son devenir, dans un plaisir à être ensemble dans une relation concrète. Pourquoi ne pas s'en inspirer pour travailler avec des personnes handicapées — certains le font déjà — ou avec des personnes âgées ?

Mais revenons au bébé !

Il reste beaucoup à faire pour que les professionnels de la petite enfance tirent toutes les conséquences de l'idée que le bébé est un sujet à part entière, et qu'ils puissent « penser bébé ». C'est-à-dire penser un être « dont le corps est son principal instrument d'être, de penser, d'expérimenter, de sentir ». Cette difficulté à s'imprégner de cette pensée est normale. Car approcher un jeune enfant sollicite en nous des émotions, sentiments, fantasmes complexes et intenses.

Pour conclure, il faut souhaiter que cet ouvrage, comme tous les échanges particulièrement riches suscités par le symposium de Budapest, soit l'occasion d'échanges à son tour, de réflexion, et fasse émerger de nouvelles idées de recherche sur le jeune enfant et sa relation à tous les adultes l'accompagnant dans son développement. « Prendre soin d'un jeune enfant, de l'empathie au soin thérapeutique » est une réflexion approfondie sur le soin direct au bébé. Elle ne doit pas faire oublier que, dans toute situation d'accueil d'un enfant, il convient de prendre en compte et, selon les cas, de traiter le lien de cet enfant avec ses parents, sa famille. Mais tout ceci devrait être l'objet d'un autre symposium suivi d'un autre ouvrage !

Geneviève Appell

I

DE L'ATTENTION A L'OBSERVATION

Didier Houzel

Le concept d'attention

Toutes les définitions du concept d'attention insistent sur trois propriétés : le renforcement des perceptions soumises à l'attention ; la sélectivité des perceptions bénéficiant de l'attention ; l'accession à la conscience de ces perceptions. Les deux dernières propriétés méritent d'être discutées à la lumière de la théorie et de la technique psychanalytiques. La sélectivité des perceptions se heurte au concept d'*attention flottante* défini par Freud. L'accession à la conscience des perceptions est partiellement remise en cause par la théorisation de Bion. En m'appuyant sur la pensée de cet auteur, je proposerai plus loin de parler d'*attention inconsciente.*

Quelques définitions classiques

Herbart, dont on sait l'influence qu'il eut sur la pensée de Freud, définit l'attention comme « la faculté de produire un accroissement de la représentation »[1].

Ribot, dans sa *Psychologie de l'attention*[2], donne la définition suivante : « L'attention consiste en un état intellectuel, exclusif ou prédominant, avec adaptation spontanée ou artificielle de l'individu ».

Didier Houzel, pédopsychiatre (France).

1. Cité par A. Lalande, *dans* : *Vocabulaire technique et critique de la philosophie*, Paris, PUF, 1985, 15e édition, p. 94.
2. Th. Ribot, *Psychologie de l'attention*, Paris, Félix Alcan, 1889.

Pour William James, l'attention est « [...] la prise de possession par l'esprit, sous une forme claire et vive, d'un objet ou d'une suite de pensées parmi plusieurs qui semblent simultanément possibles »[3].

Lalande en donne la définition suivante : « Accroissement de l'activité intellectuelle, soit spontanée, soit volontaire, et direction de celle-ci sur un objet ou sur un ensemble d'objets qui, en l'absence de ce phénomène, seraient absents du champ de la conscience ou n'en occuperaient qu'une partie minime »[4].

La théorie psychologique de Théodule Ribot

Ribot a introduit une distinction importante, et qui reste d'actualité, entre ce qu'il appelle « l'attention spontanée » ou « automatique » et « l'attention volontaire » ou « artificielle ».

L'attention spontanée a pour cause les états affectifs du sujet, ses motivations. Elle a une origine biologique. L'objet de l'attention spontanée agit par son pouvoir intrinsèque, c'est par exemple la proie pour le prédateur. Elle agit par un renforcement sélectif des stimuli que Ribot décrit d'une façon qui annonce les développements de Freud dans l'« Esquisse d'une psychologie scientifique » (1895). Ce serait, selon lui, une action musculaire qui d'une part fixerait la perception consciente sur un objet et d'autre part la renforcerait. « Le rôle fondamental des mouvements de l'attention consiste à maintenir l'état de conscience et à le renforcer »[5]. Il voit dans l'immobilité motrice, l'orientation du corps et de la face dans une direction, les modifications respiratoires qui accompagnent l'attention, non pas des signes extérieurs ayant une simple signification d'effets, mais bien ce qui fixe la perception et la conscience sur l'objet d'attention.

Il lui est plus difficile de rendre compte, à partir de ce point de vue psychophysiologique, du renforcement des perceptions. Il suppose, pour cela, que l'innervation motrice a une sorte d'effet de renforcement sur l'innervation perceptive, et il cite Maudsley à l'appui de cette hypothèse : « D'abord, excitation du trajet d'idéation approprié au moyen de la représentation externe ou de la représentation interne ; secondairement, augmentation de l'énergie de cette première stimulation par une nouvelle stimulation due à l'innervation motrice correspondante ; troisiè-

---

3. Cité par G. Edelman, *dans : Biologie de la conscience*, traduction française par A. Gerschenfeld, Paris, Odile Jacob, 1992.
4. A. Lalande, *Vocabulaire technique et critique de la philosophie*, Paris, PUF, 1985, 15e édition, p. 93.
5. *Ibid.*

mement, une nouvelle augmentation d'énergie par la réaction subséquente des centres perceptifs plus actifs que les autres, sur l'idée ; car l'influence réciproque de ces facteurs sensoriels et moteurs renforce jusqu'à un certain point son activité »[6].

L'*attention volontaire* est le fruit de la civilisation et de l'éducation. Elle est dirigée volontairement vers des objets qui n'ont pas de pouvoir d'attraction naturel (d'où le nom *d'attention artificielle* que Ribot lui donne). L'enfant, le sauvage, en sont dépourvus : « L'attention volontaire ou artificielle est un produit de l'art, de l'éducation, de l'entraînement, du dressage . Elle est greffée sur l'attention spontanée [...] »[7]

Neuropsychologie de l'attention

L'école russe de neuropsychologie, avec Vygotsky, Luria, Leont'ev, a repris cette distinction de Ribot entre « attention spontanée » et « attention volontaire », pour insister sur la dimension sociale de l'attention volontaire. Pour ces auteurs, l'attention spontanée, ou ce que Luria appelle « le système d'orientation », a une origine biologique et est commandée par des stimuli externes qui ont acquis, tout au long de l'évolution de l'espèce, une valeur de signaux. L'attention volontaire, au contraire, est le fruit de l'éducation, de l'histoire culturelle et individuelle, et non de l'histoire de l'espèce. « En influençant son environnement social, l'homme crée un système de stimuli conventionnels avec l'idée de maîtriser le comportement d'autres personnes. Ainsi, crée-t-il les conditions pour la maîtrise de son propre comportement, altérant ainsi radicalement le mécanisme principal de son comportement »[8].

Il y a là une référence au concept de second système de signalisation cher à l'école pavlovienne. Leont'ev prend comme modèle l'enfant à qui on apprend à lire ; rapidement, son attention va s'échapper, et son intérêt va s'orienter vers un stimulus étranger à l'activité d'apprentissage. L'enfant fonctionne sur le mode de l'attention spontanée. Mais, l'adulte qui est à ses côtés le ramène à la lecture en lui promettant une récompense. L'adulte représente l'attention volontaire. Le système global enfant/adulte comporte les deux niveaux d'attention et la transformation de l'une en l'autre, la greffe, dit Leont'ev, de l'attention volontaire sur

---

6. H. Maudsley, *La physiologie de l'esprit*, 1876.
7. Th. Ribot, *op. cit.*
8. A. Leont'ev, « The Development of Voluntary Attention in the Child », *dans : The Vygotsky Reader*, sous la dir. de R. Van Der Veer et J. Valsiner, Oxford (UK) and Cambridge (USA), Blackwell, 1994.

l'attention spontanée. Peu à peu l'intériorisation des consignes et des encouragements de l'adulte permet à l'enfant de fonctionner pour son propre compte sur le mode de l'attention volontaire.

La neurophysiologie de l'attention

Les recherches neurophysiologiques sur les mécanismes d'attention se sont considérablement développées dans les vingt dernières années. Elles ont été stimulées par la description de plusieurs syndromes pathologiques impliquant l'attention, mais aussi par les questions que pose le développement des fonctions d'attention chez l'enfant, et elles ont été grandement facilitées par les techniques modernes d'exploration du système nerveux central.

Une première question se pose : y a-t-il des mécanismes neurophysiologiques qui président à telle ou telle fonction d'attention ? N'est-elle que le vécu subjectif d'un fonctionnement global marqué à certains moments par un effort accru ? La première hypothèse conduit à une théorie causale de l'attention et à une tentative pour en localiser les mécanismes, c'est-à-dire à une théorie modulaire de l'attention, forme moderne de la théorie localisationniste. La seconde hypothèse conduit au contraire à une théorie globaliste de l'attention.

Un mot, d'abord, sur cette deuxième hypothèse qui a été dénommée « théorie de l'effet ». William James (1890) a proposé la métaphore suivante : « Le courant de pensée est comme une rivière. Les effets simples y prédominent avec une dérive due à la gravitation. L'absence d'effort est la règle. Parfois, il y a un écueil, une obstruction, produisant un retard, un remous. Le courant s'arrête, et il se forme un tourbillon. Si la rivière pouvait penser, elle ressentirait un effort à ce moment précis, elle ressentirait de l'attention. »[9]

La théorie causaliste et modulaire de l'attention a aujourd'hui la préférence des neuropsychologues et des neurophysiologistes. Posner et Rothbart[10] l'ont exposée récemment de la façon suivante : ils distinguent trois réseaux ayant chacun une fonction spécifique : le système de vigilance, le système attentionnel postérieur, le système attentionnel antérieur.

---

9. Cité par E. Sieroff, « Attention et perception », *dans : Perception et agnosies*, sous la dir. de B. Lechevlier, F. Eustache et F. Viader, Bruxelles, De Bœck, 1995, p. 102.
10. M.I. Posner et M.K. Rothbart, « Les mécanismes de l'attention et l'expérience consciente », *Revue de neuropsychologie*, 1991, 2, 1, pp. 85-115.

1. *Le système de vigilance* emprunte des voies corticales noradrénergiques issues du *locus coeruleus*. Il exercerait des effets sur les deux systèmes attentionnels, antérieur et postérieur, ce qui suppose qu'il a des connexions avec les aires cérébrales correspondantes. Il agirait en augmentant l'activité du système postérieur et en inhibant, au contraire, celle du système antérieur. Nous verrons plus loin pourquoi.
2. *Le système attentionnel postérieur* comprendrait anatomiquement des régions du cortex pariétal connectées à certaines aires thalamiques. Sa fonction serait de porter attention vers une direction de l'espace. C'est une fonction d'orientation.
3. *Le système attentionnel antérieur* serait constitué par les aires préfrontales médiales. Ses fonctions seraient celles de prise de conscience et de contrôle de l'attention.

Les deux systèmes, antérieur et postérieur, sont interconnectés. Toutefois, les recherches neurophysiologiques montrent qu'il y a entre eux une certaine indépendance. Attention et prise de conscience ne sont pas nécessairement liées.

Au total, le système attentionnel postérieur, système d'orientation, correspondrait à l'attention spontanée de Ribot ; le système attentionnel antérieur, système de contrôle et de prise de conscience, correspondrait à l'attention volontaire de Ribot. Quant au système de vigilance, il s'agirait d'un système d'alerte avec deux composantes, l'une continue qui permet le maintien de l'état d'éveil du sujet, l'autre phasique qui se manifeste quand un événement nouveau, imprévu, survient, d'où sa fonction d'activation du système d'orientation postérieur et d'inhibition du système de contrôle antérieur.

L'ONTOGENÈSE DES SYSTÈMES ATTENTIONNELS

Dès l'âge de quatre mois, l'enfant est capable d'apprendre qu'un stimulus arbitraire indique qu'un prochain événement se produira dans une direction donnée. Son système d'orientation est donc fonctionnel. Il est intéressant de noter que c'est à cet âge que Jérôme Bruner[11] fait commencer les conduites d'*attention conjointe*, dont il a montré l'importance dans le développement des interactions de l'enfant et de son entourage. Je rappelle que l'*attention conjointe* est la capacité de l'enfant à orienter son regard dans la même direction, vers le même objet que le regard de son partenaire adulte.

---

11. J. Bruner, *Le développement de l'enfant. Savoir faire, savoir dire*, traduction française par M. Deleau, Paris, PUF, 1983.

Entre quatre et six mois, se développe une capacité de sélectionner des stimuli selon leur orientation. Mais c'est seulement vers neuf mois que semblent apparaître les fonctions de contrôle volontaire liées au réseau attentionnel antérieur. Il est intéressant de souligner que c'est vers cette période qu'apparaît le comportement de pointage (*pointing*) dont on sait l'importance dans le développement de la communication de l'enfant. C'est d'ailleurs peu de temps après qu'apparaissent les premiers mots[12].

Posner et Rothbart font l'hypothèse que la maturation plus tardive du système attentionnel antérieur permet l'influence de l'environnement éducatif et culturel sur la fonction d'attention volontaire. Ils rejoignent là les hypothèses de Vygotsky, Luria et Leont'ev, en donnant à l'attention volontaire un soubassement anatomique.

La pathologie de l'attention

Chacun des systèmes attentionnels décrits en neurophysiologie a sa pathologie :
a) au système antérieur correspond ce qu'on appelle le *syndrome de la main étrangère* : le patient a l'impression que sa main controlatérale à la lésion n'est plus sous son contrôle ;
b) au système postérieur correspondent les *syndromes* d'*héminégligence* : le patient a tendance à ignorer les stimuli venant de la partie de son espace environnant opposé à la lésion. Il s'agit d'un trouble de l'attention dans l'espace ;
c) le troisième système, celui qui concerne la vigilance, a-t-il sa pathologie spécifique ? Formuler cette question, c'est ouvrir un large débat qui oppose à l'heure actuelle les pédopsychiatres français à leurs collègues américains. Il s'agit du problème de ce que la classification américaine des troubles mentaux (DSM IV, 1994) appelle *attention deficit disorders* (ADD), le plus souvent associés à une hyperkinésie.

Notons que, cette fois, il s'agit d'un syndrome purement fonctionnel. Cela soulève un problème d'interprétation : les anomalies physiologiques, discrètes, que l'on peut mettre en évidence, sont-elles cause ou conséquence des troubles ? La DSM IV, à propos de l'ADD, définit les critères suivants :
— *critère A* : conduite d'inattention et/ou d'hyperactivité-impulsivité, plus fréquente et plus sévère que ce qui est typiquement observé chez des individus d'un niveau de développement comparable ;

12. M.I. Posner et M.K. Rothbart, *op. cit.*

— *critère B* : présence des symptômes avant l'âge de sept ans (même si le diagnostic est fait plusieurs années après) ;
— *critère C* : la gêne due aux symptômes est présente dans au moins deux cadres (par exemple à la maison et à l'école) ;
— *critère D* : il y a des preuves claires d'une interférence avec le développement d'un fonctionnement social, scolaire ou occupationnel approprié ;
— *critère E* : le trouble ne survient pas exclusivement au cours d'un désordre envahissant du développement, d'une schizophrénie ou d'autres perturbations psychotiques, et il n'est pas mieux pris en compte dans le cadre d'un autre trouble mental (troubles de l'humeur, anxieux, dissociatifs ou de la personnalité)[13].

Voilà bien où est le problème. Si l'on élimine sérieusement du cadre des troubles déficitaires de l'attention, avec ou sans hyperkinésie, tous les cas d'enfants instables ne relevant ni d'une forme de psychose, ni de troubles de l'humeur, ni de troubles anxieux, il ne reste pas grand-chose. Peut-être quelques enfants cérébro-lésés répondent-ils à ce diagnostic, mais sûrement pas les millions d'enfants qui, aux Etats-Unis d'Amérique sont étiquetés de cette façon et soumis de ce fait à l'obligation d'ingérer tous les jours scolaires un produit amphétamine-like dont on vient de décrire les premiers effets toxicomaniaques. La France est actuellement la cible d'une offensive commerciale de grande envergure qui menace les enfants français d'être soumis bientôt à la même condition. S'il y a des indications à ce traitement chimiothérapique, elles sont rares et la prescription doit être réservée aux spécialistes de neuropédiatrie et de pédopsychiatrie. Ces indications nécessitent, en effet, une évaluation minutieuse des troubles, de leur contexte familial et scolaire, de leur éventuelle signification psychopathologique profonde, que seuls ces spécialistes sont en mesure de faire.

Attention et psychanalyse

La fonction d'attention est un vieux concept psychanalytique qui mérite d'être remis à l'honneur. On peut s'étonner du fait qu'il y soit fait si rarement référence dans la littérature psychanalytique. Il me semble qu'il y a à cela deux raisons : la première est que le concept d'attention est largement utilisé en dehors de la métapsychologie et que les psychanalystes sont réticents, à juste titre, pour utiliser des concepts définis dans

13. *Diagnostic and Statistical Manual of Mental Disorders*, quatrième édition (DSM IV), Washington, American Psychiatric Association, 1994. Traduction personnelle.

d'autres domaines que le leur ; la deuxième raison est que l'attention est traditionnellement reliée à la conscience et que l'activité psychique consciente n'est pas le domaine privilégié de l'investigation des psychanalystes. Aussi, je propose le concept d'*attention inconsciente*.

Dans l'« Esquisse d'une psychologie scientifique » (1895), Freud propose une véritable théorie de l'attention. Le modèle qu'il utilise dans ce texte est un modèle neuronal. Il distingue des neurones sensibles aux quantités d'excitation, qu'il appelle *neurones ψ,* et des neurones sensibles aux qualités de l'excitation qu'il appelle *neurones ω*. Il définit l'attention de la façon suivante : « La perception suscite en W (système des neurones ω) la conscience (la conscience d'une qualité) et la décharge de cette excitation perceptive fournit en Ψ un renseignement qui constitue, en fait, un indice de qualité. Je suggère donc que ce sont ces indications de qualité qui, dans une perception, intéressent Ψ. C'est là, semble-t-il, ce qui constitue le mécanisme de l'attention »[14].

Freud définit l'attention comme un surinvestissement des indices de qualité. Les indices de qualité sont perçus par les neurones ω, mais l'énergie qui permet de les surinvestir vient des neurones Ψ. On est ici proche du modèle de Maudsley-Ribot, dans lequel les surinvestissements venaient des neurones moteurs. Il attribue à l'attention une fonction d'expectation : elle est chargée de capter les indices de qualité qui viennent de la perception afin d'anticiper sur les investissements de désir.

A partir de ce modèle, Freud distingue ce qu'il appelle la « pensée banale » et la « pensée observante ». La pensée banale est tournée vers la recherche de l'objet de satisfaction. La pensée observante s'appuie sur la fonction d'attention, mais, cette fois, tournée vers le monde interne et non vers le monde extérieur et la perception. La pensée observante correspondrait à l'état du chercheur qui, ayant perçu quelque chose, se demande : « Que signifie cela ? Où cela va-t-il me mener ? » Voici la description qu'il en donne : lorsqu'un neurone est excité par un quantum d'énergie venant de l'extérieur, c'est-à-dire de la perception, cette énergie va s'écouler « le long des meilleurs frayages et va traverser un certain nombre de barrières (les barrières de contact) suivant la résistance et la quantité en jeu »[15]. Ainsi d'autres neurones seront investis, mais « certaines barrières ne pourront être franchies parce que la fraction (d'énergie) qui les atteint ne peut dépasser leur niveau »[16]. Si, à cette énergie extérieure, s'ajoute une énergie intérieure qui vient de l'attention, ces

14. S. Freud, « Esquisse d'une psychologie scientifique », *dans : La naissance de la psychanalyse*, traduction française par A. Berman, Paris, PUF, 1969, p. 371.
15. *Ibid.*, p. 374.
16. *Ibid.*

barrières infranchissables pourront être franchies, d'autres frayages pourront se faire, plus nombreux et plus éloignés. Par ailleurs, ce ne sera pas une perception qui se produira, mais des « investissements mnémoniques apparaîtront, associativement liés au neurone initial »[17].

Ainsi, Freud étend la fonction d'attention aux investissements mnémoniques associativement liés aux investissements perceptifs. En plus d'une fonction tournée vers l'extérieur, l'attention a une fonction tournée vers l'intérieur, vers le monde intrapsychique. Il s'agit d'une fonction d'exploration de ce monde interne et de quête de sens : « Qu'est-ce que cela signifie ? » Jamais Freud n'ira aussi loin par la suite dans sa théorie de l'attention.

Dans la *Traumdeutung* (1899-1900), il attribue à l'attention une fonction de passage du préconscient au conscient : « Nous appellerons préconscient, le dernier des systèmes à l'extrémité motrice, pour indiquer que de là les phénomènes d'excitation peuvent parvenir à la conscience sans autre délai, si certaines autres conditions sont remplies, par exemple un certain degré d'intensité, une certaine distribution de la fonction que nous appelons attention »[18]. On ne trouve plus qu'un seul aspect de la fonction d'attention, le renforcement des phénomènes psychiques. Freud donne ici à l'attention la fonction spécifique de faire passer des contenus psychiques du Préconscient à la conscience, ce qui est contradictoire avec l'idée d'une attention inconsciente et ce qui l'a sans doute conduit, comme le souligne l'éditeur de la version française de l'« Esquisse... », à abandonner par la suite la théorie de l'attention qu'il y développe.

C'est dans « Formulations sur les deux principes du cours des événements psychiques » que Freud revient avec le plus de détails sur le concept d'attention : « Une fonction particulière est instituée qui doit prélever périodiquement des données du monde extérieur pour que celles-ci lui soient connues à l'avance : l'attention. Cette activité va à la rencontre des impressions des sens au lieu d'attendre passivement leur apparition. Il est vraisemblable qu'en même temps un système de marques est par là introduit, qui a pour but de mettre en dépôt les résultats de cette activité périodique de conscience ; c'est là une partie de ce que nous appelons la mémoire. »[19] Freud est ici en retrait par rapport à sa théorie de l'attention de l'« Esquisse... ». Il lui laisse peu de place pour l'exploration du monde intrapsychique. Notons, toutefois, qu'il insiste

17. *Ibid.*
18. S. Freud, *L'interprétation des rêves*, traduction française par I. Meyerson, révisée par D. Berger, Paris, PUF, 1967, p. 459.
19. S. Freud, « Formulations sur les deux principes du cours des événements psychiques » (1911), traduction française par J. Laplanche, *dans : Résultats, idées, problèmes I*, Paris, PUF, 1984, p. 137.

sur un point essentiel : l'aspect actif de la fonction d'attention qui « va à la rencontre des impressions des sens au lieu d'attendre passivement leur apparition ».

Un autre aspect de l'attention dans l'œuvre de Freud est celui défini dans le concept d'*attention flottante*, par lequel il décrit l'attitude psychique du psychanalyste pendant la séance. Il me semble qu'il y a une certaine ambiguïté dans ce concept ou dans l'interprétation qui en est parfois faite. Freud dit deux choses à ce sujet[20] : la première est qu'il serait trop fatigant pour l'analyste de concentrer son attention pendant des heures, la seconde est qu'il faut, pour recueillir le matériel, éviter de le sélectionner à l'avance.

D'où ce concept quelque peu paradoxal *d'attention flottante*. En fait, Freud insiste sur ce second aspect : éviter de choisir parmi les matériaux fournis. L'économie de fatigue n'est qu'une conséquence utile de cette exigence de non sélection. Notons aussi qu'il fait référence à la volonté ou à l'absence de volonté, ce qui nous rappelle les descriptions de Ribot sur l'attention volontaire et l'attention spontanée. Freud préconise une attention dépourvue de volonté, une sorte d'attention spontanée. Cela n'aurait-il pas pour fonction de mettre l'analyste en contact plus directement avec la vie pulsionnelle du patient, de dégager la voie, en quelque sorte, à ce qui s'exprime de cette vie pulsionnelle dans son discours ? Je ne pense pas qu'il faille interpréter le concept d'*attention flottante* dans le sens d'une attention relâchée, comme cela a parfois été fait. Il est vrai que, souvent, le psychanalyste a du mal à garder son attention éveillée et dirigée vers le matériel de la séance. Il doit alors s'interroger sur la signification de ses fluctuations d'attention. Il peut y avoir des attaques inconscientes contre sa fonction d'attention. C'est souvent par une élaboration de son contre-transfert qu'il pourra résoudre le problème. Détruire la fonction d'attention de l'analyste est peut-être le message latent qu'il s'agit de décoder.

20. S. Freud, « Conseils aux médecins sur le traitement psychanalytique », traduction française par A. Berman, *dans : La technique psychanalytique*, Paris, PUF, 1967, pp. 61-71 : « [...] nous ne devons attacher d'importance particulière à rien de ce que nous entendons et il convient que nous prêtions à tous la même attention "flottante", suivant l'expression que j'ai adoptée. On économise ainsi un effort d'attention qu'on ne saurait maintenir quotidiennement des heures durant et l'on échappe aussi au danger inséparable de toute attention voulue, celui de choisir parmi les matériaux fournis. C'est, en effet, ce qui arrive quand on fixe à dessein son attention ; l'analyste grave en sa mémoire tel point qui le frappe, en élimine tel autre et ce choix est dicté par des expectatives ou des tendances. C'est justement ce qu'il faut éviter, en conformant son choix à son expectative, l'on court le risque de ne trouver que ce qu'on savait d'avance », p. 62.

L'ATTENTION DANS L'ŒUVRE DE BION

Bion a élargi la fonction d'attention au-delà de la réalité sensorielle pour l'appliquer à la réalité psychique qui ne peut se réduire aux seules données des sens. C'est le thème de son livre *Attention and Interpretation*, publié en 1970[21]. Il y décrit l'attention comme la matrice dans laquelle viennent se réunir les éléments du psychisme et où ils peuvent ensemble se combiner en un tout cohérent. L'attention, au sens de Bion, a donc une signification dynamique.

En outre, il décrit un aspect interpersonnel à la fonction d'attention. C'est l'attention que la mère dirige vers son enfant qui lui permet de recevoir les messages qu'il lui adresse et, notamment, ses messages inconscients, ses projections, qu'elle a pour tâche, grâce à sa *capacité de rêverie*, de transformer en éléments pensables.

On sait que Bion a fait de cette relation psychique du bébé à sa mère le prototype de la relation entre l'analysant et l'analyste. On retrouve, dans la relation analytique, cette même fonction qui consiste à drainer et à recevoir tous les messages conscients et inconscients émis par le patient dans le creuset psychique de son attention où ce qui était non lié ou délié va pouvoir se lier. C'est ici que je voudrais introduire le concept *d'attention inconsciente*, dont j'ai parlé plus haut. Dans *Attention and Interpretation*, Bion recommande à l'analyste d'être sans souvenir et sans désir. Toutefois, si on lit attentivement son texte, on s'aperçoit qu'il recommande d'écarter tout souvenir conscient, mais qu'il distingue les souvenirs conscients de ce qu'il appelle les *souvenirs oniriques*. Si, en commençant une séance, on se rappelle tel ou tel événement de l'histoire du patient et que l'on cherche à interpréter le matériel en le rapportant à ce souvenir, celui-ci risque de faire écran aux messages inconscients qui s'expriment dans la séance. Par contre, si, en cours de séance, tel ou tel événement revient à la mémoire de l'analyste alors qu'il écoute attentivement son patient, si cette remémoration n'est pas préméditée, mais qu'elle surgit au détour d'un processus associatif dans l'esprit de l'analyste, alors il s'agit d'un *souvenir onirique*, et ce type de souvenir est particulièrement utile au travail d'élaboration et d'interprétation de l'analyste.

Je suggère donc qu'il y a, au-delà de l'attention consciente, une *attention inconsciente*, sorte de réceptivité passive qui laisse les messages latents de l'analysant se rassembler et s'organiser peu à peu au sein du psychisme de l'analyste.

---

21. W.R. Bion, *Attention and Interpretation* (1970), traduction française par J. Kalmanovitch, *L'attention et l'interprétation*, Paris, Payot, 1974.

L'attention en psychanalyse d'enfant

L'extension de la psychanalyse aux jeunes enfants a contribué à déplacer l'accent qui était mis jusque-là sur l'analyse des défenses du Moi, pour souligner davantage l'importance de l'attention dans le processus thérapeutique. En effet, les enfants sont extraordinairement avides de l'attention des adultes ; par ailleurs ils sont parfois susceptibles de faire repartir leur croissance psychique entravée par un processus pathologique grâce à la seule attention qui leur est portée. A ce titre, l'observation de bébés présentant des manifestations autistiques, parfois très inquiétantes, est éloquente ; l'attention que leur porte le consultant psychiatre et celle qu'il aide les parents à lui offrir, ne manquent presque jamais, en un laps de temps relativement court, de modifier suffisamment leur état pour faire céder temporairement ces manifestations.

Bien sûr, l'attention ne suffit pas, même en psychanalyse d'enfant. L'élaboration et l'interprétation des fantasmes inconscients et des mécanismes de défense sont indispensables. Cependant, il faut leur donner une signification quelque peu différente de celle qui leur était classiquement attribuée. Il s'agit moins de débusquer des désirs ou des fantasmes refoulés afin de faire advenir la vérité, que d'aider l'enfant à sortir des impasses dans lesquelles l'avaient conduit les processus psychopathologiques. De la sorte, il peut se remettre sur le chemin de la croissance psychique et échapper aux cercles vicieux autodestructeurs dans lesquels il se trouvait piégé. C'est dire que le repérage et l'interprétation des mécanismes de défense n'ont de valeur thérapeutique que s'ils s'inscrivent dans une relation contenante qui mobilise toute l'attention de l'analyste.

En me fondant sur cette fonction thérapeutique de l'attention, je propose la classification suivante des psychothérapies du premier âge :

1. Les psychothérapies qui recourent presque exclusivement à la fonction d'attention du thérapeute, telles :
— les traitements à domicile que j'ai décrits comme une application de la méthode d'observation des nourrissons d'Esther Bick ;
— certaines psychothérapies mère/bébé ou parents/enfant ;
2. Les psychothérapies qui, outre la fonction d'attention, recourent à l'interprétation des mécanismes de défense et des fantasmes inconscients :
— la psychothérapie individuelle de l'enfant ;
— la psychothérapie familiale psychanalytique.

Conclusion

Aristote avait défini ce qu'il appelait le *sens commun* pour répondre à la question de savoir comment les données de nos sens peuvent se réunir entre elles, comment nous pouvons en faire la synthèse et leur donner une signification : « Chaque sens est donc sens de son propre objet sensible ; il réside dans l'organe sensoriel en tant qu'organe sensoriel, et il juge des différences du sensible sur lequel il porte : par exemple, la vue juge du blanc et du noir, le goût, du doux et de l'amer. Et il en est de même aussi pour les autre sens. Mais, puisque notre jugement porte, en outre, sur le blanc et sur le doux, et sur chacun des sensibles dans ses rapports avec chaque autre sensible, par quel principe percevons-nous aussi qu'ils diffèrent ? Il faut bien que ce soit par un sens puisque nous sommes en présence de sensibles. Par où il est évident aussi que la chair n'est pas l'organe sensoriel dernier ; car il serait, dans ce cas, nécessaire que ce qui juge jugeât par contact avec le sensible. Par suite, il n'est pas possible non plus de juger, par des facultés séparées, que le doux est différent du blanc : il faut que ce soit une seule faculté qui le perçoive clairement l'un et l'autre. »[22]

Cette seule faculté, qui ne peut se réduire à un organe sensoriel de chair, ne serait-ce pas l'attention ? C'est d'abord l'attention que la mère porte à son bébé et qui lui permet de faire la synthèse de ses expériences sensorielles et émotionnelles. Puis c'est celle des deux parents réunis dans leur souci commun de l'enfant, de son développement physique et psychique. C'est parfois aussi celle du thérapeute qui aide l'enfant à reprendre les chemins de la croissance psychique quand des obstacles les lui avaient plus ou moins obstrués.

Un autre philosophe, René Descartes, avait eu l'intuition de l'importance vitale de l'attention. Lui qui avait perdu sa mère à l'âge de treize mois et qui avait été ainsi brutalement privé, en bas âge, de l'attention maternelle, supposait que, tout sur terre, y compris les êtres vivants, fonctionnait selon les lois de la physique qu'il connaissait, la mécanique, mais que l'être leur venait de la pensée divine. Selon cette théorie, dite de la *création continuée*, si Dieu, un seul instant, détournait son attention de l'Univers, celui-ci se trouverait à jamais anéanti.

---

22. Aristote, *De l'âme*, traduction française par J. Tricot, Paris, Vrin, 1995, pp. 158-159.

Bernard Golse

L'observation : de la théorie à la pratique et de la pratique à la théorie

Le thème de l'observation dans ses rapports à la pratique et à la théorie peut être traité à partir de l'adulte observateur.

Personnellement, j'ai choisi toutefois de le faire à partir du bébé — et l'on pourrait dire aussi du bébé observateur — parce que d'une part cet angle d'approche me paraît plus congruent avec le thème général de l'ouvrage, et parce que d'autre part l'adulte ne deviendra sans doute observateur, praticien et théoricien qu'en fonction de la manière dont il aura, en tant que bébé, assumé ces différentes positions.

On a pu dire de l'enfant qu'il était le meilleur des philosophes parce qu'à la fois poète et théoricien. On parle, par exemple, des métaphores langagières de l'enfant et des « théories sexuelles infantiles » (S. Freud). Mais cela vaut aussi, me semble-t-il, pour le bébé et c'est ce que je voudrais mettre en évidence.

Poète et théoricien

Voici deux registres, certes distincts mais ô combien complémentaires, renvoyant le premier peut-être davantage aux affects et aux émotions, le second davantage aux concepts et aux hypothèses, mais au sein d'une interrelation dialectique très serrée.

Bernard Golse, pédopsychiatre (France).

Si le rôle de la philosophie est alors de nouer étroitement ces deux registres pour en dégager une certaine vision à la fois du monde (*Weltanschauung*) qui nous entoure et de notre monde interne en tant qu'être humain, voilà pourquoi le bébé apparaît comme d'emblée confronté à un tel travail, au travail du philosopher.

Après avoir donné quelques repères quant aux liens qui, selon moi, existent entre les activités d'observation et de théorisation, je voudrais envisager les points de passage, chez le bébé, entre sa sensorialité et ses capacités d'abstraction pour en venir aux incidences de ces réflexions sur la question de l'observation qui se situe précisément à l'exact entrecroisement de la pratique clinique et de l'activité de théorisation.

Observer, théoriser

Quand on feuillette le *Nouveau dictionnaire étymologique et historique* des Editions Larousse, on s'aperçoit que le mot « théorie », qui apparaît en 1495 et demeure rare jusqu'au XVIIIe siècle, vient du bas latin *theoria*, lui-même issu du grec *theorein* qui signifie observer ou contempler !

Etymologiquement, la théorisation est donc indissociable de l'action d'observer, ce qui est extrêmement important. Il n'y a pas de théorie qui puisse tomber du ciel en quelque sorte ou qui ne s'enracine au plus profond de l'observation des faits. Comme le dit C.F. Ramuz, célèbre poète vaudois : « On meurt de prétendre à l'idée avant d'avoir été aux choses », sauf à s'aventurer dans une théorisation purement intellectualisante, fallacieuse et surtout défensive.

D. Houzel analyse le concept d'attention, et déjà, quelques années auparavant, il nous avait montré comment le cadre de l'observation directe des bébés, selon la méthodologie d'Ester Bick, visait entre autres choses à soigneusement séparer les trois temps de la pensée décrits par S. Freud dès 1911, soit le temps d'attention (celui de la séance d'observation proprement dite), le temps d'inscription (celui de la prise de notes) et le temps du jugement (c'est-à-dire celui de l'élaboration au sein du groupe de travail hebdomadaire).

Il semble que l'intérêt de ce cadre d'observation particulièrement rigoureux réside principalement dans cet effort de disjonction qui évite de se rabattre sur une théorisation prématurée, sur une pression intellectuelle défensive dont le but serait alors de lutter contre l'angoisse inhérente à toute observation de bébés, observation qui suscite immanquablement l'activation de motions pulsionnelles très fortes et la reviviscence de traces mnésiques profondément enfouies en nous quant à nos propres expériences de bébé.

Le risque est en effet, toujours, de se laisser aller à théoriser sans observer, de théoriser à vide en quelque sorte, sans se donner d'abord le temps d'éprouver, le temps de ressentir, grâce à cette fameuse *capacité négative* si bien mise en exergue par W.R. Bion.

Quant au terme « observer », le même dictionnaire nous apprend qu'en 1607, Hulsius le définit comme le fait de « regarder avec attention ». L'attention, encore elle !

En allant un peu plus loin dans l'étiologie, on s'aperçoit que le préfixe *ob* apporte une notion de mouvement au verbe *servo, servare.* Il s'agit bien de porter l'attention au devant de, vers quelque chose. Notion de mouvement actif, soit d'une véritable dynamique que je ressens comme doublement orientée, c'est-à-dire à la fois vers le dehors et vers le dedans.

Les objets externes ne peuvent en effet être perçus ou observés que par le filtre de nos objets internes correspondants et dans le cadre de l'observation des bébés, chacun sait bien que c'est un processus d'identification régressive à nos propres parties infantiles ou archaïques qui nous permet de repérer et de décoder un certain nombre de matériaux issus du bébé qui se trouve sous notre regard.

Ob-jet externe, ob-jet interne, ob-servation : le préfixe « ob » nous rappelle ici, dans les trois cas, la dépense *active* d'investissement.

J'ai employé l'expression « sous notre regard ». Et de fait, en français tout au moins, le terme d'observation a le défaut de faire trop associer sur le visuel. Or, s'il y a du visuel dans l'acte d'observation, il n'y a pas que cela.

Tous les sens pourraient en fait être convoqués, et en tout cas l'audition. On sait, par exemple, que le vu ouvre à l'étude des interactions comportementales et l'entendu à celles des interactions fantasmatiques, étant entendu, c'est bien le cas de le dire, que rien n'interdit à l'observateur de faire des hypothèses sur ce qui n'est pas dit ou qui ne se trouve qu'indirectement montré.

Mais, en outre, nous venons de le rappeler, l'observation et l'attention se trouvant également tournées vers le dedans, dans un mouvement d'auto-observation qui prend en compte le vécu émotionnel de l'observateur (qu'on a pu parfois désigner du terme un peu impropre de vécu contre-transférentiel), il importe alors d'inclure dans le concept d'observation une sorte de « sens commun », de sixième sens qui transcende en quelque sorte les cinq autres.

Theorein : observer ou contempler. J'emprunte ici à un travail de Michel Schneider d'après qui les grands traits de la vie intérieure reproduits de siècle en siècle depuis Philon, Plotin et saint Augustin, furent en fait reformulés par Hugues de Saint-Victor. Celui-ci, d'un point de vue théologique certes, pense que la voie part de la « *considération* » pour atteindre à la « *contemplation* ». La considération, c'est au fond l'attention, le regard porté autour, sur le monde, sur soi, sur Dieu. La contemplation dont on peut distinguer divers stades (la méditation, le soliloque, la circonspection et l'élévation) est faite d'assentiment, et c'est là que je voulais en venir, de *consensus* permettant une conception assumée et non douloureuse de la vérité.

Ainsi, déjà dans les écrits de ces philosophes religieux, on trouve cette notion de contemplation consensuelle qui passe par tous les sens à la fois et par toutes les correspondances entre les divers sens pour s'ouvrir simultanément, et finalement de manière synonyme, sur l'observation et sur la théorisation.

Comme quoi, on n'invente jamais rien. On ne fait jamais que redécouvrir et reformuler.

1. Il ne s'agit pas seulement aujourd'hui d'opposer affects et concepts, ni même motivations et réalisations . Certes, le chercheur, le théoricien est animé par un désir, et les sublimations s'enracinent indéniablement dans les pulsions libidinales d'Amour et de Haine.

2. Mais l'articulation entre l'observer et le théoriser est en fait plus profonde. Pour en revenir au bébé, on sait qu'objet libidinal et objet cognitif s'avèrent finalement parfaitement indissociables. Pensons seulement au visage de l'adulte qui exerce une telle force d'attraction sur l'enfant : il est certain qu'il ne peut l'explorer cognitivement que s'il l'a d'abord investi affectivement *(« L'objet est investi avant d'être perçu »,* S. Lebovici), mais à l'inverse, il ne peut l'investir affectivement que s'il l'a au préalable démarqué comme figure émergeant de la toile de fond de ses diverses perceptions sensitivo-sensorielles. Les choses sont donc terriblement imbriquées, ce qu'essaye de cerner le concept d' *« objet épistémique »* (Gibello, 1984).

3. Un pas de plus encore, le dernier qui nous mènera du côté de chez W.R. Bion. Toute connaissance débute par une rencontre émotionnelle avec l'objet, rencontre émotionnelle qui ne représente pas seulement une condition préalable de la connaissance ultérieure mais qui constitue déjà un premier niveau de connaissance. En témoigne, me semble-t-il, le concept de conflit esthétique de D. Meltzer.

Les liens H (pour Haine) et L (ou A pour Amour) sont ainsi non pas seulement des précurseurs mais bel et bien les premières parties constituantes des liens K (ou C pour Connaissance). C'est par là qu'au bout du compte, peuvent se rejoindre, à un certain niveau, les artistes et les scientifiques. C'est ainsi qu'observer et théoriser peuvent être conçus comme les deux facettes d'un seul et même processus dynamique.

Sans doute en va-t-il ainsi pour le bébé comme pour l'adulte, et c'est la clinique, ou la pratique, qui fournit, à n'en pas douter, le pivot ou le centre de gravité de ce couple si étroit : observer et théoriser.

Sensorialite et abstraction (chez le bébé)

Contrairement à ce qu'on pourrait penser à partir de notre point de vue adulte, il existe en fait, chez le bébé, des liens très directs entre sa sensorialité et ses capacités d'abstraction. Qui dit *« abstraire »* dit, en fait, extraire un certain nombre d'invariants structuraux, ce qui définit ainsi l'activité de modélisation ou de théorisation. Autrement dit, si l'observation se fonde sur la sensorialité et les émotions, et si cette sensorialité donne lieu, comme on va le voir, au dégagement d'invariants qui ont valeur de véritables modèles, on retrouve là, chez le bébé, la coalescence que nous venons d'évoquer entre l'observation et la théorisation, et ceci même si la conscientisation de cette dernière peut être différée.

Amodalité perceptive et accordage affectif

Certaines expériences relativement récentes ont montré que le bébé était très tôt capable de transférer les informations reçues par un canal sensoriel donné dans un autre canal sensoriel, et de les traiter efficacement. Par exemple, si l'on fait sucer au bébé — sans qu'il la voie — une tétine de forme particulière (arrondie ou effilée, fine ou large…), il est capable ensuite de s'orienter visuellement de manière préférentielle vers le dessin de cette tétine qu'on lui présente alors parmi d'autres dessins bien différenciés.

C'est dire qu'il a été capable de transférer dans le canal visuel des informations d'abord reçues par le canal tactile. On pourrait presque parler de mise en correspondance d'un sens avec un autre sens. Correspondances au sens Baudelairien du terme, et de fait, certains ont pu voir dans cette compétence et cette aptitude particulière du bébé une des racines de la métaphorisation dans l'espèce humaine (Sitbon et Mazet, 1991).

En réalité, cette compétence du bébé a comme vis-à-vis relationnel plus ou moins symétrique, la capacité maternelle d'effectuer des accordages affectifs trans-modaux qui, là aussi, invitent le bébé à effectuer des transferts d'information d'un canal de perception à un autre (Stern, 1989).

Il est alors probable, ou en tout cas plausible, que plus la mère s'accorde de manière transmodale, plus elle induit une certaine richesse associative au niveau des premières créations protosymboliques du bébé, richesse dont le devenir est difficile à suivre, mais qui vraisemblablement existe et qui appelle pour l'avenir des recherches passionnantes.

En tout état de cause, qu'il s'agisse de l'amodalité perceptive du bébé ou de l'accordage affectif transmodal de la mère, on a là deux phénomènes qui se complètent et qui conjointement mettent en relation un processus sensitivo-perceptif et une sensibilité à l'existence d'invariants dans la structure des stimuli ou les réponses du partenaire interactif.

Le bébé ressent, perçoit, observe, et il se construit une certaine représentation de l'objet dont il extrait une structure fixe transférable d'un sens à un autre. Autrement dit, il éprouve et « *théorise* » tout à la fois.

La notion de « conjonction constante »

On doit à W.R. Bion la notion de *conjonction constante* qu'on peut rapprocher du concept mathématique de *fait choisi* (Poincaré) et qui nous est très précieuse en matière de développement psychique du bébé même si W.R. Bion a élaboré ses modèles en partant d'un tout autre champ clinique.

Quoi qu'il en soit, l'idée est que, dans son environnement perceptif, le bébé va assez rapidement repérer des associations de phénomènes qui se répètent et qui vont se dégager pour lui comme figures phénoménologiques émergeant sur un fond plus indistinct.

Ces associations peuvent regrouper des sensations diverses, des constatations de mouvements, de modifications spatiales ou autres, mais surtout — et là se situe à mon sens l'apport spécifique de W.R. Bion — elles se jouent dans un climat, un contexte émotionnel qui retient l'attention de l'enfant, son attention au sens fort du terme, et qui l'incite à mettre en place des manœuvres anti-dispersantes pour ne pas perdre la conjonction en question.

Plus tard, les premières nominations pourront faire partie de ces manœuvres anti-dispersion, et W.R. Bion a bien montré comment les premiers mots peuvent faire office de coque, d'enveloppe contenante pour telle ou telle conjonction constante repérée avant même que cette coque nominative publique soit peu à peu remplie de contenus psychiques privés et propres à chaque sujet.

Ce repérage de conjonctions constantes par le bébé correspond au fond à un certain travail d'abstraction, et là encore on a donc une sorte de mise en relation directe entre le travail d'observation et le travail de théorisation, mais ici, sur un fond de partage émotionnel et d'empathie intersubjective.

On notera que le repérage par le bébé du style interactif de sa mère et de ses objets relationnels principaux peut être rapproché du mécanisme qui vient d'être décrit.

En effet, l'enfant reconnaît sans doute sa mère d'abord à certaines de ses particularités interactives (contours rythmiques, uni ou trans-modalité, réponses immédiates ou différées, échos atténués ou amplifiés...), et ce n'est que plus tard qu'il la fixera dans sa mémoire comme un objet perçu de manière plus statique, notamment quant à ses composantes visuelles.

Le contenant interactif se trouve ainsi investi dans ses effets de danse, de partition, de rythmes et d'alternances avant son contenu objectal à proprement parler, l'enfant se montrant d'une certaine manière et grâce à ses sensations observantes un amateur d'art abstrait bien avant que d'être un amateur d'art figuratif.

Que ceci nous étonne ne change rien à l'affaire. Notre structuration névrotique ultérieure nous obligera souvent, par la suite, à refaire le chemin en sens inverse.

Le bébé et ses mémoires

Au-delà des trois temps classiquement décrits à propos des processus de mémorisation (encodage, stockage et rappel), on sait maintenant qu'on peut opposer une mémoire à court terme et une mémoire à long terme, la première reposant de manière centrale sur le phénomène d'attention psychique, la seconde renvoyant au traitement sémantique de l'information.

Mais, comme M. Lamour le rappelait, on peut aussi opposer une mémoire dite procédurale à une mémoire dite déclarative :
— la *mémoire procédurale* est une mémoire des habitudes et des savoir-faire. En grande partie inconsciente et automatique, elle donne lieu à l'activation de schémas d'action, de procédures, et expérimentalement on peut la démontrer par des protocoles qui incluent un processus d'apprentissage à distinguer clairement des phénomènes d'imitation différée ;
— selon Squire et McKee (1993), la *mémoire déclarative* elle-même comporte une mémoire *épisodique* et une mémoire *sémantique* :

– *la mémoire épisodique* est celle des souvenirs, de l'autobiographie, et elle dépend fondamentalement du contexte émotionnel tant au niveau de l'encodage que du rappel, comme l'ont bien montré les travaux de G. Edelman,
– *la mémoire sémantique* est celle du sens, de la signification et des concepts. Elle fait référence à un savoir plus ou moins universel et partageable.

Quelles que soient les discussions qui ont pu porter sur l'ontogenèse de ces différents types de mémoire et sur la nature de l'amnésie infantile, il semble bien en tout cas que le bébé dispose d'une mémoire épisodique encodée par le biais de sa sensorialité et que, pour passer d'une mémoire épisodique à une mémoire sémantique, il ait à traiter les informations encodées par un processus de catégorisation, de généralisation et de hiérarchisation.

D'une certaine manière, donc, on retombe à ce niveau également sur des points de passage directs entre inscription sensitivo-sensorielle et théorisation, puisqu'il s'agit bien ici, quant à la mémoire sémantique, d'une véritable théorie de l'information que le bébé doit se forger progressivement.

L'édification du paysage représentationnel du bébé

A bien des égards, cette édification apparaît comme centrée par la précession des contenants de pensée sur les contenus psychiques :
— c'est dire qu'on aperçoit la rose avant les pétales ;
— même un auteur comme A. Leroi-Gourhan laisse entendre que les premières représentations picturales des hommes préhistoriques correspondaient plutôt à des représentations de contenants rythmiques (alternance des saisons, de la nuit et du jour...) qu'à des représentations figurées d'animaux ou de scènes qui n'adviennent que secondairement au cours de l'évolution ;
— le bébé explore les contours du visage humain avant de s'aventurer à l'intérieur de l'ovale de la figure.

Bref, les exemples ne manquent pas et le phénomène semble assez général.

C'est dans la perspective de cette précession des contenants qu'on peut aussi relire tous les travaux de Stern sur l'instauration des enveloppes proto-narratives dont il a bien montré les différents plans mais qui, en tout état de cause, fournissent également au bébé une sorte de matrice théorique des liens entre les faits.

La notion même de « représentation d'interactions généralisée » suppose un certain travail d'abstraction et d'épuration, soit de modélisation.

Tout ceci sous-tend finalement ce qu'on pourrait appeler la pratique relationnelle du bébé, c'est-à-dire sa clinique personnelle de sa relation au monde des objets et au monde des personnes.

Il suffit de regarder certains documents tournés à Lóczy sur l'attention du bébé à l'égard des objets pour s'apercevoir que le bébé, dans ses états d'attention soutenue, fait de véritables *expériences* de classification et de comparaison par exemple.

A. Tardos est venue à plusieurs reprises travailler ce type de matériel dans notre *study-group* de la WAIMH consacré à l'observation directe (« Son impact sur la psychanalyse et les psychanalystes ») et nous avons tous été frappés de voir le bébé être capable de travailler comme un véritable clinicien, comme un véritable chercheur, et être capable surtout d'investir intensément son propre travail psychique.

Je me rappelle en particulier d'un enfant de quelques mois qui explorait, avec un grand sérieux, le rapprochement possible entre le rond d'un ballon et le rond de la bouche, cherchant ainsi à tisser des liens entre le niveau sensoriel et le niveau formel de ses perceptions. On retrouve là, me semble-t-il, le bébé philosophe que j'évoquais au début de l'article.

Et c'est tout le statut des « équations symboliques » (Segal, 1957) qui se trouve, en dernier ressort posé, en tant que point de passage obligé, peut-être, entre le niveau sensitivo-sensoriel du vécu de l'enfant et sa future théorisation symbolique de l'objet absent. Au niveau des équations symboliques, il n'y a pas, on le sait, de conscience d'un écart entre le symbole et le symbolisé, entre le représentant et le représenté. Cette conscience, cette lucidité ne s'instaurera que très graduellement.

Qu'en est-il alors des identifications intracorporelles décrites par G. Haag ? Quand le bébé « joue » la mère dans l'un de ses hémicorps et son propre rôle dans l'autre, vit-il ses rassemblements sur la ligne médiane, ses jonctions et ses moments d'autocontention ou d'auto-agrippement comme des équivalents purs et simples de ses liens primitifs avec l'objet, ou a-t-il déjà une ébauche de conscience de la substitution symbolique qui s'effectue au travers de son petit « théâtre » corporel ? La question ne peut que demeurer ouverte, mais on voit bien que d'elle, dépend l'idée que l'on se fait de la pratique relationnelle du bébé et de sa gestion de l'absence.

Les équations symboliques sont d'abord là pour l'abuser quelque peu, mais tout doucement il faut bien que le bébé devienne philosophe, c'est-à-dire poète, théoricien mais aussi chercheur et clinicien, pour que se mette en place dans sa tête une certaine métapsychologie de l'absence et du tiers exclu qu'il va d'abord figurer dans son corps et ses sensations.

Observation, pratique, theorie (chez l'adulte)

Il est classique de dire qu'il n'y a pas de pratique clinique possible sans théorie sous-jacente (implicite ou explicite) et qu'il n'y a pas non plus de théorisation possible sans rencontre effective avec les faits cliniques.

On en déduit habituellement que la seule voie féconde de travail consiste en une sorte d'aller et retour entre la clinique et l'élaboration théorique, qu'il s'agisse pour cette dernière d'échanges, de discussions ou de lectures de textes. On vante donc le recours à un va-et-vient permanent et vivant entre clinique et théorie. Ce point de vue est évidemment intéressant et difficile à contester, mais il me semble que tout ce que nous avons dit à propos du bébé nous amène à aller plus loin dans l'analyse des rapports entre clinique et théorie.

Il ne s'agit pas seulement, en effet, de jeter des ponts entre notre pratique clinique et les modèles théoriques qui ont pu être forgés par d'autres, ni même entre notre pratique clinique et les repères théoriques personnels que nous pouvons nous donner ou nous inventer à partir des modèles existants. Il s'agit, me semble-t-il, comme le fait le bébé, de faire converger sur un seul et même objet une pratique de la relation à cet objet et une théorie de la connaissance de cet objet. Les choses sont donc très ciblées, très focalisées.

De même que S. Freud a pu dire que la pulsion pouvait apparaître d'une certaine manière « comme une mesure de l'exigence du travail qui est imposé au psychique en conséquence de sa liaison au corporel », de même, on pourrait dire que l'investissement de l'objet correspond à l'exigence de travail d'observation qu'il impose au bébé afin que celui-ci puisse à la fois mettre en place sa relation libidinale avec lui et s'en faire une théorie personnelle sur le plan de la connaissance.

Or, nous l'avons vu, l'observation se situe exactement au carrefour de ce double mouvement d'investissement, et de ce fait, c'est elle qui, me semble-t-il, joue comme point d'articulation entre pratique et théorie pouvant dès lors s'organiser de manière dialectique autour d'elle.

Tout clinicien se trouve ainsi, peu ou prou, en position de chercheur usant de toute sa sensorialité pour créer les conditions d'une rencontre émotionnelle avec l'objet, rencontre émotionnelle qui permet à la fois l'établissement d'une distance clinique aussi juste que possible et le premier temps d'une connaissance, d'une com-préhension progressive de l'intimité de cet objet.

C'est dans cette perspective que la « théorie de l'esprit » des cognitivistes (Frith, 1992) peut être utilement rapprochée du mouvement plus général d'empathie ou d'identification propre à la démarche métapsychologique.

Le ressort de l'histoire est que cette démarche conjointe de chercheur et de clinicien, qui se présente finalement comme un mixte d'émotions et de pensées, s'enracine en fait très profondément dans notre passé de bébé, ce bébé que nous avons été, lui aussi chercheur et clinicien en son temps et à sa manière, ce qui d'ailleurs recoupe quelque peu ce que nous avons vu plus haut de ses positions de poète et de théoricien.

Par ailleurs, et grâce à ses mémoires, le bébé devient aussi, on l'a vu, un conteur et un historien. Tant et si bien qu'on a là sans doute la clef d'une partie des origines de nos vocations professionnelles dans la mesure où la vision de l'analyste comme personne « sans mémoire ni désir » (W.R. Bion) n'est bien sûr qu'une allégorie fondée tout au contraire sur une sorte de mémoire et de désir en négatif.

Conclusion

Si l'observation fonctionne un peu comme plaque tournante des chemins possibles qui relient la pratique à la théorie, il est alors tout à fait remarquable de souligner le double sens du mot « sens » en français. Ce terme renvoie en effet à la fois aux organes des sens et de la sensorialité (nos cinq sens) et aux concepts de signifié et de signification, ce qui illustre bien, sur un plan linguistique, l'ensemble de ce que j'ai voulu décrire.

En réalité, j'ai conscience de n'avoir rien dit de fondamentalement nouveau, mais seulement d'avoir mis en forme ce que je ressens très profondément, à savoir que si nos modèles théoriques sont un peu vrais pour tous les individus, ils sont donc nécessairement tous faux pour un sujet donné. Et de fait, ils sont beaucoup trop « publics » pour être informatifs à un niveau individuel, chaque sujet apportant en effet sa pierre, sa manière et son style à l'édifice de la croissance et de la maturation psychique.

Les grands modèles de développement, s'ils parlent de tous, ne parlent finalement de personne. Seule l'observation permet une pratique et une théorisation spécifiques d'une histoire clinique donnée.

A sa manière, il y a déjà fort longtemps, Aristote disait : « Il n'y a de science que générale, mais seul le particulier existe ».

Bibliographie

BICK, E. 1964. « Notes on infant observation in psychoanalytic training ». *Int. J. Psychoanal.* 45, pp. 558-566. Traduction française par D. Alcorn : « Remarques sur l'observation des bébés dans la formation des analystes ». *Journal de la psychanalyse de l'enfant.* 12, 1992, pp. 14-35.

BION, W.R. 1962. Aux sources de l'expérience. Paris, PUF, coll. « Bibliothèque de psychanalyse », 1979 (1e éd.).

BION, W.R. 1963. *Eléments de psychanalyse.* Paris, PUF, coll. « Bibliothèque de psychanalyse », 1979 (1e éd.).

BION, W.R. 1965. *Transformations. Passage de l'apprentissage à la croissance.* Paris, PUF, coll. « Bibliothèque de psychanalyse », 1982 (1e éd.).

DAUZAT, A. ; DUBOIS, J. ; MITTERAND, H. 1983. *Nouveau dictionnaire étymologique et historique.* Paris, Larousse.

EDELMAN, G. 1992. *Biologie de la conscience.* Paris, Odile Jacob, coll. « Sciences ».

FREUD, S. 1905. *Trois essais sur la théorie de la sexualité.* Paris, Gallimard, coll. « Idées », 1962.

FREUD, S. 1911. « Formulations sur les deux principes du cours des événements psychiques », *dans* : *Résultats, idées, problèmes,* tome I, Paris, PUF, coll. « Bibliothèque de psychanalyse », 1984 (2e éd.), pp. 135-143.

FREUD, S. 1915. « Pulsions et destins des pulsions », *dans* : *Métapsychologie.* 11, 44. Paris, Gallimard, coll. « Idées », 1976.

FRITH, U. 1992. *L'énigme de l'autisme.* Paris, Odile Jacob, coll. « Sciences humaines ».

GIBELLO, B. 1984. *L'enfant à l'intelligence troublée.* Paris, Païdos, coll. « Le Centurion ».

HAAG, G. 1985. « La mère et le bébé dans les deux moitiés du corps ». *Neuropsychiatrie de l'enfance et de l'adolescence.* 33, 2-3, pp. 107-114.

HOUZEL, D. 1989. « Penser les bébés. Réflexions sur l'observation des nourrissons ». *Revue de médecine psychosomatique.* 19, pp. 27-38.

LEBOVICI, S. 1960. « La relation objectale chez l'enfant ». *La psychiatrie de l'enfant.* VIII, 1, pp. 147-226.

LEROI-GOURHAN, A. 1983. « Le fil du temps ». *Ethnologie et préhistoire.* Paris, Fayard.

MELTZER, D. 1988. « Le conflit esthétique : son rôle dans le processus de développement psychique ». *Psychanalyse à l'université.* 13, 49, pp. 37-57.

SCHNEIDER, M. 1988. *Glenn Gould. Piano Solo.* Paris, Gallimard, coll. « Folio ».

SEGAL, H. 1957. « Notes on symbol formation ». *Int. J. Psycho-Anal.* 38, pp. 391-397. Traduction française : « Notes sur la formation du symbole ». *Revue française de psychanalyse.* 1970, XXXIV, 4, pp. 685-696.

SITBON H. ; MAZET, P. 1991. « Harmonisation affective et transmodalité : mère et bébé en communion ». *Devenir.* 3, 2, pp. 87-95.

SQUIRE, L.R. ; MC KEE, R.D. 1993. « Declarative and non déclarative memory in opposition (when prior events influence amnesic patients more than normal subjects) ». *Memory and Cognition.* 21, pp. 424-430.

STERN, D.N. 1989. *Le monde interpersonnel du nourrisson. Une perspective psychanalytique et développementale.* Paris, PUF, coll. « Le fil rouge ».

STERN, D.N. 1993. « L'enveloppe pré-narrative ». *Journal de la psychanalyse de l'enfant.* 14, pp. 13-65.

Raymonde Caffari

Observer pour agir et agir en observant

DU CÔTÉ DES ÉDUCATRICES

L'optique adoptée ici est celle de la pédagogie. Parce que là se situent ma formation et mon expérience et surtout parce que l'accueil des jeunes enfants ne peut faire l'économie d'une référence à cette discipline.

La prise en charge des enfants d'âge préscolaire est relativement diverse en Suisse. Dans le canton de Vaud, elle est principalement dévolue aux *éducatrices de la petite enfance.* Il s'agit d'un personnel ayant bénéficié d'une formation en trois ans (post-baccalauréat) qui les prépare à travailler avec des enfants de la naissance à six ans ; l'identité professionnelle de ces éducatrices est construite autour du concept d'éducation et non de celui de soin. Certes, s'agissant d'enfants très jeunes, éducation et soin s'interpénètrent, se confondent parfois. Néanmoins, par rapport aux professionnelles d'autres pays, la prédominance, chez elles, de l'identité « éducatrice » est forte.

L'éducatrice de la petite enfance est formée à l'observation. Cela ne signifie pas que la pratique de l'observation lui soit aisée et naturelle. Posséder l'outil n'implique pas forcément qu'on l'utilise. En réalité, beaucoup d'éléments concourent à dissuader l'éducatrice d'utiliser l'observation dans sa pratique professionnelle. Il faut s'occuper des enfants, donc *faire*, et montrer qu'on fait : il est plus confortable de donner de

---

Raymonde Caffari, chef du Service de la jeunesse de Lausanne (Suisse).

soi, à la directrice et aux parents, l'image de quelqu'un qui s'active auprès des enfants que celle d'une personne en retrait. Bien formées, ces éducatrices peuvent se fonder sur leurs compétences (elles connaissent les enfants et savent ce qu'il faut faire) ; dès lors, à quoi bon chercher encore ? En outre, entrer dans une démarche d'observation, c'est aussi accepter d'être soi-même vue parfois par les collègues, l'équipe, la direction. Souvent aussi, les charges du poste et les carences de l'organisation rendent réellement difficile la libération de temps pour observer et exploiter les observations.

C'est par rapport à cette situation banale que l'expérience que je vais décrire et tenter d'analyser me paraît présenter un intérêt. Comment une démarche d'observation peut-elle s'installer et vivre dans un lieu d'accueil pour petits enfants ? Quelle doit être sa nature spécifique ? Quel apport peut-on en attendre ?

Une expérience de terrain

Quelques explications sont nécessaires pour situer le contexte de l'expérience. Il s'agit d'une institution d'accueil à la journée pour enfants d'âge préscolaire, située à Lausanne, un centre de vie enfantine (c'est la dénomination locale, d'autres diraient crèche, ou garderie) qui accueille des enfants de l'âge de quelques semaines jusqu'à cinq ans. La préscolarité en Suisse est tardive, deux années seulement avant l'école obligatoire qui commence à six ans révolus, et elle porte sur un petit nombre d'heures par jour. Nos enfants fréquentent donc les institutions de garde plus longtemps qu'ailleurs, et ils y reviennent alors même qu'ils vont à l'école, en dehors des heures de classe et pendant les vacances scolaires.

Le centre de vie enfantine de la Bourdonnette comprend trois groupes dont le rythme de vie et l'organisation diffèrent passablement : la *nursery* qui accueille les enfants jusqu'à trente ou trente-six mois ; les *moyens*, des bambins pas encore scolarisés ; et un groupe de *petits écoliers* qui suivent la première année de l'école enfantine en dehors de l'établissement. Le nombre total des enfants accueillis était de cinquante au début de l'expérience, actuellement la capacité d'accueil a été portée à soixante-dix places.

Je suis intervenue en 1987 auprès de l'équipe éducative, comme consultante extérieure, à la demande de la directrice, pour donner une sorte de bref séminaire sur l'observation, afin que l'information de l'ensemble du personnel soit au même niveau, et que l'observation devienne un outil de travail dans l'institution. A l'issue de ces quelques rencontres, l'équipe éducative a décidé d'observer systématiquement la période d'adaptation des enfants. Un an et demi plus tard, on m'a demandé d'intervenir à nouveau. Le problème était le suivant : « Que faire avec les observations de la période d'adaptation ? » En effet, un travail de qualité était fourni, mais l'observation n'était pas liée à un projet quelconque, et aucune modalité d'exploitation du matériel recueilli n'avait été mise en place.

Depuis cette date, je suis intervenue régulièrement mais au maximum une fois par mois (actuellement beaucoup moins) auprès de l'équipe. La démarche a été et reste pragmatique. Au départ, nul ne savait où elle allait conduire. Elle a progressé — lentement — au rythme de l'équipe éducative. Elle s'est installée comme d'elle-même, s'imposant par l'intérêt que le personnel de l'institution y trouvait, et non par la volonté de quelqu'un qui aurait concrétisé un projet pensé au préalable. Cela explique sans doute certains défauts de l'expérience, mais constitue aussi sa principale qualité : elle est née et a grandi dans le domaine du possible, tel qu'il était ressenti par l'équipe éducative elle-même. Il serait faux, cependant, de minimiser le rôle joué par la directrice de l'institution : elle a été le moteur de tout ce travail, mais ne l'a pas imposé de façon autoritaire et hiérarchique.

Deux exemples

Daniel, trois ans dix mois

Daniel fréquente le centre de vie enfantine à mi-temps, tous les matins. Son éducatrice de référence (ou la responsable du groupe dans lequel se trouve Daniel, pour utiliser le vocabulaire de la maison) s'inquiète car, de son point de vue, cet enfant « ne fait rien ». De l'avis des autres personnes de l'institution qui le voient, il est effectivement isolé, ne participe pas à l'activité de ses camarades et n'entreprend rien luimême. En outre, il ne mange pas aux repas.

La manière dont l'équipe éducative pose le problème est intéressante ; ce n'est pas « qu'a-t-il ? » ou « que faut-il faire ? », mais *« faut-il s'inquiéter ? »*. Cela me paraît témoigner d'une solide confiance dans les capacités propres des enfants…

Pour tenter de trouver une réponse à la question posée, la procédure mise en place — simple — est tout à fait habituelle pour l'équipe. On fixe la date, aussi rapprochée que possible, à laquelle on traitera du « problème » de Daniel, et l'ensemble du personnel éducatif de l'institution, y compris la stagiaire d'une école de formation, fait au moins une observation écrite, à un moment que chaque éducatrice choisit à sa guise dans ce cas-là (puisque c'est l'ensemble du comportement de Daniel qui paraît intéressant par rapport à la question posée).

Au jour du « colloque », il y a ainsi dix observations à traiter. Les éducatrices les ont notées sous forme de récit sur une formule qu'elles utilisent depuis longtemps, et qui comprend, outre l'espace pour consigner leur observation, quelques rubriques simples à compléter pour indiquer le lieu, le moment, l'environnement (adultes et enfants), etc. Ainsi le contexte de chaque observation est précisément noté. Chacune à son tour, les éducatrices lisent leur propre observation. Les commentaires et la réflexion ont leur place uniquement après que tous les éclairages recueillis ont été livrés au groupe.

Les observations montrent Daniel à différents moments : jeux, salle de bains, repas et arrivée. L'image de Daniel que les éducatrices peuvent en dégager est beaucoup plus nuancée que leur perception de départ. On voit en effet Daniel refuser systématiquement les propositions directes de l'adulte (ce que tout le monde savait), mais avoir des échanges, le plus souvent non verbaux, avec d'autres enfants : moments de jeux partagés, contacts physiques sur le mode ludique, mimiques et sourires fréquents. On le voit aussi constamment intéressé par ce que font les autres enfants, dans une attitude d'observateur, et restant systématiquement à proximité de l'éducatrice. L'arrivée au centre de vie enfantine, par contre, a lieu sur un mode beaucoup plus dramatique. Une éducatrice a pu observer l'enfant et sa mère en chemin : Daniel faisait une scène violente, qui s'est interrompue très rapidement après que l'enfant a été confié à son éducatrice.

En mettant en évidence ces éléments, l'équipe éducative a pu :
— se donner une image plus nuancée et plus exacte de Daniel ;
— se rassurer sur ce que Daniel vit dans l'institution ; à l'évidence il a une activité relative et manifeste du plaisir à certains contacts ; il n'est pas isolé ; son attention à tout ce qui se passe lui permet sans doute de tirer profit de ses matinées au centre de vie enfantine.

En outre, de la discussion est née la conviction qu'il y a problème et souffrance pour Daniel, mais que les causes sont hors de l'institution, dans sa famille probablement. Dès lors, étant persuadées que le temps qu'il passe au centre de vie enfantine n'est pas nocif pour Daniel, les éducatrices peuvent se concentrer sur leur tâche, soit rendre ce temps encore plus profitable. Décision a été prise de suivre mieux Daniel dans son fonctionnement, c'est-à-dire de ne pas le solliciter directement si on peut l'éviter, mais de le soutenir dans sa façon de s'intégrer, en agissant sur l'environnement matériel (y mettre des éléments susceptibles de l'intéresser) et en favorisant par tous les moyens imaginables ses interactions avec les autres enfants. Il s'agit aussi de donner à Daniel des signes d'acceptation de son comportement.

Agissant ainsi, les éducatrices se recentrent là où leur action peut s'exercer, à l'intérieur de l'institution. Leur souci pour Daniel, dont la souffrance est réelle, subsiste, mais ne les paralyse pas, n'entraîne pas de sentiment d'impuissance. Pour tenter d'approcher ce qu'on suppose être le problème de Daniel, il est décidé que la directrice demandera un entretien à la mère de l'enfant pour aborder avec elle la difficulté de son fils.

Trois mois plus tard, nous faisons le point de la situation. Daniel vient toujours tous les matins. Il est souriant, taquin envers l'éducatrice, participe davantage aux activités et s'est rapproché des autres enfants. Bien qu'il reste encore quelque peu en retrait, Daniel est suffisamment intégré dans la vie du groupe et n'apparaît plus comme un enfant pour qui la fréquentation du centre de vie enfantine pourrait être nocive. Il ne mange toujours pas, mais comme il est présent de huit à douze heures seulement, les éducatrices ont accepté cette situation. Par contre, l'entretien prévu avec la mère de Daniel n'a pas eu lieu, elle l'a refusé pour le moment, et la directrice n'a pas encore trouvé la formule qui serait acceptable pour cette mère.

Laurent, quatorze mois

Laurent fréquente l'institution régulièrement, à temps partiel, depuis trois mois, après une période d'adaptation qui a duré plus de deux mois (contre deux à quatre semaines habituellement). Laurent se caractérise par le fait qu'il pleure très souvent et semble réclamer constamment d'être apaisé par la présence d'un adulte. Les éducatrices lui consacrent donc beaucoup de temps, le prennent souvent dans les bras en dehors des moments de repas et de soins ; elles ont l'impression que Laurent est mal et que le placement ne lui convient pas. Elles ont également le sentiment d'échouer, l'impression que les moyens dont elles disposent sont inopérants, et elles se disent épuisées par cette situation, bien que depuis que Laurent marche (c'est tout récent), il semble pleurer un peu moins.

Les observations ont été recueillies selon la méthode décrite ci-dessus, par les trois éducatrices en charge de la nursery où Laurent est accueilli, et par cinq éducatrices qui travaillent avec les enfants plus grands. Elles montrent Laurent dans différents moments, à l'arrivée le matin, pendant un repas et à plusieurs reprises jouant dans la salle à proximité d'autres enfants.

La mise en commun de ces observations permet tout d'abord aux éducatrices de se rassurer sur les compétences de Laurent ; ses activités spontanées, quand il explore l'espace et le toboggan par exemple, quand il examine et combine de petits objets, sont conformes à ce qu'on observe généralement à cet âge. En outre, les observations montrent Laurent extrêmement attentif à son environnement, très observateur, semblant surveiller les allées et venues d'adultes et d'enfants.

Dès lors, l'équipe s'est concentrée sur les moments où l'on voit, dans les observations, Laurent se mettre à pleurer et se tourner vers l'adulte pour être pris dans les bras. L'hypothèse sous-jacente était que Laurent pleurait à chaque *départ* : d'une éducatrice, d'un enfant, etc. Or, l'analyse fine montre qu'il pleure à chaque changement majeur et inattendu pour lui dans son environnement : arrivée aussi bien que départ, proximité soudaine d'un autre enfant, déplacement d'un adulte qui reste dans la même pièce, etc. En outre, il ne *pleure* pas toujours, à proprement parler. Quelquefois, il pleurniche, ou se manifeste bruyamment mais brièvement.

A juste titre, l'équipe a mis de côté ce qui pourrait expliquer cette sensibilité particulière de Laurent ; les autres enfants du groupe, placés dans la même situation, supportent ces changements. Mais ce qui, dans l'histoire personnelle ou familiale de Laurent, pourrait constituer une explication est hors de portée de l'équipe. Par contre, ce que l'enfant vit dans l'institution peut être examiné et, si nécessaire, aménagé.

La réflexion de l'équipe a conduit, bien sûr, à incriminer l'organisation dans le groupe. Trop de changements, de mouvements, pas assez de repères pour Laurent. Il s'agit donc d'introduire une plus grande régularité, de limiter davantage le nombre d'adultes et d'enfants qui constituent son environnement en mettant en place des sous-groupes fixes avec des éducatrices attitrées. Les éducatrices de cette nursery n'étaient en effet guère sensibles aux règles fondamentales que les travaux menés à la pouponnière de Lóczy nous ont apprises ; comme beaucoup de professionnelles travaillant avec de très jeunes enfants, elles tablaient trop sur la capacité des enfants à s'adapter à des situations diverses. En ce sens, la sensibilité particulière de Laurent aura été utile à l'ensemble des enfants accueillis dans l'institution.

En outre, l'analyse des observations a permis d'écarter définitivement, avec l'accord de l'ensemble de l'équipe, le type de réponse qui était donnée à Laurent : le prendre dans les bras lorsqu'il pleurait, si on en avait le temps et la disponibilité… Cette manière de faire est apparue à toutes comme clairement inadéquate et de nature à accentuer encore le désarroi de Laurent face à un milieu qu'il comprend mal et dans lequel il ne peut anticiper ce qui va lui arriver.

L'OBSERVATION PÉDAGOGIQUE

C'est volontairement que les exemples choisis n'ont rien de spectaculaire, mais présentent des situations banales dans les lieux d'accueil pour petits enfants. Les observations fournies par l'équipe éducative de la Bourdonnette et le travail d'analyse effectué ne constituent certainement pas non plus une révélation… Mais cette manière d'observer et d'utiliser l'observation — une manière parmi d'autres — me paraît avoir tout son sens pour une équipe éducative dont le mandat premier est d'agir avec les enfants.

J'appelle « observation pédagogique » cette façon de procéder. Il s'agit, pour une équipe, de recueillir des informations utiles à l'action éducative. Bien sûr, le premier objectif est de mieux comprendre le ou les enfants. Mais cela non pas pour compléter un bagage de connaissance sur Daniel ou Laurent, ou sur les enfants de quarante-six ou de quatorze mois (encore que cela constitue un des bénéfices annexes de la démarche), non pas pour traiter un trouble quelconque de ces enfants, mais bien pour leur offrir, dans le cadre de l'institution, l'environnement matériel et humain qui leur permettra d'y vivre le mieux possible.

L'observation pédagogique se différencie de l'observation clinique en ce qu'elle se focalise sur ce qui, chez un enfant ou dans un groupe, *fonctionne*. En effet, l'éducateur ne peut s'appuyer que sur les compétences des enfants, leur capacité à agir et à réagir, bref sur ce qui, chez eux, va bien.

Face à une difficulté, dans une situation critique, l'équipe éducative va devoir préciser le but des observations qu'elle entend recueillir ; ce faisant, elle définit un champ d'observation. L'observation devra ensuite capter le plus souvent une situation globale, l'ensemble d'un comportement ou d'un moment. De ce matériau brut, il s'agira de tirer les informations qui fonderont une action réfléchie, ancrée dans une appréciation correcte de la réalité.

Cette méthode a l'avantage de centrer l'équipe éducative sur son fonctionnement et sur ses moyens. Correctement mise en place, elle permet au personnel d'étendre ses compétences et de mettre l'accent sur ce qui est réellement possible dans le cadre de son mandat. Elle permet d'éviter le sentiment d'impuissance que ressent tout professionnel amené à identifier des problèmes dont le traitement ne lui appartient pas.

Il faut ajouter que l'observation est souvent en elle-même agissante. Il n'est pas rare que le problème qui l'a motivée diminue, voire disparaisse, comme par enchantement. Le regard ouvert et neutre porté sur l'enfant a un pouvoir libérateur ; au lieu d'être enfermé dans des comportements problématiques attendus par l'adulte, l'enfant est vu comme riche de possibilités insoupçonnées qu'il est enfin libre de développer…

L'APPROPRIATION DE L'OUTIL « OBSERVATION » PAR L'ÉQUIPE ÉDUCATIVE

Un des aspects les plus intéressants de l'expérience conduite à la Bourdonnette me paraît résider dans l'appropriation de l'observation par l'équipe éducative. J'ai dit en introduction tout ce qui peut dissuader une éducatrice en fonction d'observer. A la Bourdonnette, la perspective s'est renversée, et une pratique s'est installée qui convainc les éducatrices de pratiquer l'observation. L'outil est dans la maison, on le connaît ou, pour les nouveaux arrivés, on le découvre sans peine, et on l'utilise. Pourquoi ?

Sommairement énumérées, les conditions de cette appropriation me paraissent être les suivantes :
— *les éducatrices savent quand et comment observer.* Les thèmes d'observation sont fixés en réunion du personnel, le délai est fixé, le moyen est connu et simple ;
— *les observations ne restent jamais inutilisées.* Une réunion au cours de laquelle les observations sont mises en commun et analysées est fixée sitôt le thème défini. Tout le personnel éducatif y participe, et tous ont observé ;
— *une méthode d'analyse existe.* Eléments récents et encore fragiles de la démarche, une procédure de travail et des schémas d'analyse se construisent. L'équipe sait en outre que si elle n'est pas satisfaite du résultat obtenu, elle peut faire appel à une aide extérieure.

Ces conditions sont nécessaires mais pas forcément suffisantes. Le climat de travail joue sans doute un rôle déterminant. Il doit être, par rapport à l'observation, de non-jugement. C'est bien sûr une des exigences de l'observation elle-même. Mais ici, il s'agit de l'attitude adoptée par la direction de l'institution, l'éventuel intervenant extérieur et surtout les collègues envers l'auteur de l'observation. Les faits rapportés où l'on voit l'éducatrice en action, pas plus que la qualité de l'observation elle-même, ne doivent être sanctionnés dans ce cadre-là. Si l'attitude de l'éducatrice, telle qu'elle transparaît dans une observation, est peu adéquate, il s'agira de reprendre le problème ailleurs, à un autre moment.

Pour ce qui est de la capacité à observer, si elle est insuffisante, l'expérience du centre de vie enfantine de la Bourdonnette montre que le problème se règle de lui-même. L'éducatrice encore maladroite conduit son propre apprentissage en prenant exemple sur les observations de ses collègues plus expérimentées et en évaluant elle-même ce qui, dans son observation, est pertinent et utilisable dans la phase d'analyse.

En effet, et c'est un des aspects les plus étonnants de cette expérience, il s'est constitué dans l'institution une *culture* autour de l'observation, qui permet à toute éducatrice qui y baigne d'améliorer progressivement, et rapidement en général, la qualité de ses observations. Cela me paraît constituer un des signes de cette appropriation de l'observation par l'équipe.

Conclusion

Dans un lieu d'accueil de la petite enfance, l'observation, pour être utile, doit être intégrée au travail de l'équipe éducative. Ce n'est pas une mince affaire. Pour y parvenir, il faut amener les éducatrices à ajouter à leur pratique de prise en charge des enfants une activité intellectuelle : recueil et traitement de l'information, établissement d'hypothèses, élaboration de projets d'action ; il s'instaure alors un mouvement dialectique entre observation et analyse d'une part, et action éducative d'autre part.

Lorsqu'elle fait ainsi partie du travail courant des éducatrices, l'observation joue pour elles un rôle « contenant ». Elle permet de dépasser les émotions et les réponses immédiates qu'elles pourraient susciter, pour mettre en place une action éducative adéquate et solide, conforme aux besoins des enfants. L'identité de l'éducatrice se transforme alors ; elle n'est plus celle qui se situe tout entière dans sa relation à l'enfant, mais elle devient une intervenante de terrain capable de développer sans relâche ses moyens et ses compétences pour penser l'action.

II

DE L'ÉLABORATION D'UNE RELATION AVEC UN TOUT-PETIT

György Gergely

Naissance de la capacité de régulation des affects

Le reflet parental des états affectifs du nourrisson a longtemps été considéré par les théoriciens de la psycho-analyse (tels Bion, Lacan, Loewald, Mahler, Jacobson, Kohut, Stern ou Winnicott) comme un mécanisme central dans la structuration psychique de la prime enfance. Cependant, tandis que son sens clinique et sa signification pour la croissance ont été largement reconnus, ces théories n'ont pas fourni de modèle spécifique pour qualifier les processus psychologiques sous-jacents à travers lesquels le reflet des comportements exprimant un état du nourrisson est appréhendé et représenté par celui-ci.

Je voudrais développer ici une nouvelle approche, que j'ai mise au point avec John Watson à l'Université de Berkeley, pour modéliser la nature et la fonction du reflet parental des affects dans la prime enfance. Cette hypothèse, que je nommerai « le modèle *biofeedback* social du reflet de l'affect » (Gergely et Watson, en préparation) insiste tout particulièrement sur les mécanismes contribuant à la mise en place des structures représentatives impliquées dans l'activité réfléchissante, et met l'accent sur le rôle central de ce processus dans l'émergence de la conscience et du contrôle de l'émotion.

STIMULATION EXTERNE OU STIMULATION INTERNE : LE PROBLÈME DE LA SENSIBILITE INITIALE

Tout d'abord, il faut rappeler l'ancienne question épistémologique des origines de la capacité du nourrisson à attribuer des états émotionnels

---

György Gergely, psychologue (Hongrie).

aux autres. Récemment, Meltzoff et Gopnik (1993) ont proposé une nouvelle hypothèse selon laquelle il existe des mécanismes innés qui permettent au nourrisson d'attribuer des états émotionnels à d'autres esprits dès le début de la vie. Se fondant, d'une part, sur la preuve récente de l'imitation néonatale d'expressions faciales (Meltzoff et Moore, 1977, 1989) et, d'autre part, sur l'existence d'émotions primaires innées (Ekman, Friesen et Ellsworth, 1972 ; Ekman, 1992 ; Izard, 1977, 1978), ils affirment que le nourrisson, en imitant l'expression faciale de l'émotion parentale, fait naître en lui-même l'émotion corporelle correspondante, à travers des connections préétablies (voir Ekman, Levenson et Friesen, 1983). L'état affectif généré par l'imitation est alors ressenti intérieurement, et l'émotion éprouvée est attribuée à l'esprit d'un autre.

Soulignons que l'hypothèse de Meltzoff et Gopnik implique, à titre de présupposé fondamental, que le nourrisson a un accès introspectif direct à ses états émotionnels primaires et innés. Ce présupposé relève de la vision classique d'une longue série de théoriciens de la croissance (incluant des psycho-analystes) qui ont affirmé que l'état initial du système perceptif du nourrisson se caractérise par une sensibilité plus élevée aux stimulations internes et introceptives qu'aux stimulations externes et extraceptives (Mahler, Bergman et Pine, 1975 ; Bruner, Olver et Greenfield, 1966 ; Birch et Lefford, 1967 ; Gholson, 1980 ; pour un aperçu global, consulter Rovee-Collier, 1987).

Cependant, comme l'ont récemment souligné Colombo et ses collègues (1990), il n'y a pratiquement aucune donnée empirique, dans la littérature, sur l'apprentissage par le nourrisson pour appuyer un tel présupposé. En fait, ces auteurs ont démontré que les bébés âgés de trois mois font preuve d'un apprentissage discriminant autant sur la base de signaux extraceptifs qu'introceptifs. En outre, pour les bébés entre six et neuf mois, ils ont découvert de manière certaine la domination des signaux extraceptifs sur les signaux introceptifs dans le processus d'apprentissage. Par conséquent, nous abandonnons, dans notre modèle, ce présupposé classique et adoptons en revanche l'hypothèse suivante : dans son état initial, *le système perceptif a accès et peut explorer le monde extérieur et construire des représentations seulement à partir des stimulations extraceptives.* Par conséquent, nous affirmons que le nourrisson est, au départ, relativement aveugle à ses propres états émotionnels, *dans la mesure où son système perceptif n'a pas initialement une orientation introspective.*

Le reflet de l'affect en tant que biofeedback social

Ceci soulève la question suivante : comment, dans ce cadre théorique, le nourrisson devient-il conscient de ses propres états émotionnels et comment en vient-il à une représentation de ses émotions sous une forme accessible à la connaissance ? Nous pensons que le *reflet parental des affects* joue un rôle causal essentiel dans ce processus de développement. Nous émettons l'hypothèse que le mécanisme psychologique impliqué dans le reflet de l'affect est le même que celui démontré dans les procédures biofeedback d'entraînement. Dans ces études, des mesures sont effectuées en permanence sur les changements en cours d'états soumis à une stimulation interne, auxquels le sujet n'a pas initialement un accès perceptif direct (comme la pression sanguine ou la dilatation de la pupille). Les changements de l'état interne sont représentés par une stimulation externe équivalente directement observable par le sujet, dont l'état co-varie en fonction de la stimulation interne. L'exposition répétée à une telle représentation externe finit par engendrer une *sensibilisation* à l'état interne, et dans certains cas, son *contrôle.*

Par conséquent, notre proposition est que le reflet parental de l'affect constitue une sorte *d'entraînement biofeedback naturel* pour le nourrisson et joue un rôle crucial dans le développement émotionnel. On peut, bien sûr, demander comment la représentation extériorisée de l'expression des affects du nourrisson a pour résultat le développement de la conscience émotionnelle et, pour finir, du contrôle de soi ? Je suggère que les stimulations extériorisées corrélatives des expressions de l'état interne du nourrisson sont représentées à un *niveau secondaire et distinct de représentation* qui sera lié par association aux états émotionnels primaires du nourrisson, implicites et inconscients, procéduralement représentés. Cependant, à la différence des émotions primaires innées, cette structure secondaire de représentation, qui repose sur des stimulations extraceptives plutôt qu'intraceptives, sera accessible à la conscience et jouera un rôle vital dans la capacité naissante du nourrisson à exercer un contrôle sur les automatismes affectifs du premier niveau.

L'hypothèse du marquage : le reflet comme transformation

Winnicott (1967) suggère, dans son papier séminal sur la fonction réfléchissante de la mère, que le nourrisson, lorsqu'il regarde sa mère le regardant, se voit dans son visage. En effet, dit Winnicott, quand « la mère regarde le bébé [...] *elle ressemble à ce qu'elle voit* » (p. 131, souligné par nous). La pensée de Winnicott, cependant, laisse dans l'obscurité la nature structurelle complexe du mode de liaison du visage de la mère et de celui du bébé. Dans ce qui suit, je tâcherai d'examiner plus précisément les interactions réfléchissantes qui régulent l'affect, pour tenter de spécifier les aspects qui, dans les stimulations réfléchissantes, permettent au nourrisson *d'interpréter le visage réfléchissant comme un reflet de son propre état.*

Imaginons une interaction réfléchissante typique, de régulation de l'affect, au sein de laquelle la mère essaie de moduler l'état émotionnel négatif du nourrisson. De manière évidente, si la mère, dans sa tentative de réfléchir l'affect négatif du bébé (par exemple la peur ou la colère) aussi bien qu'elle le peut, devait produire une expression normale et réaliste de l'émotion correspondante, son intention de réguler l'affect échouerait sans aucun doute. En effet, le nourrisson, percevant l'expression réaliste de la mère, attribuerait l'émotion perçue à la mère plutôt qu'à lui-même, et la perception de la mère apeurée ou en colère qui s'ensuivrait accroîtrait plutôt qu'elle ne régulerait l'état affectif négatif du nourrisson.

Pour éviter une telle mésinterprétation, l'hypothèse est faite que les mères sont instinctivement conduites à « marquer » ostensiblement leurs expressions réfléchissantes des affects de manière à les rendre perceptiblement différentiables des expressions d'émotions véritables. En raison de cette caractéristique de la démonstration, l'émotion perçue ne sera pas attribuée à la mère. Je nommerai ce processus « découplement référentiel », par référence au fait que l'interprétation de l'expression marquée de l'affect *n'établit pas* de liaison référentielle entre la démonstration de l'émotion et sa source (l'agent qui l'exprime) : l'émotion perçue sera découplée de son référent. Une manière de parvenir à cela consiste à produire une *version spatialement et temporellement exagérée* de l'expression de la véritable émotion des parents, de façon similaire au mode du « comme si » propre à l'expression de l'émotion dans la simulation ludique (Gergely et Watson, 1995). Que le nourrisson construise une représentation distincte pour l'expression marquée, en plus de la découpler des parents, est une autre conséquence du fait que l'expression marquée diffère de manière significative de l'expression de l'émotion véritable des parents.

L'expression marquée de l'émotion, découplée de son référent et représentée de manière distincte, a cependant besoin, du point de vue référentiel, d'être interprétée comme l'émotion de *quelqu'un.* Ce processus d'« ancrage référentiel » est déterminé par un autre aspect caractéristique de l'activité réfléchissant l'affect que je nommerai « congruence ». La congruence fait référence à la *contiguïté temporelle et à la similitude transmodale de comportement* entre l'expression réfléchissante des parents et l'attitude exprimant l'affect du nourrisson. Le système perceptif du nourrisson enregistrera cette *relation contingente* (Watson, 1994) qui fournira la base perceptive pour une interprétation référentielle d'une représentation découplée. Par conséquent, le nourrisson va considérer et *fixer* comme telle *référentiellement* la représentation de la visible stimulation réfléchissante comme l'expression de son propre état, établissant ainsi *une association entre la représentation secondaire et son état affectif primaire.*

La relation du reflet de l'affect et du jeu symbolique comme mécanismes régulateurs de l'émotion

Mais quel aspect de la stimulation réfléchissante et quelles propriétés dynamiques de l'interaction réfléchissante jouent un rôle actif dans l'émergence de la régulation souhaitée de l'état affectif du nourrisson ? Une des façons dont les parents parviennent à obtenir cet effet consiste à diminuer ou à augmenter progressivement l'intensité de l'expression émotionnelle réfléchie (Kaye, 1979 ; Stern, 1985) dans le sens voulu de la modulation de l'état affectif du nourrisson. Présupposant une tendance innée de la part du bébé à suivre, selon le schème transmodal, le comportement des parents, une telle modulation aura pour résultat un changement progressif et correspondant de l'état du nourrisson.

Je suggère qu'au cours des interactions réussies où le reflet a un effet régulateur sur l'affect, l'expérience du bébé se caractérise par deux aspects importants. Tout d'abord, quand le nourrisson enregistre la congruence entre son comportement expressif et la démonstration réfléchissante, il fait l'expérience du *contrôle contingent* (Watson, 1979, 1994) et de *l'efficacité causale* dans la création d'une version extériorisée de son état affectif interne. En outre, le nourrisson fait aussi parallèlement l'expérience d'un affaiblissement conséquent de son affect négatif, résultat de l'influence modulant l'affect propre à l'interaction réfléchissante. Alors que ces deux impressions simultanées sont associées, le nourrisson fera l'expérience que son comportement exprimant un affect produit non seulement un événement extériorisé correspondant, mais aussi que son état affectif négatif est régulé grâce à ce processus d'extériorisation.

Par conséquent, je suggère que les interactions réfléchissantes de régulation de l'affect fournissent la proto-situation originelle dans laquelle le nourrisson peut apprendre qu'en *extériorisant ses états internes*, il peut parvenir à *réguler ses impulsions affectives avec succès*. Alors qu'à ce stade, la mère joue un rôle instrumental essentiel comme *médium de l'extériorisation*, l'enfant, dans le jeu symbolique, produira une version extériorisée de ses états internes sans la médiation de la mère. Par conséquent, j'émets l'hypothèse qu'un *prérequisit cognitif* à cette capacité naissante est l'établissement des *représentations secondaires marquées* des états affectifs/intentionnels primaires du nourrisson au cours de ces interactions réfléchissantes. Ces représentations secondaires correspondent, en fait, aux *représentations introjectées du visage maternel réfléchissant*, grâce à l'action duquel il devient possible pour l'enfant d'extérioriser dans le jeu symbolique ses états internes sans la présence médiatrice de la mère.

En fait, cette idée semble compatible avec les suggestions tôt émises par Freud (1920) à propos de la structure dynamique du jeu symbolique comme mécanisme d'autorégulation affective. Dans sa célèbre analyse du jeu « fort-da », pratiqué par son petit fils âgé de dix-huit mois, Freud affirmait que les enfants ont tendance à extérioriser dans le jeu symbolique les souvenirs d'événements traumatiques dont ils ont fait, à l'origine, l'expérience d'une manière passive et sans défense. L'extériorisation répétée de tels souvenirs permet à l'enfant de se décharger progressivement de l'affect négatif associé à l'événement traumatique. Freud faisait l'hypothèse que, dans la simulation ludique, l'autorégulation des affects est facilitée par le fait que l'enfant (à la différence de la situation traumatique première) est *actif* et exerce un *contrôle* sur l'événement extériorisé au cours de la répétition symbolique. Ainsi, tout comme dans le cas des interactions réfléchissantes qui régulent l'affect, le contrôle vécu et l'efficacité causale ressentie dans la création de l'événement deviennent associés à l'affaiblissement de l'affect négatif survenant au cours de l'extériorisation symbolique du souvenir douloureux.

Les applications cliniques : identification projective et contrôle maternel des affects

Jusqu'ici, j'ai présenté le modèle biofeedback social du reflet de l'affect du point de vue de la théorie du développement cognitif. Je voudrais aborder à présent certaines implications cliniques de notre modèle dans le but de l'intégrer aux approches psychodynamiques contemporaines de l'activité réfléchissante, développées dans la théorie des relations à l'objet et dans la théorie de l'attachement.

Notre modèle biofeedback social du reflet de l'affect postule un système biosocial complexe dans lequel le nourrisson est instinctivement conduit à exprimer dans son comportement les changements dynamiques de ses états affectifs internes, tandis que la mère est instinctivement conduite à extérioriser et à exprimer de manière transmodale les comportements expressifs de l'état du nourrisson. Ce système a deux fonctions : la structure réfléchissante a pour conséquence la régulation des états internes du nourrisson, et fournit une sorte de milieu à caractère « instructif » ou « informant » qui conduit à l'intériorisation de la fonction maternelle de régulation de l'affect à travers l'établissement de représentations secondaires des états personnels primaires. Je souhaite affirmer que cette théorie est, en fait, très proche dans son esprit de certaines caractérisations psycho-analytiques de l'environnement maternel du nourrisson, élaborées dans la théorie des relations à l'objet (Winnicott, 1965 ; Bion, 1962) et de l'attachement (Bowlby, 1969).

Je voudrais expliquer ceci de manière détaillée en examinant notre hypothèse du modèle biofeedback social par rapport au modèle de « contenance » de la fonction réfléchissante de la mère, établi par Bion. En discutant la notion d'identification projective en tant que processus du développement, conçue par Melanie Klein, Bion écrit : « En projetant les mauvaises graines (qui incluent les fantasies et les sentiments désagréables) au bon sein (un objet comprenant), le nourrisson sera capable [...] de les réintrojecter sous une forme plus tolérable, une fois que la pensée (rêverie) de l'objet les aura modifiées ». Ou encore : « Une évacuation du mauvais sein survient à travers une identification projective réaliste. La mère, grâce à sa capacité de rêverie, transforme les sensations déplaisantes liées au “mauvais sein” et soulage le nourrisson qui réintrojecte l'expérience émotionnelle adoucie et modifiée ».

Tout d'abord, considérons jusqu'à quel degré notre modèle biofeedback social correspond au processus de « l'identification projective réaliste » dans le développement de l'enfant, commenté par Bion. En fait, il semble y avoir des similitudes structurelles intéressantes entre les deux formulations.

Nous avons déclaré que le nourrisson est instinctivement conduit à exprimer dans son comportement son état affectif négatif. De manière évidente, la raison biologique fondamentale de ce comportement inné est la conséquence adaptative selon laquelle, dans un environnement maternel « suffisamment bon », l'affect négatif exprimé sera éliminé et l'état interne du nourrisson sera régulé. Or, la caractérisation clinique de la projection suggère que l'aspect du moi non désiré est projeté sur un objet externe et, par suite, est expérimenté « au dehors », et non comme appartenant au moi. Cette formulation peut être mise en relation avec l'affirmation fondamentale du modèle biofeedback social selon laquelle l'état initial du système perceptif se caractérise par une sensibilité plus élevée aux stimulations externes qu'aux stimulations internes. En d'autres termes, le nourrisson, dont l'expression instinctive de l'affect est réfléchie par la mère, va faire l'expérience de la *version extraceptive* de son affect négatif exprimé « au dehors » de son affect négatif, plutôt que l'expérience d'une stimulation introceptive de l'affect, au sein du moi.

Il faut noter, en outre, que selon le modèle biofeedback, en relevant la congruence entre la démonstration réfléchissante et l'expression de son comportement, le nourrisson fait aussi l'expérience du *contrôle contingent* et de *l'efficacité causale* en provoquant la version extériorisée de la stimulation de son affect exprimé. Je suggère que cela corresponde à *l'aspect actif de contrôle dans l'identification projective*, souvent soulignée par les psychoanalystes : l'ego ne se débarrasse pas seulement de l'impulsion non désirée en la projetant sur un objet extérieur mais exerce également un contrôle sur elle. Ainsi que Sandler (1987) l'affirme : « Ce dont on veut se débarrasser en soi-même peut être évacué par identification projective, mais on peut aussi avoir l'illusion inconsciente que l'on contrôle l'aspect non désiré et projeté du moi à travers le contrôle de l'objet » (p. 20).

L'identification de l'objet externe avec l'affect projeté survient comme résultat de la conduite instinctive de la mère (ou, selon les termes de Winnicott, le « souci premier de la mère »), qui mène à la représentation de l'expression de l'affect du nourrisson sous une forme extériorisée. Bion affirme que la mère contient et « transforme » l'affect du nourrisson de sorte que le bébé sera à même de réintrojecter « l'expérience émotionnelle modifiée et adoucie ». Cette « transformation » de l'affect correspond à deux traits de la démonstration réfléchissante, spécifiés dans notre modèle *biofeedback* social : son marquage et son intensité modulée. Premièrement, l'idée que, grâce au « marquage » de la démonstration réfléchissante, l'affect éprouvé serait découplé de la mère, et par suite de sa « congruence » avec le comportement expressif du nourrisson, il serait représenté comme référent au propre état interne du nourrisson. Ensuite, la suggestion qu'en raison d'une tendance innée (voir Meltzoff et Moore, 1977, 1989) à imiter de manière transmodale les démonstrations expressives de la mère, le nourrisson suivrait (et par conséquent introjecterait) les transformations modulées par la mère de l'expression réfléchie de son affect.

Enfin, Bion (1962) a insisté sur le fait que le contrôle maternel et la transformation des états internes du nourrisson sont un prérequisit nécessaire pour que le nourrisson puisse réfléchir et diriger son expérience ou, en d'autres termes, penser ses propres pensées. Dans les termes de notre modèle biofeedback social, cette idée peut être interprétée comme l'établissement des représentations secondaires des états émotifs primaires du nourrisson, dont la nécessité, d'une part pour la conscience et le contrôle affectif et d'autre part pour la capacité à s'engager dans des extériorisations régulant les émotions telles que le jeu symbolique, a été affirmée.

Modes deviants de reflexion et psychopathologie

Enfin, notre modèle biofeedback fournit aussi une taxinomie structurelle grâce à laquelle les *modes déviants d'activité réfléchissante* peuvent être identifiés. J'ai auparavant caractérisé le reflet adaptatif de l'affect par deux traits : le marquage et la congruence. L'absence de l'un ou de l'autre correspond à un type particulier d'environnement réfléchissant déviant qui, s'il devient dominant dans l'expérience du nourrisson, a probablement des conséquences pathologiques caractéristiques.

Considérons tout d'abord le cas du reflet de l'affect qui est congruent mais auquel fait défaut un *marquage perceptible.* Une telle activité réfléchissante d'ordre structurel peut être attendue de la part des mères qui, en raison de leurs propres conflits intrapsychiques non résolus, sont incapables de contenir les expressions d'affects négatifs du nourrisson et sont envahies par elles. Elles réagissent à l'expression d'affect négatif de leur nourrisson en produisant la même expression émotive (congruente), *mais d'une manière réaliste, non marquée.* Selon notre hypothèse, la domination de ce mode déviant d'activité réfléchissante conduit probablement aux conséquences suivantes :

— puisque la démonstration réfléchissante de l'affect n'est pas marquée, elle ne sera pas découplée par la mère, et, par conséquent, elle ne sera pas non plus ancrée dans le nourrisson. Dès lors, le nourrisson *n'établira pas de représentations secondaires de ses états émotifs primaires,* ce qui mène à une déficience correspondante dans la perception de soi et dans le contrôle de ses affects ;

— en raison de la démonstration réfléchissante réaliste et non marquée, le nourrisson attribuera l'affect réfléchi à ses parents, et ainsi, fera l'expérience de son propre affect « au dehors », *comme appartenant à autrui plutôt qu'à lui-même* ;

— au lieu de réguler l'affect négatif du nourrisson, la perception d'une émotion négative réaliste correspondante chez la mère va *accroître l'état négatif du nourrisson,* ce qui conduit à un traumatisme plutôt qu'à un contrôle.

Il faut noter que cette constellation correspond à la caractérisation clinique de *l'identification projective comme mécanisme pathologique de défense* qui caractérise les cas limites (Klein, 1946 ; Segal, 1964 ; Kernberg, 1976 ; Sandler, 1987). Par conséquent, on peut faire l'hypothèse que l'expérience continue d'un *reflet de l'affect congruent mais non marqué* dans la prime enfance joue un rôle causal important dans l'établissement de l'identification projective comme mécanisme de défense principal dans les cas limites.

Un second type de structure réfléchissante déviante peut résulter de la domination d'un reflet parental marqué mais non-congruent, inadéquat. Une attitude de sur-contrôle ou une perception défensivement déformée de la part des parents de l'affect du nourrisson peut produire un tel type de reflet. Pensons à l'enfant dont l'excitation à tendance érotique produit chez la mère anxiété et colère défensive. La mère peut alors projeter sa réaction affective de défense sur l'enfant et percevra alors de manière déformée son excitation libidinale comme une agression. Elle peut moduler l'affect de son enfant ainsi perçu de manière erronée à travers une vision réfléchie à caractère agressif, mais correctement marquée.

Selon la présente hypothèse, un tel type de reflet de l'affect marqué mais déformé, quand il domine dans l'expérience de l'enfant, peut conduire aux conséquences pathologiques suivantes :

— en raison du marquage de l'affect réfléchi, celui-ci sera découplé des parents ;

— puisque la stimulation réfléchissante est temporairement contingente et fait preuve d'une correspondance initiale avec l'intensité de l'expression de l'affect par le nourrisson, l'enfant va lier référentiellement *la démonstration réfléchissante de l'affect à son état émotif primaire actuel.* Cependant, puisque la catégorie de l'affect réfléchi et introjecté n'est pas congruente avec l'état affectif réel de l'enfant, celui-ci établira une *représentation secondaire déformée* de son état affectif primaire.

Ainsi, on peut penser que le reflet marqué des affects, toutefois inadéquat, non-congruent, peut être causalement rattaché à des *représentations du moi pathologiquement déformées* ; celles-ci peuvent, par exemple, créer des pathologies sexuelles dans lesquelles l'excitation libidinale est perçue comme agression et y conduit.

BIBLIOGRAPHIE

BION, W.R. 1962, *Learning from Experience.* New York, Basic Books.

BIRCH, H.G. ; LEFFORD, A. 1967. « Visual Differentiation, Intersensory Integration, and Voluntary Control ». *Monographs of the Society for Research in Child Development.* 32, 2, serial n° 110.

BOWLBY, J. 1969. *Attachment and Loss : Attachment.* Vol. 1, New York, Basic Books.

BRUNER, J.S. ; OLVER, P.R. ; GREENFIELD, P.M. 1966. *Studies on Cognitive Growth.* New York, Wiley.

COLOMBO, J. ; MITCHELL, D. W., COLDREN, J.T. ; ATWATER, J.D. 1990. « Discrimination Learning During the First Year : Stimulus and Positional Cues ». *Journal of Experimental Psychology : Learning, Memory, and Cognition.* 16, 1, pp. 98-109.

EKMAN, P. 1992. « Facial Expressions of Emotion : New Findings, New Questions ». *Psychological Science,* 3, 1, pp. 34-38.

EKMAN, P., FRIESEN, W.V. ; ELLSWORTH, P. 1972. *Emotion in the Human Face.* New York, Pergamon Press.

EKMAN, P., LEVENSON, R.W. ; FRIESEN, W.V. 1983. « Autonomic Nervous System Activity Distinguishes Between Emotions ». *Science.* 221, pp. 1208-1210.

FREUD, S. 1920. *Beyond the Pleasure Principle.* London, Hogarth Press, 1948.

GERGELY, G. ; NÁDASDY, Z. ; CSIBRA, G. ; BIRÓ, S. 1995. « Taking the Intentional Stance at Twelve Months of Age. *Cognition.* Vol. 56, n° 2, pp. 165-193.

GERGELY, G. ; WATSON, J.S, 1995. « The Biofeedback Model of Parental Affect-Mirroring ».

GHOLSON, B. 1980. *The Cognitive-Developmental Basis of Human Learning : Studies in Hypothesis Testing.* New York, Academic Press.

IZARD, C.E. 1977. *Human Emotions.* New York, Plenum Press.

IZARD, C.E. 1978. « Emotions as Motivations : An Evolutionary-Developmental Perspective ». *Dans* : H.E. Howe, Jr. (sous la dir. de). *Nebraska Symposium on Motivation.* Vol. 26, pp. 163-199. Lincoln, University of Nebraska Press.

KAYE, K. 1979. « Thickening Thin Data : The Maternal Role in Developing Communication and Language ». *dans* : M. Bullowa, (sous la dir. de). *Before Speech.* Cambridge, Cambridge University Press.

KERNBERG, O.F. 1976. *Object-Relations Theory and Clinical Psychoanalysis.* New York, Jason Aronson, Inc.

KLEIN, M. 1946. « Notes on Some Schizoid Mechanisms ». *International Journal of Psycho-Analysis.* 27, pp. 99-110.

MAHLER, M. ; BERGMAN, A. ; PINE, F. 1975. *The Psychological Birth of the Human Infant : Symbiosis and Individuation.* New York, Basic Books.

MELTZOFF, A. N. ; MOORE, M.K. 1977. « Imitation of Facial and Manual Gestures by Human Neonates ». *Science.* 198, pp. 75-78.

MELTZOFF, A.N. ; MOORE, M.K. 1989. « Imitation in Newborn Infants : Exploring the Range of Gestures Imitated and the Underlying Mechanisms ». *Developmental Psychology.* 25, pp. 954-962.

MELTZOFF, A.N. ; GOPNIK, A. 1993. The Role of Imitation in Understanding Persons and Developing a Theory of Mind. *Dans* : S. Baron-Cohen, H. Tager-Flusberg ;

D.J. Cohen, (sous la dir. de). *Understanding Other Minds : Perspectives from Autism.* Oxford, Oxford University Press, pp. 335-365.

ROVEE-COLLIER, C.K. 1987. « Learning and Memory in Infancy ». *Dans* : Osofsky, J.D. (sous la dir. de) *Handbook of Infant Development.* 2e ed., New York, Wiley.

SANDLER, J. 1987. *Projection, Identification, Projective Identification.* International Universities Press, Inc.

SEGAL, H. 1964. *Introduction to the Work of Melanie Klein.* New York, Basic Books.

STERN, D.N. 1985. *The Interpersonal Word of the Infant.* New York, Basic Books.

WATSON, J.S. 1979. « Perception of Contingency as a Determinant of Social Responsiveness ». *Dans* : E. Thoman (sous la dir. de). *The Origins of Social Responsiveness.* Hillsdale, NJ, Erlbaum, pp. 33-64.

WATSON, J.S. 1994. « Detection of Self : The Perfect Algorithm ». *Dans* : S. Parker, R. Mitchell ; M. Boccia, (sous la dir. de). *Self Awareness in Animals and Humans : Developmental Perspectives.* Cambridge University Press, pp. 131-149.

WINNICOTT, D.W. 1965. *The Maturational Process and the Facilitating Environment.* London, Hogarth Press.

WINNICOTT, D.W. 1967. « Mirror-Role of Mother and Family in Child Development ». *Dans* : P. Lomas (sous la dir. de). *The Predicament of the Family : A Psychoanalytical Symposium.* London, Hogarth Press and the Institute of Psycho-Analysis.

Hans von Lüpke

Respecter le rythme du développement : bien-être corporel et psychique

« Le rythme est la promesse de continuité. Il est la promesse que ce qui se passe maintenant se réitérera et qu'il n'y aura rien entre les deux qui pourrait rompre cette chaîne. » Cette définition nous est donnée par Sheverin et Toussieng (1962). Le rythme se manifeste entre la désorganisation d'un côté et la stagnation de l'autre. Il rassemble l'élément du changement et en même temps de la continuité. Il est ce qui donne la cohérence entre le passé et le futur. En conjuguant le passé et le futur, il offre un lieu au développement de la mémoire, et, de par l'évaluation de cette mémoire, le développement de l'expérience, des représentations. L'expérience, de son côté, offre la possibilité de l'anticipation du futur, la préparation, la capacité d'agir. On pourrait dire que le rythme est un élément constitutif pour le développement de ce pouvoir d'agir, de cohérence, d'affectivité et de l'historicité du Self dont, selon Stern, se constitue le noyau du Self.

En attribuant au rythme une telle importance, il vaut la peine de discuter du rôle du rythme dans la vie et dans le développement humain.

La vie a pour fondement, sur le plan biologique déjà, des rythmes tels que la veille et le sommeil, la faim et son assouvissement. Les conditions préliminaires à ce fonctionnement sont les rythmes organiques comme le battement du cœur, la respiration, les régulations circadiennes

---

Hans von Lüpke, psychothérapeute (Allemagne).

par les hormones, etc. Déjà, sur le plan biologique, il semble être d'une grande importance que les rythmes ne soient jamais rigides. Selon des recherches basées sur la théorie du Chaos, il a été démontré que, pour être sain, il faut que les rythmes ne soient pas trop fixes. Le contrôle total de l'anticipation devient un signe de maladie (Gleick, 1987). La flexibilité, l'adaptabilité au contraire constituent en même temps une précondition à la santé mais aussi un point de vulnérabilité. Dans le cas des arythmies cardiaques par exemple, d'autres centres produisent des rythmes compétitifs et, par conséquent, détruisent le rythme régulier du cœur. On retrouve de nouveau les deux limites que j'avais décrites au début : la stagnation et le désordre.

Le rythme, déjà sur le plan biologique, n'est jamais isolé, autarcique. Il y a un dédoublement : les réactions sur le rythme original modifié par l'influence d'autrui. Cela signifie que le mode du rythme est le mode de la communication, de l'interaction.

La rythmicité rallie des éléments différents tant sur le plan biologique que sur le plan psychique. Elle est plus prononcée dans les comportements où l'émotion est plus intense et s'exprime par des chemins corporels comme dans la sexualité, la danse, les situations de communication, dans lesquelles les paroles transmettent plus d'émotions que d'informations rationnelles comme dans les dialogues des amants, dans la communication avec des bébés (comme Stern l'écrit) ou avec des handicapés. Déjà pendant la vie prénatale, les rythmes font partie de la communication, par exemple par le changement mutuel d'activité corporelle chez le fœtus et l'activité onirique (REM) de la mère.

L'aspect du rythme dans le développement psychomoteur n'est pas vraiment accepté. Jusqu'à aujourd'hui, le critère prévalant dans l'évaluation du développement est la vitesse : le plus tôt est le meilleur. Mahler (1968) donne des exemples d'un développement moteur précoce chez des enfants psychotiques. Grâce à Pikler, Tardos et David, aujourd'hui on dispose de recherches qui démontrent que la qualité du développement n'est pas du tout liée à la vitesse d'acquisition (par exemple des postures). D'autres critères plus importants, comme ceux de la qualité des postures intermédiaires, se développent indépendamment des postures, comme de se mettre debout ou marcher, et selon un rythme individuel. En conséquence, Tardos et David (1991) demandent de « respecter le rythme d'acquisition ».

L'aspect du rythme dans le cadre du développement se trouve déjà chez Spitz dans son concept des « organisateurs ». Stern voit aussi un aspect rythmique dans des « phases formatives ». La corrélation entre les « organisateurs » de Spitz et un nombre de changements sur le plan physique dans l'EEG, l'ECG et la régulation des hormones pendant le deuxième et le huitième mois, est évidente. Emde (1980) en a donné un synopsis.

On peut se demander si le rythme du développement serait comparable à ceux discutés avant, tels que les rythmes circadiens. Cela voudrait dire que le rythme et, par conséquent, toutes ses phases représentent une structure essentielle du développement. Une autre conséquence serait l'aspect de la communication dans le développement psychomoteur, les changements biochimiques, sensorimoteurs et mentaux se déroulant dans un réseau d'influences relationnelles entre l'enfant et son entourage.

Comparable au rythme circadien, nous trouvons des cycles de variations entre l'activité et le repos dès le commencement de la vie. Ces cycles représentent le mouvement de l'activité corporelle accompagnée des expériences sensorimotrices, vers les activités mentales telles que l'intériorisation, la comparaison du nouveau avec la mémorisation de l'ancien, entraînant la modification des concepts. Gidoni le décrit pour le fœtus, et Tardos et Appell pour le bébé, en observant ses variations d'attention au cours des jeux, dans leur film d'ailleurs merveilleux. Si l'on prend le développement psychomoteur comme une chaîne de cycles de déplacements d'activité, on arrive à valoriser les phases sans progrès visible, ce « laissez-moi le temps » dont Emmi Pikler parle (1988). Peut-être faut-il que l'enfant fasse les essais de sa motilité avant de commencer à concentrer ses activités dans ce but. Ces activités, à l'origine sans but (par exemple pendant que l'enfant gigote) s'orienteront plus tard de plus en plus vers un but (*via* des postures intermédiaires). Expérimenter, découvrir et toujours à nouveau évaluer dans le cadre de la mémoire : c'est la précondition à ce que les fonctions qui en résultent expriment l'identité.

Les recherches faites sur le fonctionnement du cerveau soulignent l'importance de ce processus : rien n'est perçu ni agi sans passer au filtre de l'évaluation. Le rythme du développement — surtout les « phases du silence » — est l'expression de ce processus. Laisser le temps dans ce cadre n'est plus un cadeau, le résultat d'une espèce de générosité de n'être pas trop sévère, c'est une demande essentielle, une des préconditions au développement du bien-être corporel et psychique. Il faut se demander si les problèmes de perception fréquents chez les bébés nés prématurément ne sont pas pour une moindre part dus à des maux organiques comme l'asphyxie ou l'hémorragie, mais plus souvent le résultat de traitements inadéquats pressant les enfants à un développement aussi rapide que possible.

Pour en venir au rythme, nous supposons que le développement psychomoteur, lui aussi, se déroule non pas de façon isolée, guidé seulement par des forces biologiques héréditaires, mais sous l'influence des interactions, des émotions mutuelles, des fantaisies et phantasmes (selon Lebovici) venant des expériences individuelles ou transmises par les parents, chaîne infinie à travers les générations. Toute cette matière provenant des autres, l'étrange, le « non-Self », devient, paradoxalement, la matière au sentiment du Self, au sentiment de l'identité. Surtout entre les frères et sœurs, le processus du développement d'identité est lié d'une manière très subtile.

Un exemple est donné par l'expérience faite avec des jumeaux, au cours d'un travail réalisé avec une famille et développé en collaboration avec ma femme. Il s'agit d'un garçon et d'une fille, nés prématurément, pesant chacun un kilo. Dès la naissance, la fille eut des problèmes de respiration, d'hémorragies, d'infections et d'alimentation. Après trois mois d'hospitalisation sous traitement intensif, une anorexie sévère et un retard psychomoteur persistaient. A l'âge de six ans, encore, des différences significatives existaient dans les aptitudes des deux enfants : le garçon, par exemple, savait dessiner des objets, la fille ne savait pas. Puis, tout à coup, la fille a commencé à développer des aptitudes comme la danse, elle mangea mieux, se montra plus sûre d'elle. Simultanément, le garçon a montré des signes de régression prononcée : il est devenu timide, a mangé peu, et est devenu énurétique. Quelques mois plus tard, l'ancien équilibre a été retrouvé, tous les deux faisant des progrès.

Cet exemple montre la mutualité du développement chez les jumeaux. Il semble que le développement ait besoin d'un espace pour se produire. Si des lieux sont déjà occupés, il ne reste pour l'autre que la place laissée libre. Je connais un adolescent qui, après la mort de son frère aîné, a commencé à développer de plus en plus de similitudes avec son frère mort. Dans le cas des jumeaux, il semble que le garçon rattrape les aspects de son développement non offerts auparavant : être faible, concentrer le soin des parents sur lui. Avant, son rôle à côté de cette sœur à problèmes était un rôle de bon fonctionnement — dans l'intérêt des parents aussi. Alors que ce qui semblait être un désordre en vérité n'était qu'un besoin dans son développement qui n'avait pu se réaliser jusqu'à présent. On reconnaît ici aussi une mutualité très complexe : l'influence des vœux, des angoisses des parents, fondés sur leurs expériences au sein des thèmes transmis par les générations. Au premier moment, la différence entre les deux jumeaux semble être une différence purement biologique, la conséquence de facteurs organiques comme l'asphyxie, etc., laquelle différence, cependant, pourrait être celle entre l'histoire de la fille et celle du garçon sur le plan émotionnel, relationnel et corporel avant la naissance et précédant les facteurs organiques par des maux pendant la phase postnatale ? L'influence de ces éléments sur le développement corporel et psychique prénatal est bien connue.

Si nous comptons des phénomènes comme le retard, l'arrêt ou la régression transitoire dans le cadre du développement psychomoteur (autrement pris pour des désordres) comme des éléments essentiels au développement du bien-être corporel et psychique, quels sont les désordres, les problèmes, les pathologies de ce point de vue ? De nouveau, le concept du rythme vient à notre secours. Nous avons vu qu'ici, la maladie se trouve dans la rigidité, le manque de flexibilité. Si nous prenons au sérieux l'importance de la communication pour le développement, ceci aussi dans le cadre de la psychomotricité, le soin de la qualité de cette communication devient essentiel. Un des critères les plus importants est le rôle des différences dans la communication : si elles font peur, si elles provoquent des actions de défense comme signe de rigidité, ou si elles constituent une part fondamentale dans le dialogue, indispensable pour la force la plus importante comme « moteur » du développement, c'est-à-dire la créativité, comme Milani Comparetti (1986) le symbolise par une spirale. On pourrait ajouter que la qualité de la communication se montre aussi dans la qualité du rythme comme promesse simultanément de continuité et de changement.

Ce cadre paradoxal, où le Self se développe par le « non-Self », c'est le terrain où croît l'identité, ce phénomène farouche, éphémère, qui ne se laisse pas fixer. Il semble que l'identité se comporte comme la princesse dans les contes de fées ou dans un rêve, qui joue avec nous, danse et nous caresse. Mais respectons le rythme de cette danse : si nous le perdons ou si nous nous approchons trop près, elle disparaît et nous nous réveillons.

Bibliographie

EMDE, R.N. 1980. « Toward a Psychoanalytic Theorie of Affects ». *Dans* : Greenspan, S.I. ; Pollock, G.H. (sous la dir. de). *The Course of Life.* Vol. I, NIMH, Mental Health Study Center East Adelphi, Maryland, pp. 63-112.

GLEICK, J. 1987. *Chaos. Making a New Science.* Edition allemande : *Chaos. Die Ordnung des Universums.* München, 1988.

LEBOVICI, S. 1983. *Le nourrisson, la mère et la psychanalyse.* Paris, le Centurion, coll. Paidos.

MAHLER, M.S. 1968. « On Human Symbiosis and the Vicissitudes of Individuation ». Vol. I, *Infantile Psychosis.* International Universities Press Inc., New York.
MILANI COMPARETTI, A. 1986. « Fetal and Neonatal Origins of Being a Person and Belonging to the World ». *International Journal of Neurological Science.* Supp. 5 (Maturation and learning), pp. 95-100.
PIKLER, E. 1988. *Laßt mir Zeit.* Pflaum Verlag, München.
SPITZ, R.A. 1965. *The First Year of Life.* International Universities Press Inc., New York.
SHEVERIN, H. ; TOUSSIENG, P.W. 1962. « Conflict Over Tactile Experiences in Emotionally Disturbed Children ». *Journal of the American Academy of Child Psychiatry.* 1, pp. 564-590.
STERN, D.N. 1985. *The Interpersonal World of the Infant.* Basic Books Inc.
TARDOS, A. ; DAVID, M. 1991. « De la valeur de l'activité libre du bébé dans l'élaboration du Self ». *Devenir.* 3, pp. 9-33.

Serge Lebovici

Empathie et soins

Le terme d'empathie est actuellement très à la mode. Assez curieusement, il a été peu utilisé par les psychanalystes. Mais c'est avec la connaissance du développement du bébé qu'on voit ce terme se répandre dans toute la littérature anglo-saxonne.

Quelques références concernant le terme d'empathie

En français, dans la littérature non spécialisée, on oppose en général la sympathie et l'empathie. La sympathie, terme courant en français, désigne un sentiment qui nous rapproche des personnes qui ont besoin d'aide : on a de la sympathie pour un malade, pour un handicapé, etc. Toutefois, la sympathie sous-tend aussi des situations où sont impliqués des sentiments complexes, voire contradictoires. La sympathie explique les liens entre deux amis. Elle s'exerce aussi à l'égard des malheureux : « Je ne l'aimais pas vraiment, mais j'avais pour lui de la sympathie ». En d'autres termes, l'étymologie du mot sympathie implique le déploiement de sentiments qui comportent généralement de la pitié, ou même le partage de la souffrance.

En France, le mot empathie est employé en psychologie et en psychopathologie. Il a été manifestement emprunté à la littérature spécialisée anglaise, pour éviter de parler de sympathie relationnelle. Dans le *Dictionnaire de psychologie* de Roland Doron. R. Dorey parle d'une « in-

---

Serge Lebovici, psychanalyste (France).

tuition de ce qui se passe dans l'autre, sans oublier toutefois qu'on est soi-même, car dans ce cas il s'agirait d'identification » (p. 241).

Ainsi le mot empathie veut désigner des situations relationnelles, comportant un certain degré d'affectivité, mais sans pitié. En vérité, si l'on se réfère au sens étymologique du mot, on opposerait la sympathie qui comporte un partage de souffrance, à l'empathie qui implique :
— d'une part la connaissance de l'autre par l'intérieur ;
— d'autre part *pathie*, la souffrance, comme le verbe grec παθειν l'indique.

Sur le plan de la technique psychothérapique, le mot empathie en français et *empathy* en anglais sont la traduction du mot allemand *Einfühlung* (sentir avec, ou plutôt union dans le sentiment). *Einfühlung* s'oppose à *Einsicht* qu'on pourrait traduire par « compréhension ». On pense que le mot anglais qui correspond à *Einsicht* et qui n'existe pas en français est *insight*, qu'on pourrait traduire par « voir dedans » ou « comprendre dedans ». La langue allemande oppose donc la compréhension affective ou *Einfühlung* et la compréhension intellectuelle ou *Einsicht*.

L'EMPATHIE DANS LA RELATION INTERACTIVE AVEC LE NOURRISSON

L'évocation des sens donnés au mot empathie montre que la participation de l'affect y joue un rôle fondamental. Ainsi, l'empathie s'opposerait à la compréhension rationnelle du matériel analytique, tandis que l'expérience montre quotidiennement que la compréhension purement intellectuelle des mécanismes du fonctionnement mental n'a généralement aucun effet thérapeutique.

Représentations mentales et affects

La théorie de la genèse des représentations mentales est sous-tendue par l'observation du nouveau-né et celle de son développement.

On a longtemps pensé que le nouveau-né se déploie en suivant les règles qui sont fixées sur le plan développemental, comme la réunion initiale des deux gamètes conduit au développement de l'embryon et du fœtus, puis de l'enfant. Gesell est le représentant le plus complet de cette version suivant laquelle le jeune enfant est le produit d'un programme embryologiquement prévu. Dès la fin du XIXe siècle, les conceptions théoriques du développement de l'enfant se sont beaucoup modifiées : Freud a joué ici un rôle essentiel. On pourrait en lire les principes dans les *Trois essais sur la théorie de la sexualité*. Selon lui, les forces en présence sont sans doute liées au schéma du développement et suivent un mode génétique. Freud a toujours été fidèle à la loi de Haeckel, suivant laquelle l'ontogenèse reproduit la phylogenèse. Ainsi, tout le comportement prend un sens dans le cadre de ce développement. Mais les variations inscrites par l'histoire de chacun dans les rapports qu'il a avec ses parents, montrent le rôle immense que ceux-ci ont pour aboutir au statut d'adulte.

Ainsi, le paradigme essentiel de la psychanalyse serait le suivant : il existe une union primordiale et fondamentale entre le nouveau-né et les soins qu'il reçoit, ce que Winnicott imagera de la manière suivante : la mère, au début de la vie de son enfant, est « presque parfaite ». Sa dépression initiale et assez banale, le « blues » fait qu'elle est une mère « folle du bébé » qui a totalement besoin d'elle puisque, différent du petit animal, il ne saurait courir vers elle lorsqu'elle retrouve ses occupations habituelles et n'est plus qu'une « assez bonne mère ». Cette mère a porté dans ses bras l'enfant qu'elle imagine depuis qu'elle a proclamé sa grossesse, après une période de triomphe narcissique, où elle annonce à la future grand-mère de l'enfant sa grossesse et lui signifie ainsi qu'elle ne sera plus ni femme ni mère, mais bien une grand-mère.

De son côté, le grand-père maternel est aussi le père de son petit enfant à venir, car le vœu de la mère, au moment de la période œdipienne de son développement, était qu'elle reçût un enfant de son père.

De son côté le bébé ne peut que déployer son narcissisme initial, car totalement dans le besoin de l'aide maternelle, il la reçoit d'abord, jusqu'à ce qu'elle s'éloigne de lui, tout en lui donnant le temps de s'identifier à elle.

Ainsi le bébé, qui est privé en partie de la satisfaction de ses besoins habituels, va être capable de reconstituer, à partir de la mise en jeu de ses zones érogènes, l'objet maternel en partie perdu, en se le représentant. L'hallucination de l'objet interne est donc la conséquence de sa perte et de l'hallucination de plaisir qu'il procurait, en satisfaisant les besoins de l'enfant. Il s'agit là du paradigme fondamental de la psychanalyse qui justifie l'idée que le rêve reproduit un désir infantile inconscient.

On remarquera cependant que ce mécanisme, qui est conforme à la loi de Haeckel, ne fait que mettre en lumière la genèse des représentations mentales, celle des objets. Toutefois, dès 1960, j'écrivais que « l'objet était *investi* avant que d'être perçu ». Il va sans dire qu'on ne peut pas comprendre la notion d'investissement, sans y impliquer les affects. Mais ceux-ci sont irreprésentables. Ils ne sont pas attachés à un seul système pulsionnel, mais se déplacent d'une organisation pulsionnelle à l'autre.

La théorie de l'attachement et l'attachement affectif

Dans les années cinquante, Bowlby (1960) fut affecté par diverses critiques concernant la genèse de certains troubles du développement, en particulier après que Spitz (Spitz, 1946) a pu mettre en évidence de façon expérimentale la dépression anaclitique, et l'hospitalisme qui en était la conséquence. Bowlby mit en évidence les possibilités d'application de l'éthologie animale à l'homme dans les relations interpersonnelles. Les relations familiales ne pouvaient être conçues que comme systémiques, c'est-à-dire aboutissant à une auto-organisation stable. Il décrivit ainsi la théorie de l'attachement comme le principe fondamental des relations interhumaines. Cet attachement est programmé et le déclenchement de ces programmes est lié à la présence d'empreintes, c'est-à-dire de situations également programmées qui surviennent comme des circonstances indispensables pour que se mette en route le fonctionnement programmé génétiquement : par exemple, le fouissement contre la poitrine de la mère du nouveau-né déclenche le réflexe bucco-lingual d'orientation et la recherche du mamelon. L'empreinte du bébé déclenche en même temps chez sa mère la montée laiteuse.

L'attachement a une typologie qui est sécuritaire, défiante ou ambivalente, selon Mary Ainsworth (1969). Cette typologie est transmissible de l'enfance à l'âge adulte. Ainsi, les parents le reproduisent avec leur enfant.

Dans de telles conditions, la relation de développement doit reprendre la théorie psychanalytique de la genèse de l'objet, en notant que :

— l'enfant est l'objet d'une projection imaginaire et fantasmatique de la mère ;

— le bébé ne saurait se représenter la mère dans son entièreté : utilisant ses compétences sensorielles remarquables, il se représente les soins maternels très tôt à partir de ses expériences sensorielles : l'odorat, la vue, le toucher, l'équilibre, la parole entre autres. Mais l'enfant est capable d'associer les représentations sensorielles, en particulier la vue et l'odorat. Ce point est essentiel si l'on veut comprendre la genèse de la représentation de l'objet.

La naissance de l'objet

Ainsi, il apparaît que l'objet des représentations n'est nullement l'objet tel que nous imaginons que les bébés le perçoivent : ses remarquables compétences précoces lui permettent en particulier de reconnaître la voix de la mère et sa langue dès sa naissance, l'odeur de sa mère dès le troisième jour, etc. Mais il faut ici rappeler que le calendrier chronobiologique du développement qui commence pour le fœtus dès la grossesse ne saurait donner à la naissance au monde une importance essentielle : l'enfant ne répond pas spécifiquement aux affects déterminés avant le sixième mois.

La vie émotionnelle qui colore son développement dans le cadre des relations de soins, donnés le plus souvent par la mère mais également par le père actuellement ou par des *substituts parentaux,* joue un rôle fondamental : Daniel Stern parle des « émotions de vie » pour expliquer que les affects initiaux ne sont pas spécifiques comme ceux de la colère, du chagrin, etc. Mais en tout état de cause, ils vont favoriser, dans le cadre des interactions, les interrelations avec l'objet. Toute éventualité, aussi insignifiante soit-elle, peut surgir comme un événement dans la monotonie des interactions comportementales et contingentes. Ainsi elles seront vécues comme des événements et pourront contribuer à la genèse des « scripts » initiaux ou des scénarios. Ils pourront être revécus ultérieurement et être « rétro-dits » comme la cause d'événements importants de la vie.

On voit donc que, selon le schéma que nous avons suivi, les théories actuelles du développement les plus répandues en Europe occidentale et aux Etats-Unis reposent sur l'étude des interactions comportementales ; mais elles sont également affectives et fantasmatiques.

Les interactions affectives et fantasmatiques

Le développement interactif se fait dans un bain d'affects (Lebovici, 1983). Il comporte des dysharmonies et des accordages affectifs, modaux ou transmodaux (Stern, 1985).

Dans ce bain affectif, les échanges fantasmatiques entre l'enfant imaginé par la mère et les protoreprésentations de ce dernier nécessitent évidemment l'introduction d'affects. Ceux-ci vont jouer un rôle essentiel dans les interactions préalables qui sont interpersonnelles, puis intersubjectives, et donc symbolisables, en particulier à partir du troisième trimestre de la première année de la vie, à partir du moment où le bébé sera capable de prêter des affects et des représentations aux personnes qui l'élèvent (métathéorie de l'esprit de Baron-Cohen, 1989).

Daniel Stern, dans son livre sur la vie interpersonnelle des très jeunes enfants (1985), a estimé qu'il pouvait éviter de recourir à la notion de fantasme. Il se limitait à l'utilisation du terme représentation, d'ailleurs très ambigu et très loin de ce que les philosophes, repris par Freud, appelaient *Vorstellung*. Divers travaux ont montré que la représentation telle que Freud l'envisageait, représentation de choses et de mots, pouvait se traduire en français plutôt par le terme « idée ».

Nous dirons donc que le développement de l'enfant ne peut se faire qu'à travers la richesse de ses émotions et de ses affects qui sont déplacés dans le cadre interrelationnel. Ils confèrent à la vie psychologique sa « représentance », qu'il s'agisse de la perception des choses ou de la manière de les dénommer. Cette dernière est relativement indépendante des perceptions, sur lesquelles sont *projetées aussi nos affects inconscients.*

L'EMPATHIE DANS LA RELATION DE SOINS ET DE TRAITEMENT

L'empathie en milieu pathologique

Nous avons décrit l'importance de cette situation dans les *consultations thérapeutiques* :

— une mère et un bébé dans ses bras peuvent échanger des représentations, mais la richesse de ces échanges dépend essentiellement du climat affectif dans lequel ils se déroulent. Selon nous, la consultation thérapeutique ou la psychothérapie brève vise à étudier les interactions particulières au couple mère-bébé, ou plutôt actuellement à la triade père-mère-bébé ;

— la compréhension de ce domaine interactif est facilitée par l'étude de la transmission intergénérationnelle. Celle-ci, selon nous, n'est pas limitée à la transmission génétique de l'attachement ; elle implique un processus constant de parentalisation-filiation, la connaissance de la transmission intergénérationnelle et du mandat de vie qui marque la destinée du bébé : les fantômes qu'on retrouve dans la chambre des enfants (Fraiberg, 1983) sont le plus souvent les représentations des conflits infantiles des parents avec leurs propres parents ;

— lorsque l'enfant, comme cela est inévitable au moins à certains moments, est désinvesti du narcissisme parental, il doit réparer son propre narcissisme, c'est-à-dire développer son soi qui n'est autre que le sentiment continu de sa propre existence psychique. Ce « self » est donc à l'origine du processus de subjectivation ;

— ainsi la vie émotionnelle de la mère, celle du père et celle du bébé se conjuguent dans le processus de triadification, auquel peut et doit suppléer le thérapeute qui implique aussi son narcissisme dans le processus de psychothérapie.

Le rôle de l'empathie. Dans le processus psychothérapique et dans celui de la consultation thérapeutique, l'analyste, tel que je crois l'être, s'identifie empathiquement aux divers protagonistes de la scène triadique. Sans doute comprend-il la situation, mais surtout *il la vit.* Son système émotionnel lui permet de s'allier aux classes diverses représentées dans la triade : la mère, le bébé et le père. Lorsqu'il sent empathiquement le besoin dans lequel se trouvent l'un ou l'autre de ces protagonistes, il s'allie à leur classe et agit dans ce sens : ainsi il *métaphorise* la situation interactive. Cette métaphorisation est le produit de son empathie créatrice, comme l'ont montré Robert Emde et Roy Schaeffer.

Nous croyons que, ce faisant, le thérapeute contracte des alliances avec la mère et/ou le bébé, éventuellement et plus rarement le père, au moins dans mon cas.

C'est ma conviction profonde, et je crois l'avoir prouvé par des exemples cliniques nombreux, que le thérapeute n'agit pas ainsi seulement sur les projections identificatoires que la mère inscrit dans son bébé, tout en le « désintoxiquant », selon l'expression de Bion. (Je suis de ce point de vue en désaccord avec Bertrand Cramer et nous nous sommes expliqués là-dessus à plusieurs reprises en particulier dans une controverse écrite.)

L'empathie au cours des soins

Notre expérience est évidemment beaucoup plus limitée. Toutefois, mon appartenance au groupe d'observation psychanalytique du bébé animé par Bernard Golse nous a permis d'examiner les documents de soins présentés par l'Institut Lóczy.

Au premier abord, ces documents intriguent car on n'y voit pas les accents émotionnels qui accompagnent les échanges interactifs bruyants qu'on observe en Europe occidentale : dans les crèches françaises, les puéricultrices montrent leur affection de façon souvent caricaturale, même si cette démonstration est utile. Ma première visite à Lóczy date de 1957 et j'avais été frappé par le silence qui régnait dans l'établissement. Or ce silence n'empêche pas les enfants de donner le meilleur d'eux-mêmes, en les soignant de façon méthodique, tout en leur expliquant ce qu'on fait d'eux. Les « nurses », qui ne sont pas les parents, mais des professionnels des soins, peuvent ainsi développer une réelle relation empathique qui permet à l'enfant, bien entendu de les reconnaître, mais aussi de leur prêter de bonnes intentions. Ici c'est la relation qui devient empathique : le bébé ressent l'aide qui lui est apportée comme utile et constructive, tandis que la puéricultrice, par l'attention qu'elle porte à chaque instant quand elle s'occupe de lui, par le calme qui marque son action, peut aussi développer une relation empathique.

Nous croyons d'ailleurs voir une preuve de cette hypothèse dans les travaux de Robert Emde et de Joy Osofsky (1993) qui ont mis au point un test intitulé IFEEL. Le titre veut dire « *I feel it* » : il s'agit d'images de bébés éprouvant diverses émotions et présentées à des mères qui doivent en reconnaître la nature. Je me contenterai de rappeler qu'une mère déprimée réussit beaucoup moins les épreuves de l'IFEEL. Cela veut dire qu'émotionnellement, elle n'est pas prête à reconnaître la nature de la vie affective du bébé. Il me semble donc que le bébé ne peut devenir empathique aux soins que s'il est entouré d'une empathie créatrice.

Conclusion

> *Résumé de la vidéo présentée* : au cours d'une consultation, une mère évite de toucher son enfant assis sur les genoux de son mari jusqu'au moment où le bébé pleure. Elle le prend. L'enfant ne peut pas supporter d'être dans les bras de sa mère et la mère ne sait pas quoi faire. Le professeur Lebovici s'approche, met sa main sur la tête du bébé en lui disant qu'il est beau et en parlant de la situation avec les parents. Le bébé se calme peu à peu, regardant le professeur Lebovici à plusieurs reprises, tout en se réfugiant progressivement dans les bras de sa mère.

Le document qui vient d'être présenté montre que l'attitude empathique simple, sans interprétation proprement dite, peut permettre le développement de l'empathie chez un bébé qui guérit empathiquement sa mère de la peur qu'elle éprouve d'être malfaisante pour lui, du fait de la mort d'un enfant précédent, dont elle s'accuse d'être responsable. Mon empathie a été marquée, je le crois, par une *enaction*, par une mise en acte, limitée, mais concentrée sur la caresse de la tête du bébé. Mon narcissisme s'est déployé pour surmonter, en dépit de mon âge, la résistance paternelle. J'ai agi comme le père aurait dû le faire, tandis que celui-ci restait assis sur sa chaise. J'ai ainsi peut-être « tué le père », mais mon empathie enactante a modifié les interactions entre la mère en deuil chez laquelle vivait encore la petite fille morte, et a permis au bébé de la maternaliser.

Il me semble qu'on peut aussi parler d'une empathie partagée et « enactante » lorsqu'il s'agit de comprendre comment un enfant abandonné peut se plier à la discipline des soins tels qu'ils sont proposés et dispensés à Lóczy : le bébé doit dépasser le « mismatch » qui risquerait de s'établir, il ne comprend pas ce que sa nurse lui explique, mais leur relation empathique lui permet sans doute un certain degré d'insight. Il parviendrait alors à une certaine affiliation aux soins offerts et commentés, à un certain degré de « coping » grâce aux interactions synchronisées, réciproques et partagées.

Bibliographie

AINSWORTH, M. ; SUTER, D. ; WITIG, B.A. 1969. « Attachment and Exploratory Behaviour of one-year-olds in a Strange Situation ». *Dans* : *Determinants of Infants Behaviour.* Vol. 4, B.M. Foss, Londres, Methuen.

BOWLBY, J. 1960. *L'attachement.* Paris, PUF, 1998.

EMDE, R. ; OSOFSKY, J. 1993. *IFEEL.* New York, Basic Books.

FRAIBERG, S. *et al.* 1983. « Fantômes dans la nursery ». *Psychiatrie de l'enfant.* 1, pp. 57-98.

FREUD, S. 1925. *Trois essais sur la théorie de la sexualité.* Paris, Gallimard, 1983.

LEBOVICI, S. 1983. *Le nourrisson, sa mère et le psychanalyste.* Paris, Bayard.

SPITZ, R.A. 1946. *La première année de la vie de l'enfant.* Paris, PUF, 1949.

STERN, D. 1985. *Le développement du jeune enfant.* Paris, PUF, 1989.

WINNICOTT, D. 1978. *De la pédiatrie à la psychanalyse.* Paris, Payot.

Daniel Stern

Une mère soigne son enfant

Je voudrais parler de la nature et de l'importance cardinale de la régulation mutuelle entre mère et enfant et aussi de la créativité dans cette dyade ; autrement dit, surtout de jouer, de s'amuser, d'improviser ensemble. Et pour cela, aborder les conditions nécessaires permettant de mettre cette forme de régulation et de créativité dans la dyade.

Mais d'abord, il ne s'agira ici que des parents relativement normaux et des enfants relativement avantagés, et non des enfants vivant en pouponnière, ni des professionnels qui sont les soignants dans cette situation. Cette précision est fondamentale : en effet, quand on reçoit des enfants en pouponnière et que le soignant est un professionnel, bien des exigences et des conditions sont relativement différentes de celles que je voudrais aborder. Il est important de parler de la situation « normale », car si ce n'est pas forcément un point de repère ou de référence dans des situations différentes, c'est toujours un point de comparaison présent chez tout le monde quand il s'agit d'imaginer comment on pourrait construire un soin dans des situations spéciales.

Alors, c'est avec cela présent à l'esprit que je veux parler de la situation relativement normale et avantageuse. Donc, quelles sont les conditions chez le soignant, chez la mère, chez le père aussi, qui peuvent permettre que l'adulte et le bébé puissent jouer, s'amuser, improviser, se réguler, créer des choses ?

Il reviendra aux soignants qui sont des professionnels d'imaginer les implications de ce que je vais dire à ce sujet.

Daniel Stern, psychanalyste (Suisse).

Et d'abord : « Qu'est-ce qu'une mère ? », parce qu'on n'y a pas assez pensé. Bien sûr, il existe une abondante littérature sur ce que sont les mères, comment elles sont organisées psychiquement. De nombreux travaux sont faits actuellement, surtout par les féministes. Les psychanalystes en parlent depuis longtemps.

Ce que je dirai sur les conditions chez la mère pour avoir cette relation avec le bébé est incroyablement évident et presque banal. Après un énorme parcours, je sais à présent que ma grand-mère, qui était hongroise, aurait pu me dire tout cela.

Qu'est-ce que l'organisation psychique de la mère ? J'utilise le terme constellation maternelle pour décrire une organisation psychique qui a les mêmes caractéristiques qu'un complexe, comme le complexe d'Œdipe, dans le sens où c'est une organisation qui met en place et peut expliquer beaucoup de choses dans la vie de cette personne : les peurs, les désirs, les sensibilités, les tendances dans l'action, etc. Mais cette organisation maternelle est quelque chose de nouveau, différent, indépendant, et pas complètement lié, ou bien il s'agit d'une variation des organisations psychiques précédentes chez cette personne ; quoi qu'il en soit, c'est autre chose.

La situation est un peu la suivante : une femme a une organisation psychique antérieure, de type œdipien, ou une personnalité limite ou dépressive, etc. C'est cette organisation qui est au centre de la scène pour elle, au centre de sa vie. Quand elle est enceinte, puis lorsque le bébé naît, cette nouvelle constellation maternelle comme organisation va pousser l'autre de côté, dans les coulisses. Cela ne veut pas dire que l'organisation originale disparaît. Elle est toujours là, simplement à l'arrière-plan, et peut toujours revenir. Une des raisons pour lesquelles on n'a pas compris cela est qu'on reçoit plutôt les mères chez qui cette organisation maternelle ne peut pas pousser l'autre de côté. La première organisation reste au centre de la scène et on est toujours confronté à ce complexe d'Œdipe ou à cette dépression. Mais, dans la plupart des cas, c'est cette constellation maternelle qui prend le centre de la scène.

Pourquoi est-ce une organisation nouvelle et différente, par exemple du complexe d'Œdipe comme grand organisateur chez la plupart des gens normaux, névrotiques, etc. ? Voici ce qui se passe chez une femme quand elle devient mère. D'abord, il y a un changement important dans ses intérêts et dans ses investissements. Elle commence par être beaucoup plus intéressée par les femmes et beaucoup moins intéressée par les hommes. Elle a un intérêt pour sa mère et elle l'investit bien plus que son père. Elle porte à sa mère un intérêt nouveau comme mère d'elle-même en tant que jeune fille et pas comme femme ou comme épouse de son père. Elle commence à s'intéresser à son mari comme père et non comme homme. Elle perd l'intérêt des choses sexuelles, et est beaucoup plus intéressée par le domaine des soins. Le registre de l'agression et celui de la compétition diminuent au profit de la coopération. Finalement, la triade prédominante intérieure : père-mère-enfant (soit elle-même dans sa famille d'origine comme enfant, soit maintenant avec le nouveau bébé, elle et le père) n'est plus le triangle le plus important, psychiquement. Désormais, un nouveau triangle prend le centre de la scène, qui est la mère — sa propre mère et le bébé. Là se situe l'action de l'investissement le plus important. C'est ainsi que je le vois et cela a des implications importantes.

Dans ce domaine de la constellation maternelle, au moins trois grandes tâches doivent être remplies pour que la mère puisse avoir une relation avec le bébé, dans laquelle peuvent se régler et se créer des choses.

La première est qu'il faut une matrice pour soutenir le système. Ici, je fais une distinction entre les choses pratiques et physiques où le mari prend le rôle le plus important, et les choses psychiques où la mère a besoin d'un holding, d'un environnement dans lequel elle est soutenue plutôt par une ou des femmes en général plus âgées ou plus expérimentées comme mères, qui ont la légitimité d'une mère. C'est quelque chose que la plupart des hommes ne peuvent pas faire pour elle, et surtout pas le mari.

Il est nécessaire également de penser, avec les professionnels qui travaillent dans les pouponnières, à cette importance du soutien maternel, d'une matrice. Ce que la nouvelle mère désire avant tout, en général au niveau fantasmatique, c'est de recevoir une forme de validation, un encouragement, un avis, le soutien d'une femme plus expérimentée comme mère. Je parle souvent d'un complexe, ou de l'idéal d'une bonne grand-mère qui peut soutenir cette femme pour qu'elle parvienne à trouver un fonctionnement maternel.

Je voudrais livrer une petite vignette que je retrouve sans cesse, de bien des manières, dans les entretiens que j'ai conduits avec des mères à qui je demande quelle a été la personne la plus importante pour leur soutien, au niveau psychique à l'hôpital. La mère est souvent surprise par l'étrangeté de sa réponse : il s'agit, en effet, de la femme qui nettoyait la chambre chaque matin. Elle arrivait avec son balai à 7 h 30. C'était en général une femme de cinquante ans, qui était déjà mère et grand-mère. Chaque matin, elle s'arrêtait près du lit : « On commençait à parler un peu. Elle disait toujours : “Oh, mais ça va bien, le bébé est beau et ça va super entre vous deux". Des petites choses comme cela. C'était vraiment elle qui m'apportait le soutien le plus important (dans le sens d'être soutenue et tenue dans un holding). Bien sûr, les médecins, les infirmières, mon mari, ma belle-mère étaient importants ; mais, pour moi, cette femme était la plus importante et, dans la journée, je l'attendais avec une certaine joie ». C'est un bon exemple de cette première tâche.

Toute une série d'expériences montrent également que pendant et après la grossesse, il y a un réinvestissement de la mère de la mère, ou des figures maternelles : il peut s'agir de la grand-mère, de la grande sœur, etc., en général, les personnes qui sont les plus maternelles pour elle.

Ce travail est en grande partie inconscient mais pas forcément et on en voit les conséquences dans plusieurs situations. Par exemple, Mary Main réalise, à Berkeley, un entretien sur l'attachement de la mère par rapport à sa propre mère, qui s'appelle *Adult attachment interview*, tout à fait intéressant.

Vous savez très probablement cette chose importante dans le domaine de l'attachement : connaître le pattern de l'attachement entre le bébé à douze ou dix-huit mois et la mère, est le meilleur indice pour prévoir la santé mentale de l'enfant à l'âge de quatre, cinq ou six ans, quand il commence sa scolarité. Il est important de savoir si le pattern est *sure* ou *insecure*.

Survient donc une deuxième question : quel est le phénomène qui permet de prévoir le mieux le pattern de l'attachement entre la mère et l'enfant ? La réponse est simple : c'est la relation actuelle entre la mère et sa propre mère, ou plutôt, c'est la manière dont la mère raconte et construit le récit de sa relation avec sa propre mère. C'est là l'indice le plus important pour prévoir comment elle va être avec son fils ou sa fille.

C'est un autre indice de ce réinvestissement fort où on retravaille les relations avec les figures parentales, et plutôt maternelles, pendant cette grossesse et après.

Une petite étude a été réalisée récemment à Boston qui portait sur la question : « Qui est là, à la maison, rend visite, téléphone après l'accouchement et pendant les six mois suivants ? » L'étude concernait une population assez vaste au point de vue économique, social, éducatif. Le résultat n'est pas aussi surprenant qu'il y paraît. La personne la plus présente étant la mère de la mère qui est en général dix fois plus souvent à la maison que tous les autres. C'est elle qui fait des visites, qui donne le maximum de coups de téléphone pendant cette période. Après la mère de la mère, ce sont toutes les femmes du côté de la mère : la sœur, la tante, la grand-mère, si elles sont expérimentées comme mère.

Ce n'est qu'après sa famille que la nouvelle mère passe à la famille du côté de son mari si les femmes sont également expérimentées : la belle-mère, la belle-sœur. Il est intéressant de voir que la plupart de ces femmes ont des amis masculins avec qui elles travaillent, mais qui jouent un rôle incroyablement minime dans ce réseau de soutien après l'accouchement. En général, quand ils viennent ou téléphonent, ils demandent comment va le bébé, s'exclament légèrement ; puis la conversation passe rapidement au travail. Les amies donnent beaucoup plus de soutien. En fait, même si ces femmes croient au nouveau couple où tout est partagé entre le mari et la femme, rien ne change vraiment par rapport à ce système de soutien. Après l'accouchement, à la maison, chaque mère a, au moins dix fois par jour, un contact avec des femmes différentes expérimentées. C'est donc qu'un réseau de soutien important existe vraiment pour des mois. Les modèles avec lesquels la mère travaille peuvent être négatifs ou positifs, mais c'est sans conséquence. Ce qui est important, c'est qu'il faut qu'un travail ait lieu avec ces figures maternelles.

Dans la situation thérapeutique, tout cela implique la nature du transfert et de l'alliance thérapeutique avec le thérapeute qui va être en général très colorée par le fait que la mère a besoin d'une bonne mère qui peut agir comme un environnement de holding pour elle. Ce n'est que dans ces situations qu'elle va trouver l'essentiel de son répertoire de mère.

Le pire pour une mère, c'est d'être critiquée, parce que la plupart des mères savent mieux que personne ce qu'elles font mal ou ce qu'elles ne peuvent pas faire. Ce que ne sait pas la mère en général, c'est ce qu'elle peut faire bien, ce qu'elle peut prendre dans son répertoire, qui n'est pas encore utilisé. Pour cela, il lui faut un environnement de holding positif. En effet, si l'on maintient le système du cadre transférentiel et contre-transférentiel qui a existé avant l'arrivée du bébé, on ne peut pas travailler correctement avec une mère maintenue au milieu de cette constellation maternelle. C'est pourquoi ce changement total de vision est tellement important.

Par ailleurs, avant qu'il soit possible d'avoir une interaction bien réglée avec le bébé, il faut que la survie du bébé et sa croissance soient assurées. C'est une autre partie importante de cette constellation maternelle.

Il est curieux que cette question soit rarement abordée mais, en général, quand la mère revient chez elle avec le bébé, son interrogation est assez simple : « Est-ce que je peux maintenir en vie ce bébé ? Est-ce que je suis un animal adéquat ? » C'est une question rare dans la vie d'une femme, de n'importe quel être humain, et il est rare qu'elle soit vraiment posée. Dans ce sens-là, cette problématique est nouvelle : ce n'est pas une variation, une partie du complexe d'Œdipe positif, c'est totalement différent. Toute une série de peurs très simples vont avec. Toutes les mères se rendent dans la chambre de leur bébé la première nuit, pour voir s'il respire. Elles le regardent plusieurs fois, elles ne peuvent s'en empêcher quand l'angoisse les submerge. Toutes les mères ont peur que le bébé glisse pendant le bain, parce que leurs mains sont pleines de savon. Chaque mère a peur, quand elle change le bébé sur la table, que celui-ci tombe et se tue au moment où elle regarde à côté. Chacune craint qu'il étouffe dans le lit, etc. Tout cela est normal et fait partie de cette question : est-ce que je suis un animal adéquat ?

Cela pose des problèmes importants. Est-ce que, en tant que thérapeute ou comme intervenant, il faut parler de l'ambivalence de la mère par rapport à toutes ces peurs ? Je crois que non dans la plupart des cas. Bien sûr, il y a toujours une ambivalence, mais l'ambivalence n'est pas la partie importante ici. C'est une vigilance normale, constructive. Et quand on fait une interprétation selon laquelle on veut détruire le bébé aussi bien que l'aimer, il est fait une grave blessure à la mère, qui n'est pas nécessaire dans la plupart des cas. On est entraîné à considérer ces situations dans une optique d'ambivalence présente, il est vrai, dans certaines situations où il faut alors la combattre énergiquement, mais en général, pas dans les cas normaux.

Une troisième question touche l'établissement de la connectivité primaire entre la mère et l'enfant, avec pour interrogation de base : « Est-ce que je peux aimer mon bébé ? Est-ce que mon bébé va m'aimer ? Est-ce que je vais savoir si le bébé va m'aimer ? Est-ce que je vais lire les signaux du bébé ? Est-ce que je peux aimer mon bébé de manière spécifique afin que mon bébé m'aime, moi spécifiquement et pas n'importe qui ? » La question fondamentale n'est plus alors : « Est-ce que je suis un animal adéquat ? », mais : « Est-ce que je suis un être humain adéquat au point de vue de la spontanéité, de la générosité, de la capacité d'aimer d'une manière spécifique à mon intériorité ? ». De telles questions ne sont pas souvent abordées de manière si intense, sauf quand on tombe amoureux, et elles reviennent au moment de la naissance.

Aimer le bébé est donc d'une importance fondamentale. Egalement, la liberté à jouer occupe une place essentielle, dont je voudrais faire la seconde partie de mon propos, c'est-à-dire tout le domaine de la régulation et de la créativité dans la relation, quand est présent un réseau de soutien, que la survie du bébé est assurée et qu'on peut croire en sa capacité d'aimer et d'être aimé.

En ce qui concerne la régulation mutuelle, il est entendu qu'on parle de l'initiative du bébé aussi bien que de celle du parent, les situations étant totalement complémentaires.

On prend conscience maintenant que la régulation mutuelle est un des concepts clés issus de la recherche et des observations mère-enfant, qui a permis une optique utile, importante pour comprendre cette relation. Quand je parle de régulation, il s'agit de la régulation de l'état de l'enfant et de la mère, et par état, j'entends l'état de faim, de soif, d'éveil, d'activité, de joie, de colère. Cela concerne toutes les situations qu'il faut régler mutuellement. On constate cela en général entre mère et enfant, et aussi dans les situations en général un peu plus structurées comme celles de l'approche piklérienne de Lóczy, dont le grand but est de donner quelque chose à boire, à manger à l'enfant. Mais ce but principal est constitué d'un tas de petits autres à l'intérieur desquels une grande place est laissée à l'improvisation. J'en parlerai par la suite après avoir vu comment ce grand but est atteint. Une chose ici est importante : c'est la découverte que les bébés sont incroyablement intelligents et qu'on ne peut pas faire la même chose deux fois, sinon le bébé commence à s'habituer, à être ennuyé ; il faut changer.

Cette régulation est incroyablement dynamique. Prenons un exemple tout simple : donner le sein. Que se passe-t-il en général dans une situation typique de cette nature ? Le bébé pleure, il a faim, et la mère le met au sein ou lui donne le biberon. Pendant les deux premières minutes, la mère ne fait rien. Elle ne bouge pas, elle ne regarde même pas le bébé, ne lui parle pas, parce qu'il suce avec une énergie assez vive. Il avale beaucoup de lait. La plus grande partie du repas est prise dans les premières minutes. Pour réguler la situation qui est à un niveau parfait, il suffit de ne rien faire. Après cela, le bébé commence à avoir moins faim. Il regarde partout, il regarde la mère. Il commence à se détendre et la mère le sent. Il suce moins bien, et de temps en temps, il faut que la mère fasse quelque chose pour revitaliser la succion. C'est à ce moment-là qu'elle va injecter plus de stimulation. Elle va bouger le biberon ou le sein et alors le bébé va reprendre activement la succion, après l'avoir ralentie ou arrêtée. Puis elle fait cela une deuxième fois sans résultat. Maintenant, il faut qu'elle fasse quelque chose de plus fort. Elle bouge le biberon de manière plus ample et agite le bras qui le tient. Le bébé reçoit un nouveau niveau de stimulation. Il va boire encore, puis il ralentit sa succion.

Alors, elle doit trouver quelque chose de plus fort. Dans cette situation, il s'agit en quelque sorte de musique et on se demande qui, de la mère ou du bébé, est le chef d'orchestre ? En général, c'est plutôt le bébé qui dirige, puisque c'est sa tonicité corporelle, son regard, l'activité de succion qui vont contraindre la mère à ajuster le niveau de stimulation pour que la faim, l'éveil et l'activité de succion se régulent.

La plupart du temps, c'est le bébé qui donne les signaux. Alors, quand cela ne marche plus, cela veut dire qu'elle a déjà utilisé les flûtes et les violons. Maintenant, il faut les trombones et les tambours. Elle change de position et le bébé recommence à sucer. On approche de la fin de ce repas. A présent, il s'agit de réguler l'activité de sucer avec le sommeil. A ce moment-là, la mère change. Elle commence à jouer un mode de régulation entre eux deux beaucoup plus fin et modulé. C'est le moment en général où elle arrête de bouger, mais où elle prend dans sa main gauche la main gauche du bébé. Alors, commence un petit pas de deux avec les doigts durant lequel elle peut régler très finement le niveau d'activité du bébé afin qu'il puisse sucer juste un petit peu, puis s'endormir à la fin. Au moment où il s'endort, elle refait ce qu'elle a fait au commencement : rien. Elle arrête de bouger, de regarder. Le bébé dort et elle le met au lit. C'est fini.

Voilà ce que j'entends par régulation mutuelle. Il est important de noter que, pendant ce repas, il y a eu soixante instants où une décision inconsciente a été prise pour régler plus haut ou plus bas, ou maintenir ce système. Tout ceci est donc incroyablement actif du côté du bébé et de la mère, et sans cesse, les parents ont à régler des choses simples comme l'intérêt ou l'attention.

Quoi qu'une mère fasse avec son bébé, elle doit toujours avoir ce système régulateur présent inconsciemment. Si l'on en fait un graphique, on obtient en ordonnée le niveau d'activation positive du bébé où il est de plus en plus joyeux, actif et éveillé. L'abscisse est la force de stimulation. Les bébés fonctionnent ainsi. Quand la stimulation est faible, quelle qu'elle soit (lumière, voix, nouveauté), le niveau d'activation positive est faible. Plus la stimulation progresse, plus le bébé est intéressé, éveillé, joyeux. Il se forme ainsi, sur le graphique, une courbe rapidement ascendante, qui se stabilise à un certain point. Puis la courbe amorce une chute brusque qui correspond au moment où le bébé est dépassé. Il ne supporte plus la stimulation. Il s'arrête et apparaissent les signaux que tout le monde connaît, comme détourner la tête.

C'est pourquoi, pour intéresser un bébé, il faut se placer dans l'espace étroit se situant un peu avant la stabilisation de la courbe, ce qui correspond à un niveau acceptable d'excitation, de joie, chez le bébé. La mère doit donc jouer dans cet espace-là de niveau de stimulation. Mais elle ne peut jamais faire les mêmes choses deux fois ou trois fois à cause de l'habituation du bébé. Ce qui signifie qu'elle est forcée de « jouer », dans le sens pur du terme, d'improviser ; elle doit créer un thème avec des variations pour maintenir de la nouveauté dans ce qu'elle fait. Ce que fait une mère qui parle à son bébé est incroyablement subtil, extraordinaire, même si cela a l'air complètement banal.

J'illustrerai ceci en jouant un thème avec ses variations autour du mot anglais *honey* (car il faut, pour cela, utiliser sa langue maternelle), chéri, qu'on emploie pour s'adresser aux bébés. Il faudrait entendre le mot et toutes ses variations. On peut dire : « hi, honey ! ; you are my honey ? yea, you *are* my honey ; aren't you… honey ? You got to be my honey today ; yea… honey ».

Ce sont des variations qui peuvent sembler stupides mais qui, en fait, sont très complexes, autour de sons, et c'est ainsi qu'on peut rester dans la gamme adéquate.

Une autre manière, assez fascinante, apparaît dans des jeux beaucoup plus structurés. Ceci est important car ces jeux sont utilisés partout pour amuser les enfants et ils sont basés sur le même principe d'une régulation entre les deux. On utilise les signaux des deux côtés. Ce sont ces jeux internationaux, du style « je vais t'attraper ». On marche avec deux doigts sur le ventre du bébé jusqu'à son cou et, quand on en est là, on le chatouille. On dit : « Je vais t'attraper » deux fois en marquant un intervalle entre les deux phrases. A ce moment-là déjà, le bébé sait, parce que, à partir de trois mois, il possède une capacité précoce extraordinaire à repérer le timing (sa capacité à marquer le temps et le tempo n'est pas très différente de la nôtre), à savoir que la prochaine scansion va tomber à un moment précis. Alors, la mère scande un peu plus tard le troisième « je vais t'attraper ». Il y a là une perturbation. Le bébé a noté une nouvelle scansion. C'est alors que la mère introduit une deuxième perturbation en scandant la phrase à un moment plus tardif.

On se trouve dans la courbe ascendante excitation-stimulation. Le bébé est prêt à exploser de joie. C'est un jeu de perturbation progressive temporelle. On pourrait penser qu'il n'est pas possible qu'un bébé de trois ou quatre mois puisse faire cela. En fait, c'est très simple et pas différent que de savoir si l'on est en avance ou en retard dans le temps. Tout cela est prédéterminé dans le système.

Ensuite, le bébé sait qu'il y a une progression et que le « je vais t'attraper » va tomber là avec en plus une perturbation. La mère dit à présent : « Je vais t'attraper… ; je vais t'attraper… ; je t'attrape ! » Et le dernier arrive plus tôt que prévu, et pas trop tard. A ce moment-là, le bébé explose de joie, il rit. Mais pour cela, il faut qu'à chaque fois que la mère introduit la perturbation, elle regarde très soigneusement les signaux du bébé, parce qu'il est également l'architecte de ce jeu avec son corps et ses yeux. Si la mère introduit la perturbation trop tôt, il va pleurer, si elle attend trop longtemps, ce ne sera pas une perturbation. La gamme pour jouer est étroite et elle correspond à ce moment-là de l'interaction. Cette forme de régulation qui s'applique à tous les moments avec le bébé est une chose exquise et bien faite des deux côtés. C'est avec cette optique en général qu'on peut obtenir une impression clinique de ce qui se passe entre la mère et l'enfant.

Reste la notion de créativité entre la mère et le bébé, qui n'est pas la même chose que la régulation, cela parce qu'en fait le système parent-enfant est structuré certes, mais pas autant qu'on pourrait le penser. En général, on sait ce que l'on veut faire : changer, donner à manger, jouer, etc., mais on ne sait pas exactement comment y parvenir. On suit les grandes marques sur la route, mais le reste est une improvisation, on ne sait pas exactement quoi faire à chaque étape, et cela laisse une marge de manœuvre énorme. C'est dans cette situation que se situe la spontanéité, la créativité de la soignante. Il est curieux de constater que la grande partie de ce qui se passe dans ces régulations, c'est l'improvisation.

De plus, lorsqu'on y regarde de plus près, on ne dispose pas de grandes théories sur la nature de l'improvisation, si l'on exclut toute la théorie du chaos, celle du système dynamique complexe. Ce qu'elles disent est fascinant par rapport à cette relation soignante-bébé : en général, le système est comme le système du temps, tellement complexe et tellement dynamique qu'on ne peut pas prévoir en fait ce qui arrivera dans le court terme. Quand on est avec le bébé, toute une série de choses adviennent avant d'atteindre un petit but.

Tout à coup quelque chose émerge. Il s'agit donc d'un système dans lequel des sauts importants sont non prévisibles et créateurs de propriétés émergeant du système ; quelque chose de nouveau arrive qui n'était pas attendu ou tout au moins jamais attendu exactement à ce moment précis et sous cette forme. Dans ce sens-là, c'est donc vraiment une improvisation.

Par exemple : si l'on joue avec un bébé à ce jeu de « je vais t'attraper », tout à coup les deux se regardent et rient ; on ne sait pas pourquoi. C'est une propriété émergeant du système complexe, vraiment un acte créateur qui vient de cette improvisation.

C'est encore l'exemple très simple de cette mère qui portait son bébé de sept mois sur la hanche. Tout à coup, le bébé s'est penché en avant et a regardé sa mère comme s'il cherchait dans ses pensées. La mère l'a remarqué ; elle est revenue dans le moment présent. Le bébé et elle se sont regardés. Le bébé ne la sollicitait pas, il cherchait seulement où elle était. Elle s'est tournée. Elle l'a regardé, puis il y eut un petit sourire chez les deux se recontactant.

Il s'agit là d'un moment émergeant, d'une improvisation, imprévisible dans sa forme exacte. Mais il faut parvenir à saisir ces moments improvisés. Presque tous les moments d'accordage, de partage affectif avec le bébé sont des propriétés, émergeant grâce à une improvisation entre la mère et l'enfant. Cet aspect de l'improvisation est important pour moi. En effet, dans la théorie psychanalytique, on s'est toujours demandé quel était l'élément mutatif, la chose clé qui changeait la patiente ou le système. En général, on répond classiquement en parlant d'interprétation, rendre conscient ce qui ne l'était pas.

Mais, Freud le premier et par la suite tous les grands pionniers de la psychanalyse ont dit que quelque chose est là en plus : soit le contexte du transfert-contre-transfert, soit une expérience émotionnelle corrective, soit une immersion empathique. Ce peut être encore toutes ces autres choses qui tournent autour de l'interprétation, en sont distinctes mais vont avec, qui correspondent plutôt à un changement dans la relation. Des changements interviennent donc dans deux domaines : l'intrapsychique qui est plutôt là où l'interprétation agit pour changer le paysage intérieur du patient ; les actions qui vont changer les relations entre le patient et le thérapeute. Dans le développement, en effet, entre parent et enfant, les changements sont toujours dans la relation entre les deux parce qu'on n'y fait pas d'interprétations ; c'est un système non verbal.

Autrement dit, on a l'habitude de diviser le monde de la connaissance en deux parties : la connaissance sémantique, verbale, symbolique ; et la connaissance « procédurale » qui en général n'est pas consciente, n'est pas verbalisée, pas forcément symbolisée. On peut parler d'une connaissance verbale explicite et d'une connaissance implicite relationnelle. C'est ce qui existe entre mère et enfant et c'est dans ce domaine que le bébé commence à être expert, à accumuler une connaissance implicite relationnelle.

Toutes les choses autres que l'interprétation tombent dans cette catégorie-là, dans le relationnel.

En thérapie, où l'on veut changer l'intrapsychique, classiquement et purement, l'action clé est l'interprétation. Quelle est l'action clé pour changer la relation et surtout la relation intersubjective entre des personnes ? Ce n'est pas l'interprétation ; c'est un moment entre les gens, un moment sacré, magique, un moment de rencontres spécifiques où quelque chose de nouveau advient entre les deux.

C'est cela qui joue le même rôle que l'interprétation dans l'autre système, parce que, pendant ces moments de rencontres spécifiques, le champ intersubjectif se modifie, et à partir de là, tout est changé en fait. On peut voir le paysage intrapsychique différemment. Cela peut aller avec une interprétation si quelque chose en plus de l'interprétation se passe entre les deux. Mais ce sont ces moments chargés élargissant le champ intersubjectif qui sont vraiment le but de l'improvisation dans ces jeux parent-enfant.

J'insiste. Il faut que le soignant ou la mère ait la liberté et la capacité de jouer de cette manière libre. Bien sûr, il peut y avoir une structure, mais à l'intérieur de cette structure, il faut une improvisation complètement délirante ou sauvage pour que ces propriétés émergentes puissent venir créer ces moments chargés qui sont les clés du changement dans le système intersubjectif entre les gens.

Pour conclure, je voudrais souligner quelques aspects à propos de l'interaction et du psychisme. Je suis de plus en plus convaincu que ce qui constitue le monde représentationnel du bébé, ce sont exactement ces moments chargés. Ce sont donc les processus de régulation entre le soignant et le bébé et les moments chargés issus d'une improvisation qui constituent les représentations de base pour « être avec un autre être humain ».

C'est ce qui forme cette connaissance implicite relationnelle. C'est ce que le psychanalyste anglais Christopher Bolas appelle *The unthought known*, le connu jamais pensé. En fait, la plupart du temps, c'est avec ce connu jamais pensé qu'on travaille, même avec des adultes. Cela peut être pensé mais ce n'est jamais pensé en général. Et c'est aussi ce qui est sous-jacent dans la plus grande partie du transfert. Bien sûr, cela peut arriver à la conscience. Là est le monde du bébé qui se construit sur ces régulations et ces improvisations. C'est là où tout cela commence.

III

LE SOIN AU QUOTIDIEN

Vida Malek-Yonan
Régine Prat
Brigitte Boulet Denblyden
Dominique Cupa

Quatre cliniciennes étudient un soin filmé à l'Institut Emmi Pikler

Jocó pèse 2 500 g à la naissance. Sa mère, célibataire de dix-sept ans, est pupille de l'Etat. Quelques jours après son départ de la maternité, elle confie son fils à des connaissances. Après avoir pris soin du bébé pendant quelques semaines, celles-ci l'amènent en pédiatrie où il passera quatorze jours. Il est admis à l'institut à l'âge de six semaines. A l'admission à l'hôpital, puis dans l'institut, Jocó présente un bon état général. Dès le début, il est un petit garçon calme, au regard vif. Sa croissance physique est lente, mais son développement équilibré. Dès le troisième mois, il est attentif à la parole de la nurse, il gazouille, regarde ses mains, se tourne sur le côté. Au quatrième mois, il « répond » couramment aux paroles de la nurse, tend la main pour atteindre les jouets autour de lui et se tourne à plat ventre.

Vida Malek-Yonan, psychologue (France) ; Régine Prat, psychologue-psychanalyste (France) ; Brigitte Boulet Denblyden, psychologue (Belgique) ; Dominique Cupa, psychologue (France).

Ce document, « Le bain de Jocó, trois mois et demi », a été montré pour la première fois à l'occasion du symposium « Du corporel au psychique », Budapest, 1996.

Le bain de Jocó
Résumé de la vidéo (couleur - dix-sept minutes)

Jocó est dans son lit dans les deux premières séquences. Comme il a l'habitude de se blottir contre les barreaux de son lit, ceux-ci sont entourés d'un coussin. Dès l'âge de trois mois et demi, il passe progressivement de plus en plus de temps dans le parc. Il vit dans un groupe de sept enfants, dont l'un a un mois de moins, cinq ont de deux à six mois de plus que lui. Le groupe vit dans une petite pièce dont un coin, avec une baignoire et une table de change, sert pour les soins. Jocó prend son bain dans la matinée. Pendant que la nurse lui donne son bain, les autres enfants jouent dans le parc, se reposent ou dorment dans leur lit.

La vidéo est constituée de *cinq séquences extraites d'une même matinée.*

Première séquence : Jocó est dans son lit ; il dort puis se réveille. Il soulève ses jambes, bouge ses bras doucement, bâille. Sa nurse parle de ses bâillements et prévient que son tour de bain est proche. Il met une main en bouche.

Deuxième séquence : la nurse s'approche de Jocó qui a son pouce en bouche. Elle lui parle et il semble sourire. Il retire son pouce, regarde sa main comme s'il la découvrait.

Sa nurse lui dit bonjour et parle de ses gestes en montrant sa propre main. Elle le prend délicatement. Jocó, sa main droite en bouche, la regarde. Trois doigts en bouche, il regarde autour de lui. Sa nurse commente. Elle le pose ensuite sur la table à langer, poursuit la conversation en parlant du déshabillage, du nouveau lange pour dormir qu'il a inauguré cette nuit. Jocó, un pouce en bouche, est attentif. Elle commence le déshabillage. Il bouge un peu, émet quelques sons, réagit quand elle le tourne. Il a souvent trois doigts en bouche. Il tousse.

Elle lui parle du fait qu'il a ouvert la bouche, du caca dans la couche, de ce qu'elle fait. Il tourne la tête de droite à gauche.

Elle lui parle de la balance sur laquelle elle va le peser. Il écoute, tend ses bras, a beaucoup de mouvements de bouche. Elle le couvre et l'emmène vers la balance. Il reprend ses doigts en bouche. Il bouge peu sur la balance, émet des sons. Quand elle le reprend, Jocó ouvre la bouche et regarde autour de lui. Il reprend sa main en bouche une fois sur la table. La nurse parle de tout cela. Elle lui montre le coton pour huiler les plis de son corps. Détendu, il regarde, attentif, la bouche ouverte. Elle huile la première oreille. Quand elle fait de même avec la seconde, Jocó s'agite un peu puis se met sur le ventre. La nurse laisse faire, arrête le soin, commente, évoque ses efforts d'hier pour y arriver, annonce qu'elle va le mettre sur le dos, caressant sa tête et son dos. Elle commence le mouvement, il aide.

La nurse s'émerveille, explique le mouvement. Il écoute, sourit, le corps très détendu. Il met une main en bouche puis lance ses bras en avant. La nurse le souligne, mettant ses mains près des siennes. Elle reprend le soin. Elle huile les plis du cou. Il s'agite, semble protester, puis ouvre les doigts quand elle va pour huiler l'espace entre les doigts de la main droite. Il la met en bouche, semble tendre l'autre main quand la nurse en parle, la touche. Elle poursuit le huilage, nommant chaque partie du corps et ce que Jocó fait. Il a souvent la bouche ouverte et bouge bras et jambes, attentif aux paroles de la nurse, à ses mouvements.

Troisième séquence : Jocó, dans l'eau, est détendu, tenu par la nurse à la hauteur des épaules. Il regarde sur le côté, la nurse lui parle, va chercher son regard. Jocó la rejoint dans un échange visuel et lui sourit.

Quatrième séquence : Jocó, emmitouflé dans une grande serviette, s'agite quand elle le bouge délicatement pour dégager son buste. Elle lui présente la manche de la chemise dans laquelle elle a enfilé sa propre main. Il est attentif. Il ouvre la bouche et émet un son quand elle le soulève pour passer la chemise dans son dos. Il regarde autour de lui, puis sa nurse qui lui parle. Il bouge bras et jambes, regarde vers le haut. Il agite jambes et bras de manière saccadée. Il garde le contact visuel avec sa nurse qui continue à lui parler et à être attentive à ses gestes.

Cinquième séquence : la nurse lui présente une brosse à cheveux. Il écoute et regarde. Elle lui brosse les cheveux. Il a sa bouche grande ouverte. Elle le déplace puis reprend le brossage. Jocó tourne la tête, agite les bras. Elle lui met de la crème sur les joues. Il est attentif, la bouche ouverte. Il agite le bras droit puis met sa main en bouche. Sa nurse continue de lui parler de ses gestes, accompagnant souvent ses paroles de gestes pour les souligner, par exemple touchant la main gauche qu'il tend. Elle lui annonce qu'elle va le mettre au lit et parle de se dire au revoir.

Elle va pour le prendre dans ses bras. Il émet des sons comme de protestation. Elle interrompt son geste, lui parle, son visage près du sien. Il poursuit ses sons. Elle lui soulève la tête. Elle lui parle en maintenant sa tête puis le prend dans ses bras. Elle note qu'il regarde autour de lui. Jocó fait un geste de la main, qu'elle interprète comme un au revoir. Elle parle de ce qui entoure l'enfant : les objets, les personnes.

Jocó proteste, pleure quand elle le pose dans le lit. Il agite bras et jambes. Elle reste près de lui, lui parle du bain terminé, de ses émotions, des autres qui voudraient aussi se baigner, de sa fatigue tout en touchant son ventre ou son visage, lui conseille de chercher son pouce, de se reposer afin de pouvoir ensuite regarder autour de lui. Elle évoque le plaisir commun de ce temps de bain qui se renouvellera. Peu à peu, il cesse de pleurer mais continue à s'agiter, à grimacer. Elle poursuit son discours tout en s'écartant, fait un signe d'au revoir. Le visage de Jocó s'apaise, il bouge moins, agite une main, les bras et, émettant des sons, tourne la tête à droite et à gauche.

Tout le long de ce temps de bain, la nurse fait preuve d'une empathie de qualité. Elle l'accompagne par des mots, des gestes, des regards. Jocó, de son côté, semble déjà partenaire de l'interaction. Il s'exprime, est actif dans la relation.

Vida Malek-Yonan

Le bain de Jocó
Trois mois et demi

Nous percevons dans cette séquence de bain, une ambiance calme, fluide et paisible. Nous découvrons une certaine manière d'être ensemble, adulte et bébé, autour de la satisfaction des besoins corporels de Jocó, qui ouvre l'enfant à d'autres perspectives.

Je souhaiterais aborder un point de ce temps de soin : la manière dont l'adulte aide l'enfant à développer sa capacité à être conscient et concerné :

— par ce qui vient de lui (de son corps, de ses pulsions, de ses émotions) ;

— par rapport à ce qui se passe pour lui ou avec lui (dans l'interaction) ;

— par rapport à ce qui se passe autour de lui (lui parlant de Gabor et David qui s'impatientent).

Partant de là, j'ai essayé d'analyser les caractéristiques de l'interaction et de manière plus spécifique l'attitude et la manière d'être de l'adulte avec l'enfant, qui favorisent cette prise de conscience, que je développerai sous trois de ses aspects.

1. Un des aspects de la manière d'être de l'adulte *est sa qualité gestuelle et sa manière d'approcher, de toucher et de porter le corps de l'enfant*, c'est-à-dire le portage, l'enveloppement et la communication gestuelle.

Lorsque la nurse s'approche de Jocó, elle lui explique ce qu'elle fait et ce qu'elle va faire, puis lui signifie avec ses mains son désir de le prendre :

— il est ainsi prévenu et peut préparer son corps à être pris. Il sait aussi ce qui l'attend, il connaît l'enchaînement des actions ;

— puis la nurse l'installe dans son bras avant de le soulever, dans ses bras il est bien enveloppé (*continuité tête, nuque, colonne*) ;

— enfin, lorsqu'elle le pose sur la table de change, elle se penche (c'est-à-dire que son corps accompagne l'enfant), elle l'installe avant de retirer son bras de son dos et continue de l'envelopper de ses mains. Puis tout doucement elle les écarte, quand Jocó est bien installé sur la table de change.

Dans ce portage, l'enfant est contenu, enveloppé et accompagné. Ce portage favorise sa détente corporelle et donc une certaine manière d'être en contact avec son propre corps, de le ressentir dans la détente. Les gestes de l'adulte sont lents, le contact ferme mais doux.

Cet enveloppement est relayé par l'aménagement matériel : la table de change avec barrière autour pour créer un environnement plus contenant et sécurisant, le coussin dans le lit.

2. *Communication gestuelle.* L'adulte se saisit des mouvements spontanés de l'enfant, les oriente en leur donnant sens et lui propose une véritable coopération qui va devenir de plus en plus consciente et volontaire pour l'enfant.

Tout au long du bain, elle donne à l'enfant de manière continue des signaux clairs quant au déroulement du bain. Elle l'informe avec la parole et les gestes et suit un scénario clair.

Tout au long du soin, la nurse explique ce qu'elle fait, commente, traduit, formule ce que le bébé exprime corporellement, le rendant conscient de ce qui vient de lui et l'associant à ce qu'elle fait avec lui, à ce qui se passe pour lui et à ce qu'elle attend de lui.

3. Un autre aspect important de l'interaction est la manière dont l'adulte module le rythme de son action en fonction des signaux et des réactions de Jocó. Il lui arrive de ralentir son geste, parfois même de l'interrompre pour regarder Jocó, partager un moment avec lui, être avec lui, par exemple :

— en se penchant vers lui ;
— en recherchant son regard ;
— en le rejoignant dans ses intérêts ;
— en se réjouissant avec lui.

Ainsi, s'il montre du plaisir, elle prend le temps de le partager avec lui. Si elle le sent mal, elle cherche à le détendre avant de continuer son soin, par exemple dans l'eau quand il arque son corps.

Le point d'orgue se situe lorsque Jocó se met sur le ventre, car c'est la première fois qu'il le fait. La nurse en est surprise, elle s'arrête et le regarde. Elle touche délicatement Jocó qui est sur le ventre, ses mains attendent et questionnent, puis doucement elle le retourne et restitue ce moment en paroles. Ainsi, elle partage ce moment avec lui, lui en restitue quelque chose et lui donne le temps de ressentir ce qu'il vit avant de reprendre et de continuer son soin.

On peut dire que la nurse est autant sinon plus centrée sur le bébé lui-même que sur l'accomplissement de sa tâche, toutefois, elle a un projet, un but et elle le suit. Ses yeux sont plutôt centrés sur la mimique de Jocó pendant que ses mains accomplissent le soin : c'est la personne entière de l'enfant qui est prise en compte et non une partie qui est nettoyée. Bien sûr, à la qualité et à la subtilité de ce *handling* s'ajoutent l'accompagnement verbal, c'est-à-dire le contenu des paroles orienté sur le corps du bébé, et l'intonation de celles-ci exprimant les questionnements et les émotions de l'adulte.

Nous voyons à plusieurs reprises la nurse accueillir les manifestations de Jocó, ses mouvements, ses mimiques, et lui en *restituer quelque chose d'organisé.* A chaque fois, *Jocó la regarde et sourit : ils se rencontrent.*

Conclusion

Le centre de cette manière intime d'être ensemble se trouve dans la disponibilité psychique de l'adulte au corps, aux manifestations corporelles et émotionnelles du bébé.

Cette attention de l'adulte, cette réceptivité lui permettent de répondre au bébé en s'ajustant à lui avec les gestes, le toucher, les mots, mais aussi en participant émotionnellement à ce qu'il vit, en lui laissant le temps dont il a besoin pour pouvoir ressentir, prendre conscience, et ainsi aller jusqu'au bout de son expression. Cela suppose que l'adulte a confiance dans les capacités et les potentialités de Jocó.

Régine Prat
Le bain de Jocó, un bain d'affects et de langage

Le « bain de Jocó » se révèle être fort peu aquatique : en effet, le bain lui-même ne représente que très peu du temps du film. En revanche, c'est à un véritable bain d'affects et de langage que nous assistons : on pourrait même dire, pour poursuivre la métaphore du bain, que nous voyons une plongée dans le monde des relations affectives dont le corollaire serait la crainte de la noyade.

Comme toujours dans les films de Lóczy, il est difficile de se dégager de l'émerveillement que produit une telle harmonie entre le bébé et sa puéricultrice ; tout semble être dit dans ce « ballet aquatique » dont nous venons d'être les spectateurs.

Ma lecture de ce moment sera donc quelque peu dépoétisante. Le déroulement des dix séquences qui composent ce film me semble illustrer de façon particulièrement remarquable les capacités d'intériorisation chez un tout-petit, et nous montrer très explicitement les premiers mécanismes d'identification.

LE CÔTÉ GAUCHE

Je me centrerai tout d'abord sur l'utilisation que fait Jocó de ses mains. Au tout début du film, dans la *première séquence*, Jocó dort paisiblement à plat dos. Sa tête légèrement inclinée, il repose sur sa joue gauche et sa main gauche, le bras gauche étant replié. Son bras droit, par contre, est largement étendu perpendiculairement au plan du corps. Sur le côté gauche de son lit se trouve le lit d'un autre bébé, que l'on verra brièvement gigoter dans la deuxième séquence. Sur le côté droit, il y a un espace libre par lequel, obligatoirement, doit arriver la puéricultrice.

La dixième séquence forme le pendant de celle-ci : Jocó est ramené dans son lit, on peut dire à son point de départ. La puéricultrice le pose tout d'abord dans son lit, puis dans un deuxième temps elle le lâche et se redresse : c'est alors que Jocó se met à pleurer et s'agite. Puis il tourne la tête à gauche en direction du lit de l'autre bébé.

On peut alors se demander quel est, pour Jocó, le sens de ce bébé de gauche : un *compagnon-consolateur*, et peut-être, de façon plus spécifique, un bébé « lâché », *compagnon en identification* ?

Le côté droit : identification et introjection

Dans la *deuxième séquence*, lorsque Jocó se réveille, c'est vers la droite que vont se faire ses mouvements. Il s'agite d'abord de façon désordonnée, puis il sourit et bouge la main droite. Lorsqu'il cesse ses mouvements, il semble fixer son attention sur la caméra, ou en direction de la puéricultrice, que l'on entend parler en fond sonore, vraisemblablement tout en s'occupant d'un autre bébé.

Cette attention s'accompagne d'un mouvement de rassemblement des jambes contre son ventre, pour autant que l'on puisse en juger. Lorsque la voix de la puéricultrice semble s'être rapprochée, le regard de Jocó suit la direction de la voix, et il met sa main droite devant sa bouche, sans la sucer encore. On entend un bruit de robinet : Jocó a alors un mouvement des lèvres et pointe sa langue, puis il étire sa main droite, en direction de la puéricultrice vraisemblablement.

Toute cette séquence semble aller dans le sens d'une ébauche de prendre, avec la main gauche, avec la bouche, avec le regard, avec les jambes en les refermant sur le ventre. Jocó a sûrement repéré, dans le déroulement de la vie à la pouponnière, que son tour va approcher, et ces mouvements sont une façon à la fois de *réévoquer les souvenirs des moments relationnels, et de les anticiper.*

La troisième séquence va pouvoir confirmer cette hypothèse. Lorsque la puéricultrice s'approche et lui parle, Jocó remet son pouce en bouche, lui fait un sourire, et semble faire le tour entier de sa bouche avec son pouce, sans pour autant le prendre vraiment. La puéricultrice tend un doigt vers lui et lui parle, vraisemblablement pour annoncer qu'elle va le prendre ; c'est à ce moment que Jocó va pouvoir prendre dans sa bouche non pas seulement son pouce, mais tous ses doigts, qui semblent *jouer à être pris dans la bouche* et pouvoir y rester. Il fait alors un large sourire à sa puéricultrice. Pris dans les bras, il la regarde intensément.

Le bras gauche est tendu dans le vide : si l'on poursuit l'idée du début, peut-on dire qu'il s'agirait d'une partie représentant le bébé qui risquerait d'être lâché ? Intuitivement, en ramenant le bras gauche du bébé contre son corps, la puéricultrice semble aller dans le sens de cette hypothèse.

La particularité de la disposition géographique complète, dans ce cas précis, une constatation plus générale : un bébé est habituellement tenu par une personne droitière dans le creux du bras gauche, son côté droit étant alors au contact étroit du corps de la personne maternante, alors que le côté gauche sera dans le vide, sur le plan du contact cutané. Ainsi les deux côtés du corps auront des informations sensorielles assez sensiblement différentes, et se constitueront de façon différenciée. On peut dire que s'écriront dans les deux côtés du corps des aspects différents de l'histoire du bébé et de son vécu relationnel (je fais référence ici aux travaux de Geneviève Haag).

La quatrième séquence, au cours de laquelle Jocó est posé sur la table à langer et déshabillé avant la pesée, va nous montrer, de façon à mon sens très convaincante, la concordance quasi absolue entre l'établissement d'un contact fortement accroché au niveau du regard, de la proximité du visage et des paroles, et la prise des doigts par la bouche. Jocó semble *mettre en scène avec son propre corps le vécu d'être tenu dans la relation avec sa puéricultrice.* Tout se passe comme s'il disait : « Je peux tenir bien solidement mes doigts dans ma bouche, comme toi tu me tiens bien dans ton regard ».

On retrouve, au tout début de la séquence, lorsque Jocó est posé, c'est-à-dire lâché des bras de la puéricultrice, le détournement du regard et de la tête vers la gauche équivalent à ceux que nous avons déjà commentés précédemment.

Lorsque la puéricultrice se rapproche, se penche sur lui et lui parle, Jocó met son pouce droit dans sa bouche. Puis, lorsqu'elle commence à le déshabiller, s'éloignant donc relativement, il lâche son pouce, pédale avec ses pieds et agite ses mains. Installé brièvement sur le côté, il reste fixé sur la caméra, et reprend le pouce en bouche lorsqu'il est remis sur le dos, et repris dans le regard de la puéricultrice.

Pendant tout le moment de contact qui suit le déshabillage complet, Jocó garde tous les doigts dans sa bouche, tout en regardant intensément sa puéricultrice. Lorsqu'elle se détourne légèrement de Jocó, il se met à agiter vivement les bras, avec un mouvement de pédalage au niveau des jambes, ce que l'on peut comprendre comme une forme de protestation, d'évacuation dans la motricité des affects éprouvés.

On voit ensuite, dans une très courte séquence, l'alternance entre les tentatives que fait Jocó pour reprendre le contact (tout ce qui va aller dans le sens de « mettre dedans »), et les mouvements d'expulsion et d'abandon. Il a un mouvement de déglutition, puis il rentre et sort sa langue, enfin il tousse. Il reprend ses tentatives en tournant la langue dans sa bouche, puis finalement détourne la tête à gauche. Ce moment de détresse est très rapide, car la puéricultrice le reprend alors en face à face et lui parle.

L'éloignement visuel relatif de la puéricultrice pendant le changement de la couche et les soins du sexe s'accompagne également d'une agitation des bras et des jambes, mais dans un sens d'étirement plus que de pédalages d'expulsions, les sourires de Jocó indiquant bien qu'il est là dans un moment de contact, de plaisir avec la puéricultrice. Néanmoins, c'est quand elle le reprend dans un contact visuel que Jocó remet la main dans sa bouche.

La sixième séquence, lorsque Jocó est remis sur la table après la pesée, confirme cette concordance entre être pris dans les yeux, et prendre dans la bouche. Nous verrons, en outre, des mouvements très actifs de Jocó avec sa bouche, comme des tentatives pour parler, en mimétisme avec les paroles de la puéricultrice.

Jocó « boit » ses paroles, rentrant et sortant sa langue, mimant des avancées des lèvres. Ainsi, on peut penser que cela préfigure le sens du développement, ou prendre avec des mots sera la suite de prendre avec la bouche, prendre avec les yeux, prendre avec la main.

En formulant les choses de façon un peu théorique, on peut dire que Jocó *s'identifie ainsi à la fonction contenante de sa puéricultrice : il s'agit d'un aspect d'identification introjective.*

Clivage et projection

Mais le point particulièrement remarquable de cette séquence concerne les *mouvements d'expulsion* dans la motricité à chaque rupture de l'attention ou à chaque soin contraignant. Ainsi, lors des soins manifestement peu appréciés des oreilles, Jocó détourne son regard, fait des mouvements de dégagement des jambes, tord sa bouche.

Lorsque la puéricultrice nettoie les plis du cou, Jocó fait des mouvements de pédalage des jambes. Il s'agit non pas d'une simple réaction motrice traduisant les tentatives du bébé pour se dégager, mais d'une traduction dans la motricité d'un mouvement psychique sous-jacent : Jocó tente ainsi d'expulser l'affect désagréable éprouvé.

A deux reprises, la puéricultrice lâche Jocó du regard et s'éloigne relativement, sans néanmoins lui faire de soin vécu comme désagréable. Son attention semble à ce moment accaparée par un bébé qui pleure et à qui paraissent s'adresser ses paroles. Jocó réagit de la même façon par une agitation motrice des bras et des jambes ; ici, l'affect n'est pas lié à une situation d'inconfort physique, mais bien à un *vécu d'abandon lié au lâchage de l'attention de la puéricultrice.* Se sentant expulsé de l'attention, le bébé expulse à son tour les mauvais aspects de l'expérience. Ce faisant, il touche du reste sa puéricultrice, dans le sens concret, en tapant son ventre ; de façon figurée en rappelant l'attention sur lui.

Cette séquence est d'une très grande richesse car on y voit l'alternance très rapide des mouvements d'expulsion et des mouvements d'incorporation : Jocó expulse les aspects désagréables avec ses pieds, mais cherche à reprendre les bons côtés avec sa bouche. Il nous montre ainsi que les mouvements de projection et d'introjection sont à l'œuvre dans le même temps et concernent deux aspects fortement différenciés de l'expérience. *Le moment vécu est ainsi clivé en de bons aspects à introjecter d'une part, et de mauvais aspects à projeter d'autre part.*

Cette concordance dans le temps de mouvements psychiques directionnellement opposés est rendue manifeste dans *la neuvième séquence*, celle où Jocó est coiffé par sa puéricultrice.

Après un temps de contact très proche et très chaleureux, très émouvant, où Jocó semble chercher à suivre avec sa bouche le contact de la main, comme s'il voulait le « goûter » davantage, il met ses doigts dans sa bouche. Puis, vraisemblablement lorsque la puéricultrice lui annonce qu'elle va le ramener dans son lit, il ébauche un pleur. Dans le même temps, il met ses mains dans sa bouche et pédale vigoureusement des jambes.

On pourrait voir là un *double clivage* : clivage des aspects bons et mauvais de l'expérience comme nous l'avons noté précédemment, mais également clivage horizontal dans le plan du corps. Ainsi, les bons aspects seraient introjectés en haut pendant que les mauvais seraient projetés en bas.

Donc, pour reprendre la belle formule de Paula Heimann, « introjection et projection sont les architectes de la structure psychique et elles édifient le moi depuis le commencement ».

Identification et proto-symbolisation

La très belle conclusion que donne Jocó à ce film se passe, semble-t-il, de commentaire. Après le moment de détresse lié au fait d'être lâché, il peut retrouver un contact avec la puéricultrice qui lui caresse le ventre, la joue et lui parle. Elle lui fait « au revoir » d'un geste de deux doigts pointés, qui semble lui être habituel.

Après son départ, Jocó va faire un geste qui ressemble à celui de la puéricultrice. Ce geste n'est pas une imitation immédiate, il suppose un temps d'*intériorisation.* Il est fait avec la main droite, ce qui ne nous surprend pas si nous avons suivi le fil du développement, celle-ci apparaissant comme la main qui représente les aspects maternants de la puéricultrice. Mais ce geste n'a pas une fonction de rappel d'un vécu corporel, il préfigure déjà un *geste symbolique,* montrant bien que l'*identification primaire est le précurseur du symbolisme.*

De même, on peut voir dans les vocalises qui accompagnent le suçotement de la lèvre inférieure les mêmes précurseurs.

Jocó semble avoir suffisamment intériorisé de bonnes choses dans cet intense accrochage relationnel du moment de soin. Cela lui permet de garder des traces internes vivantes de l'objet pendant l'absence, en utilisant ses capacités de symbolisation et d'identification.

Dans cette fin du film, Jocó semble dire à sa puéricultrice : « Tu peux me laisser sans crainte, maintenant que tu as bien pris soin de moi, je peux moi aussi faire comme toi et m'occuper seul de moi-même, jusqu'à ton retour ».

Brigitte Boulet Denblyden

Le bain de Jocó, un ajustement réciproque entre deux partenaires

Qualité de l'interrelation entre Jocó et la nurse

Toute la séquence qui nous montre le déroulement d'un soin depuis le réveil de Jocó, son déshabillage, la pesée, les petits soins avant le bain, un bref moment dans l'eau, le rhabillement ainsi que la mise au lit, a une coloration globale faite de délicatesse, de douceur, de respect, de bien-être et de plaisir mutuel. On assiste à une régulation dynamique, à un ajustement réciproque entre deux partenaires.

La relation face à face, quasi permanente, permet à la nurse comme à Jocó un grand engagement dans la relation.

La nurse est par moments très proche, et cela se manifeste par toute son attitude, sa posture. Elle crée un espace intime en approchant son visage, en posant ses avant-bras le long du corps de Jocó. Par exemple :

— au moment où elle dépose Jocó sur la table de change ;

— au moment où elle vient de retourner Jocó après qu'il s'est mis sur le ventre ;

— avant de quitter la table de change et de le remettre au lit, et donc de terminer cette relation plus proche.

A d'autres moments, elle se tient plus à distance, mais reste tout aussi présente à Jocó par le regard, la parole, la main posée sur le ventre ou contenant les mouvements des bras projetés vers l'avant.

La nurse agit sans hâte, Jocó a le temps d'intégrer les sensations que lui procurent les soins corporels ou de répondre aux sollicitations de la nurse telles qu'écarter les doigts pour y mettre de l'huile, tendre l'autre main, tourner son visage de côté.

Fonction contenante, « holding »

La nurse exerce auprès de Jocó une fonction très « contenante », lui procurant ainsi un sentiment de cohésion, d'unification de son moi corporel comme de son *self.*

Par sa voix

Elle forme une enveloppe musicale de la relation. Le ton, le volume, le rythme assez constant, très mélodique, se modifient par moments et nuancent alors un mouvement, un geste de Jocó. Par exemple :
— quand il se retourne ;
— quand il tend brusquement les bras ;
— quand elle va devoir le quitter pour s'occuper d'un autre enfant.

Par son regard

Elle manifeste une attention constante aux signaux de Jocó. Il y a tout un dialogue, proche ou lointain, mais jamais rompu. A certains moments, les regards sont très proches, à d'autres, momentanément ailleurs (quand elle regarde et s'adresse à d'autres enfants). Mais la relation visuelle est toujours rétablie.

Par les gestes de la main

— contenants : main posée sur le ventre à plusieurs reprises, deux mains enveloppant les mains de Jocó, au contact de la main gauche avant de le quitter ;
— caressants : caresse autour de la bouche dans le lit, massage du visage avec de la crème ;
— enveloppants : avant-bras sur la table le long du corps de Jocó qui détend totalement ses bras au contact de ceux de la nurse, lange posé régulièrement autour du corps de Jocó quand il est nu.

La nurse manifeste une réelle empathie, elle s'adapte de manière permanente aux mouvements et aux signaux verbaux ou non verbaux de Jocó.

Sentiment de continuité, d'un lien subjectif sans rupture, soutenu par la parole et le regard

On assiste au déroulement de séquences dont la succession semble connue tant par la nurse que par Jocó qui suit paisiblement du regard les gestes de la nurse. Il y a comme une reconnaissance mutuelle d'une situation connue, de séquences d'événements, de chaînes d'interaction.

La nurse établit le lien entre des événements isolés par ses gestes et ses paroles, par exemple lorsqu'elle montre l'objet utilisé (ouate, brosse, chemise, crème). Elle explique la raison de l'interruption, annonce ce qu'elle va faire, ce qui va arriver, met des mots sur les expressions de l'enfant (regard, gazouillis...), commente ce que font les autres enfants. Elle donne du « sens » à la réalité concrète, immédiate, donne une intention d'action aux comportements de Jocó (quand il tend les bras, se retourne, ouvre la main).

Intégration par Jocó du Moi/non-Moi

Le processus d'individuation semble se mettre en place. La reconnaissance de situations antérieures vécues, le sens de la continuité lui permet d'halluciner la présence de « l'absent ». Jocó a une capacité d'anticiper ce qu'il va vivre au moment où la nurse vient le chercher, et il manifeste un moment d'angoisse, de dépression à la fin de la relation. Jocó rompt l'échange par le regard dès que la nurse le soulève de la table de change, il tourne son visage qui devient impassible jusqu'au moment où elle le dépose sur le lit. A ce moment, il manifeste sa dépression par ses pleurs. Elle la contient par ses paroles et ses gestes. Jocó semble intégrer la séparation, et quand il entend couler l'eau du bain pour l'enfant suivant, il reprend ses mouvements autonomes.

On peut toutefois se demander pourquoi la nurse ne lui donne pas une étoffe ou un autre « objet transitionnel » au moment de le remettre au lit.

Jocó partenaire actif

La nurse rend le bébé compétent, partenaire actif, auteur de ses actions. Elle lui donne le sens de son identité corporelle et psychique, car fondée sur des expériences, des actions, des sensations auxquelles la nurse donne une signification par la parole (retournement, bâillement, regard vers les lampes). Elle prend en compte les signaux de l'enfant et s'y ajuste ; elle les intègre dans le continuum de la relation. Elle stimule en permanence son « attention ». Elle donne une intention d'action à ses mouvements.

Dominique Cupa
Comment Yocó découvre son corps avec Márti

Je me suis, dans un premier élan, orientée sur l'observation de la nurse, comme enveloppe visuelle, sonore, tactile et tonique du bébé, pendant les moments de transition du bain (bébé porté de son lit à la table à langer, bébé porté sur la balance, bébé porté dans son bain, etc., qui sont des moments peu étudiés bien que fort intéressants). Ceci impliquait une observation sur les capacités de contenance, de maintenance et de constance de la nurse dans les interactions, pendant ces moments un peu chaotiques de « mini-crises » de transition. L'idée sous-jacente étant qu'il y a un « Moi-peau de la nurse » différent de celui de la mère, mais qui a cependant une valeur ontogénétique et thérapeutique. Cette conceptualisation, qui s'appuie sur le travail de D. Anzieu, me semble être une bonne approche de la structuration somato-psychique du nourrisson, axe central de la réflexion de cet ouvrage.

J'ai cependant choisi de travailler sur *la nurse comme partenaire de la découverte du corps, ou comment Jocó découvre son corps avec Márti*, à partir de deux séries d'attitudes interactives de cette dernière :
— certaines formes d'imitation ou de réflexion en miroir (*mirroring*) ;
— certains touchers.

L'hypothèse est que les deux modes interactionnels, tels qu'ils sont proposés par la nurse, doivent permettre une bonne organisation somato-psychique du nourrisson. L'objectif sous-jacent est de pointer comment le système théorico-pratique mis en place à Lóczy apparaît dans le travail d'une nurse et comment il doit pouvoir avoir des effets structurants, thérapeutiques pour un nourrisson. J'ai ainsi dégagé sept micro-événements de quelques minutes que je vais analyser et commenter dans l'ordre chronologique de leur apparition.

Remarques préalables

Epistémologiques

Comme psychanalyste, je travaille avec des patients atteints d'affections somatiques graves et qui sont souvent en survie. Le modèle proposé à Lóczy — que je connais un peu pour y avoir fait un séjour d'une semaine — concerne des nourrissons qui sont d'une certaine façon eux aussi en survie. Dans les deux cas également, l'étayage des fonctions psychiques sur les fonctions corporelles est sur le devant de la scène, soit sur un mode de déconstruction-reconstruction, soit sur celui de la construction. Il me semble, à cet égard, que le travail fait à Lóczy peut être complémentaire et apporter des éléments fondamentaux à l'aménagement de mon cadre thérapeutique comme la notion de continuité sur laquelle déjà Winnicott insistait, ou celle d'autonomie par exemple.

Méthodologiques

Cette observation a été faite rapidement car la cassette vidéo est arrivée tardivement, et selon les règles du jeu, je n'avais pas le texte de traduction des paroles, ce qui ne m'a sans doute pas permis de repérer certains accordages affectifs.

Micro-événements observés

1. *Poursuite visuelle du doigt par Jocó* (1' 13). Jocó découvre son doigt du regard et le poursuit visuellement. Márti imite Jocó en tendant le même doigt. Elle est contingente, très synchrone avec le bébé, et du coup, elle peut bien « réfléchir en miroir » un comportement important du nourrisson à ce moment-là. Le bébé sourit alors et s'installe dans le champ interactif. Mais, par son accompagnement gestuel, Márti a mis Jocó dans une position où il se trouve placé comme initiateur de l'interaction, où il est en position active, elle le suivant. Par ailleurs, Márti a mis en évidence la découverte du doigt, elle la renforce.

2. *Jocó se retourne sur le ventre* (6' 17). Jocó se retourne sur le ventre, s'enroulant autour d'un axe symétrique à la zone corporelle toilettée par Márti (oreille gauche). Est-ce une position défensive de refus ou simplement le fait qu'un nourrisson change souvent de posture ? Après un bref instant où elle retient le bébé pour finir peut-être de nettoyer l'oreille, donc pour garder l'initiative de la toilette, Márti laisse faire Jocó, ne l'aide pas à décoincer son bras droit pris sous le corps, et lorsqu'il est sur le ventre, elle lui enlève un peu le lange qui entoure le bas du corps ; est-ce une sorte de « libération » du bébé ? Elle doit commenter verbalement ce que vient de faire le bébé, tout en se mettant à caresser le visage et l'épaule droite avec un doigt, puis elle caresse le derrière de la tête et

le dos du nourrisson avec quatre doigts. Elle a donc suivi le bébé dans l'interaction qu'il a initiée à partir de sa recherche motrice, le laissant être acteur en pleine liberté et y associant, par ses caresses, une expérience de plaisir partagé. Elle est « avec lui ». Au travers des caresses apparaît une certaine intimité avec le bébé qui semble bien modulée.

(6' 47) Márti remet Jocó face à elle sans poser le haut de son corps en disant « ouille, ouille », comme si elle traduisait l'éprouvé un peu désagréable que peut avoir Jocó qu'elle contrarie. Si c'est le cas, nous avons affaire à un accordage affectif au sens de D. Stern (l'imitation traduit la forme, l'accordage traduit l'éprouvé et joue sur la transmodalité). Elle lui parle assez longuement et le bébé, en écholalie, gazouille avec elle. Sur fond d'interactions visuelles où les partenaires se sourient, l'accordage affectif lui permet de reposer le bébé qui, cependant, va tenter très brièvement de se retourner à nouveau. On voit ici un bébé qui a « un projet » que je comprends ainsi : il a une représentation dc son retournement antérieur à partir des sensations kinesthésiques (représentant de transformation, B. Gibello) liées à du plaisir, et il cherche à la retrouver.

3. *Jocó tend ses bras* (7' 25). Márti enveloppe à nouveau le bébé qui tend ses bras ; elle lui propose, comme lors de la première séquence, une « réflexion en miroir » : elle tend son bras comme Jocó et marque par son imitation la présence tonique des bras. Cela introduit à la découverte de la tension des bras.

Dans le mouvement de relâche, elle est très synchrone avec Jocó et met ses index dans chaque main un peu fermée du bébé, ce qui conduit à une plus grande relâche et à ce qu'on pourrait appeler un « accordage corporel ».

4. *Jocó et sa main gauche* (7' 53). Le bébé détend les doigts de sa main gauche, Márti doit le lui dire et elle pianote avec les doigts, faisant à nouveau une sorte de brève « réflexion en miroir ». Le bébé détend ses doigts encore plus et les remue en échopraxie. Puis Márti doit faire des commentaires, prend la main de Jocó et la nettoie. Ils sont tous les deux très souriants. Il y a beaucoup d'hédonisme dans ces interactions. Márti a mis ainsi Jocó sur la voie de la découverte de la main, de sa motricité et du plaisir qui y est lié.

5. *Márti demande la main de Jocó* (8' 21). Ici, le mode interactif est assez différent. Márti, en interaction visuelle avec Jocó, initie un comportement moteur de celui-ci en touchant le haut du bras gauche du bébé, en demandant sans doute en même temps sa main gauche. Jocó tend la

main, dans ce mouvement de coopération, il apprend qu'il peut être l'auteur de ses mouvements. Toujours en interactions visuelles pendant que Márti nettoie la main de Jocó, celui-ci pose le pied droit contre sa nurse, baissée vers lui, et tend l'autre bras en l'air, puis touche avec le pied droit le bras droit de la nurse. On peut se demander si Jocó n'a pas cherché là des contacts tactiles supplémentaires avec sa nurse par l'intermédiaire de son pied.

Le nourrisson est suffisamment à l'aise pour augmenter ses expériences tactiles avec sa nurse. Ceci peut le conduire à découvrir le plaisir éprouvé avec l'autre dans une gamme d'échanges très tempérés.

6. *Jocó met un bras en l'air* (9' 17). Sur fond d'interactions visuelles, dans cette séquence, Márti remarque que Jocó met son bras gauche en l'air, touche d'un doigt la main en l'air pour le faire remarquer au bébé, et l'imite avec son bras droit, en commentant peut-être. Puis, toujours soutenu par les interactions visuelles, chacun laisse lentement tomber son bras en miroir. Même style interactionnel que dans 1, 3, 4.

7. *Márti masse le visage de Jocó* (12' 56). Après avoir brossé les cheveux de Jocó, ce qui provoque une certaine excitation chez lui, elle contient l'excitation du nourrisson en appuyant légèrement la main gauche sur le torse du bébé. Puis, sur fond d'interactions visuelles, Márti fait un petit massage du visage de Jocó, en commençant par les joues, puis le front, le long du nez et sous la bouche, et à nouveau le long des joues. Le massage permet une détente : les traits du bébé se détendent, la bouche s'ouvre, il ferme plusieurs fois les paupières et il sourit légèrement. Ce que propose Márti ne me semble pas être dans un registre séducteur, mais cela permet à l'enfant de se situer dans un certain plaisir et de repérer les limites de son visage. A la suite de cela, le bébé met la main dans sa bouche, puis semble la tendre à Márti ; la nurse touche alors cette main qui m'apparaît comme une sorte de signe de reconnaissance. Elle donne ainsi un sens au geste du bébé.

En conclusion

Jocó semble apprécier les interactions avec sa nurse puisque d'emblée il se met en position convexe, soit en position d'accueil des stimuli (Bullinger). Il répond en écho (écholalie, échopraxie), et manifeste ses propres capacités d'imitation.

Márti a une remarquable capacité au dialogue présymbolique par ses comportements contingents, synchrones dans les interactions avec l'enfant. Elle est « ensemble-avec-Jocó ».

Les « réflexions en miroir » (*mirroring*) proposées par Márti, que j'ai étudiées, se manifestent davantage sous une forme d'apprentissage que sous une forme plus ludique de jeux. C'est là que nous voyons la différence entre la nurse et la mère. Il y aurait plus de ludisme chez une mère qui aurait été sans doute moins attentive aux comportements moteurs de son enfant. Márti se montre comme professionnelle de Lóczy, attentive au développement moteur de l'enfant et à son autonomie. Elle est « suffisamment-avec-lui » pour repérer les moments importants à réfléchir.

Grâce au système interactif qu'elle organise avec Jocó, Márti contribue activement au développement de l'enfant, en particulier à la mise en place du système proto-représentationnel de l'enfant. Ce système comprend les premiers repérages de certains éprouvés concernant le corps différencié du corps de l'autre, le sentiment d'être l'auteur de ses propres mouvements, donc l'appréhension d'une certaine forme de causalité.

Márti est à l'aise dans ses stimulations tactiles, ce qui lui permet d'accompagner l'enfant de cette façon, voire de lui proposer une sorte d'intimité à distance comme pendant le massage. Celui-ci peut être fait avec un petit peu de crème lorsque le bébé, par exemple, a la peau sèche. Ici, ce n'est pas le cas, c'est une sorte de manifestation de tendresse retenue. Il y a, dans la retenue de Márti, le contrôle d'un certain plaisir à partager, c'est tout ce qui fait aussi la différence avec une mère.

Dans ce système, interactif, l'enfant peut, semble-t-il, bénéficier d'échanges au niveau du plaisir, qui sont contrôlés. Dans l'espace de transition qu'est une pouponnière, le choix est fait à Lóczy de proposer un *cadre de soutien* au développement du nourrisson et non pas un *cadre maternel*.

IV

SOIN CORPOREL, SOIN THÉRAPEUTIQUE

Myriam David
Judit Falk
Anna Tardos

Le bébé en souffrance : accueil, soins thérapeutiques

Myriam David
La relation maternelle et la relation soignante

Certes la relation mère-bébé n'est pas une « relation idéale », mais la force du lien bébé-mère, sa spécificité, sa continuité tout au long du développement de l'enfant, sa richesse créative, sa fonction de transmission, d'organisation, ses interrelations avec les relations familiales proches, père, grands-parents, constituent les « ressources naturelles » qui alimentent normalement le développement du bébé. Il y a là quelque chose *d'unique, d'indispensable, une création originale de chaque triade père-mère-bébé,* qui, du fait de la force de l'investissement « mutuel » de bébé et famille, est à peu près irremplaçable, et ceci plus particulièrement dans la capacité des parents à assurer une « continuité » relationnelle et interactive *tout au long du fil du déroulement du développement* du bébé et de l'enfant. Cette notion doit être toujours présente à l'esprit de ceux qui sont amenés à prodiguer des soins à un bébé, alors qu'ils ne font pas partie du système familial, qu'il s'agisse de soins supplétifs de jour ou de

---

Myriam David, pédopsychiatre (France) ; Judit Falk, pédiatre (Hongrie) ; Anna Tardos, psychologue (Hongrie).

courte durée dans les temps où les parents ne sont pas disponibles (travail, occupations passagères diverses), et bien entendu plus encore lorsqu'il s'agit de remplir l'ensemble des fonctions maternelles lors de troubles précoces graves de la maternalité.

Dans ce dernier cas, c'est toujours une perte dramatique pour un bébé et pour ses parents lorsque, pour des raisons graves et impérieuses, le soin d'un bébé, en souffrance avec sa mère, doit être pris en charge par d'autres que les parents : que ce soit du fait de la disparition de ses parents (décès, abandon), d'un problème sanitaire concernant la mère ou l'enfant, ou, plus grave encore, mais hélas ! fréquent, que ce soit du fait du développement de circuits interactifs nocifs sur lesquels on se trouve impuissant à intervenir et qui mettent la santé, l'intégrité, la survie de l'enfant ou (et) celle de sa mère en danger.

Pendant longtemps pourtant, cela n'a pas posé problème tant il paraissait évident à tous que n'importe quelle femme digne d'être mère peut s'occuper du bébé d'autrui, et qu'un bébé ne peut que profiter d'un environnement meilleur que le sien. Trois séries de connaissances ont mis en brèche cette croyance à laquelle il est pourtant bien difficile encore aujourd'hui de renoncer tant, spontanément, on est convaincu du contraire :

— la découverte des troubles consécutifs à une séparation au cours des deux premières années de la vie : troubles du bébé et troubles de la maternalité ;

— l'existence et la gravité de carences au sein des milieux d'accueil, aussi bien collectif (crèche) que familial (placement familial), prenant la forme surtout de « déshumanisation », privation affective, absence de liens au sein des établissements sanitaires (hôpital pédiatrique, pouponnière), et de « ruptures de liens » consécutives à une succession d'élans fusionnels suivis de mouvements de maltraitance et de rejet dans les placements familiaux ;

— la gravité des troubles, c'est-à-dire les manifestations si mutilantes de carence affective, constatées à court, moyen et long terme, et le risque très élevé de transmission à la génération suivante. Ce syndrome est mal connu et échappe encore en grande partie à la psychiatrie infantile.

L'étude des difficultés rencontrées pour atténuer les effets traumatiques de la séparation et pour abolir les facteurs de carences des milieux d'accueil a amené à découvrir la nature des obstacles qui les engendrent ; on a compris, entre autres choses, que la déshumanisation dans les pouponnières n'était pas délibérée, ni le fait de personnes mauvaises et mal intentionnées, mais qu'elle résultait de l'élaboration collective, inconsciente, d'attitudes défensives destinées à se protéger contre l'angoisse suscitée par l'engagement d'un lien affectif avec un nourrisson qui n'est pas le sien.

En effet, en tentant d'introduire une relation affective stable entre le bébé et une auxiliaire privilégiée, on s'est aperçu du désarroi de celle-ci face au bébé en souffrance ; on retrouve la même difficulté chez les familles d'accueil. On découvre comment leur maternalité latente est interpellée et attaquée par ces bébés en souffrance, et la violence des affects suscités en elles par les troubles non identifiés en tant que pathologie propre au bébé. Leur tentative de les réduire à tout prix les amène à se laisser entraîner par le bébé dans le cycle de relation de type maternel et fusionnel, et dans des modes de contacts déviants évoluant à plus ou moins long terme soit vers la maltraitance, soit vers le rejet et la rupture pour éviter la maltraitance. Difficultés dont elles ont honte comme si elles leur étaient imputables, et qu'elles tendent à se cacher, à nous cacher parce qu'elles les menacent gravement dans leur maternalité ; ceci d'autant plus que leurs motivations professionnelles les entraînent inconsciemment et fortement à se croire, à vouloir être « mères idéales ». Il est important pour elles et pour nous tous de comprendre que ces contre-attitudes des soignants renforcent les troubles des bébés mais n'en sont pas la cause ; elles en sont le révélateur et cela demande un vrai travail intérieur pour se défaire de l'impression inverse.

La reconnaissance des risques et des difficultés liés à la séparation mère-bébé et à l'accueil du bébé d'une part, la gravité pour le bébé et pour sa mère d'être maintenus dans un circuit interactif pathologique et pathogène d'autre part posent un dilemme qui paraît quasi insoluble. En de telles occasions, il est fréquent sinon habituel qu'entrent en conflit les uns avec les autres ceux qui s'opposent à la séparation pour protéger mère et bébé des nuisances qui l'accompagnent et de la souffrance qu'elle provoque, et ceux qui la jugent indispensable en raison du caractère gravement inadéquat des soins et de l'environnement. Le problème en fait est mal posé lorsque, comme c'est toujours le cas, il est exprimé ainsi sous la forme d'une indication ou non de placement. Cette formulation est malencontreusement réductrice, car dans toutes ces situations, il est indispensable, pour la mère comme pour son bébé, que celui-ci soit entouré de « bons » soins, tout comme ils ont besoin l'un et l'autre que leur relation soit protégée ; non seulement l'un n'est pas exclusif de l'autre, mais l'un ne peut aller sans l'autre ; en négligeant l'un pour l'autre, on laisse à plus long terme le bébé et ses parents dans une situation de grand risque, ceci quelle que soit la qualité du traitement prodigué. Dans toutes ces situations, on se doit de répondre aux questions : comment « soigner » ce bébé que sa mère néglige, maltraite ou abandonne ? Qui

peut assurer les soins ? Où ? Comment (à domicile par une puéricultrice ou une aide familiale, ou en crèche, en pouponnière, ou par une assistante maternelle) ? Comment soigner le lien pathologique et pathogène ? Trois aspects sont à prendre en compte :
— *le traitement de la maternalité* proprement dite, qui prend habituellement la forme de consultations conjointes pouvant différer selon leurs auteurs (Lebovici, Cramer, Fraiberg, etc.). Pour certains, le bébé ne doit être atteint qu'à travers le traitement de la maternalité, et il peut l'être en effet lorsque ses troubles sont fonctionnels ou psychosomatiques, mais non lorsqu'il souffre avec sa mère d'une psychopathologie grave de l'individuation ; celle-ci entraînant chez le bébé des troubles qui *se structurent d'emblée* à l'intérieur des mailles du tissu interactif et qui rendent le bébé « dangereux » par les incitations qu'il induit irrésistiblement chez sa mère vulnérable comme chez ses soignants ;
— *l'utilisation éventuelle d'une distanciation physique* comme mode de protection contre la dangerosité mutuelle lorsque celle-ci se manifeste dans la proximité physique (reflet de troubles du processus de séparation-individuation), et le traitement de cette distanciation à travers la fréquence, la durée, le lieu, la médiation des rencontres et des non-rencontres entre bébé et mère-père ;
— *traitement direct mère-bébé de la psychopathologie du processus de séparation-individuation du bébé,* telle qu'elle se manifeste dans le lien primordial et dans les liens avec les soignants.

Soins et relation dans la relation maternelle et soignante

Il est difficile de concevoir qu'un bébé puisse être engagé dans une relation autre que maternelle. Les soins observés sur les documents venant de l'Institut Pikler ont souvent été discutés comme s'il s'agissait de soins maternels, jugés tantôt comme « idéals » ou à l'inverse déficients… voire « anormaux ». Or, il est essentiel que l'ensemble des divers professionnels de la petite enfance soient au clair à ce sujet, et comprennent que la relation « soignante » est d'une nature différente, qu'elle répond à un objectif précis, particulier, en général momentané, et qui n'a pas à entrer en concurrence avec le soin maternel.

J'irai même jusqu'à dire que tout soin direct au bébé donné par un « extra-familial » n'a pas à être un soin maternel, il doit être prodigué en tenant compte du soin maternel, sans entrer en concurrence avec lui et en s'en distinguant.

Un des points forts de l'expérience de l'Institut Emmi Pikler est sa capacité à fournir au bébé, pendant toute la durée de son séjour, une relation humaine authentique avec quatre personnes, dont une privilégiée, qui prennent soin de lui de façon stable et dans une continuité. Cette relation est *nécessaire, indispensable* ; elle *semble suffisante* pour assurer le développement harmonieux des bébés pendant la durée de leur séjour et pour les préparer à aborder la suite de leur vie avec leurs propres parents, à défaut avec des parents adoptifs ou dans une famille d'accueil.

Néanmoins, la relation entre le bébé et la nurse à Lóczy soulève toujours des discussions passionnées et passionnelles ; on se trouve inéluctablement entraîné à la mettre en concurrence avec une relation maternelle. Tantôt on lui reproche de ne pas être « maternelle », d'être artificielle, contrôlée, pas naturelle, dépourvue de chaleur, de spontanéité et d'élan ; tantôt la qualité des soins et l'harmonie régnante apparente, la dévotion à l'enfant donnent une impression de perfection que les uns trouvent inquiétante et dont d'autres voudraient voir les mères davantage pourvues.

Pour ma part, je pense essentiel de comprendre que *relation maternelle et relation soignante sont de nature fondamentalement différente et ne répondent pas au même objectif.*

1. *La relation maternelle* est une relation « continue » qui se poursuit toute la vie et au-delà. C'est une relation passionnelle, *amoureuse*, toujours complexe, à l'intérieur de laquelle le bébé comme la mère vit des élans de tendresse, des colères et des frustrations, des inquiétudes, des joies, etc. *Les interactions auxquelles elle donne lieu n'ont d'autres objectifs que de vivre cette relation.* La relation maternelle est inspirée par tout ce que le bébé évoque pour la mère, évocations liées à sa vie de couple, à son passé familial, aux pressions de sa culture. De la rencontre entre le bébé fantasmatique et le bébé réel résulte un jeu complexe « continuel » entre les forces d'empathie qui la guident et la poussent pour s'accommoder aux demandes de son bébé, et les « élans projectifs » qu'il suscite en elle et qui façonnent ses attentes à elle, ses demandes, ses exigences. C'est ainsi, comme nous l'avons trouvé avec Geneviève Appell, que se noue entre chaque mère et son bébé un système interactif spécifique, unique, d'une grande richesse pour chaque couple mère-enfant et non reproductible, ni par autrui ni par elle-même avec un autre de ses enfants. Dans ce tissu interactif, elle s'apporte tout entière, exprime ses désirs, ses attentes, ses craintes, son besoin d'appropriation et de conquête. Les soins maternels sont la résultante de tout cela. Ils sont en quelque sorte *au bout de la chaîne,* un véhicule porteur de cette relation intime. Il en résulte, dans la très grande majorité des cas, des soins « suffisam-

ment bons », selon l'expression de Winnicott, c'est-à-dire imparfaits, mais qui se prêtent à ce riche langage corporel interactif à l'intérieur duquel chacun s'impose et s'accommode à l'autre et au cours duquel se construit le sentiment « d'appartenance mutuelle ». Il est évident que la relation maternelle est unique et irremplaçable.

Son « manque » ou sa nocivité éventuelle nécessite un « soin » particulier ; ce soin, pour être utilisable par le bébé, doit engendrer une relation de confiance et de sécurité dont la fondation diffère de celle d'une relation maternelle.

2. *Soins professionnels.* Lorsqu'un bébé est privé de sa mère, quelles qu'en soient la cause et la durée, et qu'il doit être soigné par autrui, l'objectif premier de la personne à qui il est confié est net et précis : lui prodiguer les soins nécessaires à sa survie, au maintien de sa santé, à la poursuite de son développement. C'est bien exclusivement dans ce but qu'elle entre en relation avec ce bébé.

Or, le bébé privé de sa mère est en état « d'angoisse de perte » et d'inquiétude à l'égard de « l'étrange ». Les soins donnés par « une autre », « une inconnue », sont en soi une source de trouble, voire de terreur alors qu'ils sont indispensables ; pour être acceptables, ils doivent être prodigués de façon à restaurer la sécurité, créer un sentiment de bien être et de plaisir. C'est dire que la soignante doit impérativement tenir compte de la sensibilité du bébé, de ses craintes telles qu'il les exprime à travers ses réactions motrices et toniques ; il lui faut ajuster ses gestes et ses manipulations aux manifestations du bébé qu'elle doit être capable de percevoir et de respecter. La science et l'art du soin sont alors bien nécessaires.

Mais, on sait aussi comment les soins puériculteurs « techniques » ont pu être déshumanisés et destructifs, et l'on a appris également, bien que beaucoup de personnes aient encore du mal à l'admettre, que la relation entre bébé et soignante est vouée à de grandes difficultés si elle s'appuie sur la maternalité latente de celle-ci, en créant l'illusion d'une relation maternelle, alors qu'elle ne peut pas et ne doit pas impliquer le bébé dans sa vie personnelle familiale passée et présente, et qu'elle sera suivie de rupture. Certes, les motivations conscientes et inconscientes qui gouvernent la maternalité sont inévitablement réveillées par des contacts intimes avec un bébé, mais elles ont besoin d'être contrôlées, mises en sourdine.

L'expérience de l'Institut Emmi Pikler ouvre une voie qui permet à la soignante de s'appuyer sur d'autres piliers plutôt que sur sa maternalité latente :

— d'une part sur des connaissances qui peuvent être enseignées et acquises, et qui résultent entre autres travaux, de ceux de l'Institut, concernant par exemple la continuité des processus de développement avec ses étapes intermédiaires et les manifestations d'activités libres auxquelles elles donnent lieu, l'importance de cultiver de toutes les manières possibles ces manifestations *au cours* et *en dehors* des soins ;
— d'autre part, ces connaissances permettent à la nurse, on l'a vu, d'être plus rapidement sensible aux progrès quotidiens dont elle attend l'apparition en faisant confiance au rythme de l'enfant. Elles guident et stimulent sa vigilance, son attention soutenue au bébé dans ces deux espaces (espace de soins, espace d'activité libre) où ils sont régulièrement et successivement l'un avec puis sans l'autre. Il en résulte une connaissance intime du bébé qui l'amène à éprouver cet intérêt émerveillé, empathique, en miroir, que le bébé trouve et expérimente quand il s'adonne à son activité, ses explorations, ses exploits et ses découvertes ;
— enfin, de son côté, le bébé est réceptif à cette attention « particulière » et en éprouve une satisfaction et une gratitude qu'il exprime à travers ses gestes, son regard, sa mimique, tandis que la nurse, gratifiée à son tour, a le plaisir d'être témoin de la progression quotidienne du bébé qu'elle soigne, de son intérêt pour l'environnement qu'elle lui organise avec soin, et de l'affection qu'il lui témoigne dans les temps qu'elle peut lui consacrer. Ainsi naissent entre eux amitié et affection…

Alors, se constitue la chaîne interactive qui « porte » la relation qui va se développer entre le bébé et sa soignante ; ici, contrairement à la relation maternelle, c'est le soin qui est au *début de la chaîne* et fondateur de la relation et non l'inverse ; cette relation n'est pas une fin en soi, elle résulte de la qualité du soin, mais elle va, de façon circulaire, l'animer en retour. D'autre part, dans la relation nurse-bébé, *la capacité de la soignante à entrer en empathie avec le bébé* à partir d'une attention soutenue à son égard est cultivée, maximisée, et lui permet de maintenir à l'arrière-plan les mouvements projectifs et de possession liés à sa maternalité latente.

Cette capacité, difficile à acquérir et qui n'est pas donnée à tout le monde, peut se développer avec l'expérience et le soutien d'une réflexion et d'une formation « continue ». Il semble bien que cette relation soignante particulière, ni meilleure ni moins bonne, mais différente d'une relation maternelle, soit suffisante pour alimenter le processus de développement du bébé pendant le temps où il est privé de mère, lui permette de vivre la séparation comme une distanciation, non comme une perte, et maintienne sa capacité à la retrouver, ou à faire connaissance avec une famille adoptive ou avec une famille d'accueil.

Judit Falk

La stabilité par la continuité et la qualité des soins et des relations

Lorsqu'un enfant ne peut pas être élevé dans sa famille, la préférence de la majorité des professionnels va au placement en famille d'accueil qu'on considère plus adapté, surtout aux besoins des jeunes enfants, que le placement en collectivité. Les avantages de cette solution sont indiscutables ; pourtant, il ne faut pas en méconnaître les difficultés. Sans une structure d'encadrement adéquate, en l'absence de préparation, d'accompagnement et de suivi satisfaisants du « triangle parent-enfant-famille d'accueil », le placement familial risque d'aboutir à l'aggravation des perturbations, à des échecs et à des ruptures répétitives.

Contrairement aux opinions opposées, très répandues, je ne doute pas que le temps de séparation passé dans un cadre institutionnel bien réfléchi puisse être mis à profit pour aider l'enfant et ses parents.

L'enfant qui arrive à la pouponnière juste après la naissance, directement de la maternité ou après un séjour plus ou moins long en pédiatrie, ou dont le placement a été précédé par des carences ou des maltraitances dans sa famille auxquelles s'ajoute une perte brutale de son milieu habituel, a déjà un passé douloureux. De plus, l'incertitude pèse sur son avenir.

De toute manière, il a besoin d'une atmosphère qui l'aide à trouver sécurité et bien-être, un cadre non seulement accueillant et chaleureux mais aussi stable, dans lequel il peut intégrer des repères qui l'aident à se stabiliser, à se situer, à prendre ou à reprendre confiance, à s'épanouir et à se structurer. L'enjeu est alors non seulement d'aider l'enfant à surmonter la séparation, mais aussi de lui assurer une vie quotidienne riche. Malgré le caractère transitoire du séjour à l'institution, son rôle n'est pas simplement d'assurer un lieu où l'enfant passe le temps dans l'attente d'une autre solution ; il faut aussi agir pour que le placement en pouponnière, en tant que lieu thérapeutique, ait un sens pour lui et ses parents.

Comment peut-on y arriver ? Lorsqu'il y a cinquante ans, Emmi Pikler a créé l'Institut Lóczy, son objectif principal était l'éradication des facteurs de carence de la vie des enfants qui, pour une raison quelconque, ne peuvent pas être élevés dans leur famille et sont confiés jour et nuit à une pouponnière. Elle était convaincue que si un jeune enfant ne peut pas être élevé par sa mère, la relation maternelle ne peut pas être reproduite, mais qu'il est possible de lui offrir, dans le cadre d'une collectivité, une expérience de nature tout à fait différente qui favorise son plein développement. Elle a rompu, de façon consciente et radicale, avec les modes de faire traditionnels dans les établissements d'accueil collectif pour jeunes enfants, où ce sont l'ordre impersonnel, les règles strictes de l'hygiène et de la législation sanitaire, la peur de la contagion, de la maladie et des accidents, et les soins rapides et « fonctionnels » qui déterminent le cadre de vie des enfants et la discipline du personnel.

Au lieu de tout cela, sans chercher à imiter la structure familiale, elle a conçu la prise en charge des enfants en fonction de ses expériences acquises et de ses observations et découvertes faites dans des familles, accompagnées par elle en tant que pédiatre, sur la valeur de l'activité libre de l'enfant issue de sa propre initiative. En même temps, elle a travaillé à l'élaboration d'une relation adulte-enfant permettant à ce dernier de développer des capacités relationnelles, à partir desquelles pourront s'épanouir ses relations ultérieures.

L'enfant est considéré et traité, dès le début, comme une personne en développement constant, et en même temps comme une personne à part entière à chacun des moments de sa vie, dont les besoins essentiels changent en fonction de son développement.

La bonne qualité des soins fournit la garantie que les besoins essentiels du jeune enfant soient satisfaits et qu'il connaisse le sentiment de sécurité et de confiance lié à des expériences positives dans les divers domaines de sa vie quotidienne. Quels sont les besoins essentiels de l'enfant à satisfaire en institution ?

— la sécurité affective : l'établissement et le soutien de relations interpersonnelles stables, continues, intimes et chaleureuses, entre l'enfant et un nombre restreint d'adultes bien connus ; et d'une relation affective privilégiée, authentique, d'un caractère spécifique, professionnel, avec une personne (dont la forme et le contenu sont particuliers dans le cadre institutionnel) ;

— le respect et le soutien indirect de son activité libre, spontanée, issue de sa propre initiative, ainsi que le respect du rythme individuel de son développement ;

— une aspiration constante à ce que chaque enfant, en vivant sa propre personne comme « bonne », puisse, en fonction du stade de son développement, prendre conscience de lui-même, se situer dans son environ-

nement social et matériel, dans l'espace et dans le temps, dans les événements et les relations qui le concernent, dans son histoire personnelle et familiale, du présent, du passé et de l'avenir immédiat ou lointain ;
— la recherche et le maintien d'un bon état de santé physique et du bien-être corporel de l'enfant qui sous-tendent la satisfaction des besoins précédemment mentionnés mais aussi qui, pour partie, résultent de leur satisfaction.

Ces besoins sont d'égale importance et constituent un ensemble indissociable ; ils sont à respecter simultanément. Si n'importe lequel est négligé, aucun des autres ne peut être réalisé.

L'aspiration constante à satisfaire ces besoins détermine le projet éducatif et toute l'attitude pédagogique, afin que l'enfant puisse se sentir, tout le temps, une personne accompagnée et soutenue, sujet participant, partenaire actif et non pas objet manipulé ou dirigé, et permet que l'ensemble de l'institut s'organise autour des besoins des enfants.

Dans la vie des très jeunes enfants séparés de leurs familles, l'un des points les plus douloureux et l'un des principaux freins à leur développement, c'est le manque de stabilité et du sentiment de continuité d'être. Pour un enfant vivant en famille, la continuité fondamentale est assurée, on peut dire, spontanément, même s'il fréquente d'autres lieux d'accueil en dehors du milieu familial et même si l'atmosphère d'éducation de la famille est toute différente de celle des autres lieux d'accueil (assistante maternelle, crèche, école maternelle). C'est justement la famille, l'appartenance à la famille qui lui assurent la continuité.

La permanence relative du milieu personnel et matériel, l'enchaînement des événements quotidiens forment le cadre de vie naturel de l'enfant. Bien que cette permanence soit rompue à certains moments par des changements plus ou moins importants, par un événement inattendu, la base de son univers est constante et, dans ce cadre, c'est le rapport qui l'attache aux personnes les plus importantes de son milieu, et parmi celles-ci, principalement à sa mère, qui joue le plus grand rôle. C'est cette continuité, cette stabilité qui donne à l'enfant la possibilité de se trouver dans un état de sécurité affective tel qu'il lui permet un éveil vers le monde extérieur qu'il cherchera à connaître. Cette permanence et cette continuité sont la condition de son goût et de son aptitude à découvrir le monde, les qualités et les rapports des objets et des personnes, à développer des idées, des notions, à mettre en place des souvenirs corrects, à acquérir des connaissances conformes à son âge. C'est aussi la condition pour que l'enfant se fasse une image correcte de lui-même et de sa propre place dans le monde. Dans le développement de la conscience de soi de l'enfant, le sentiment de la continuité d'existence

(« je suis moi, tout ce que j'ai vécu moi-même, moi à qui telles et telles choses sont arrivées, moi auprès de qui telles et telles personnes vivent, moi dont on raconte ceci ou cela quand j'étais un bébé ou quand je serai grand ») et l'image que son entourage a de lui, le rôle qu'on lui attribue jouent un rôle fondamental.

Dans la vie du jeune enfant élevé dans des milieux variables, par des personnes différentes, dans des conditions changeantes, le manque de continuité empêche le développement affectif, cognitif et social. Chaque fois que l'enfant passe d'un milieu à un autre, tout se modifie autour de lui : les objets, les personnes, le mode de vie et les habitudes. Souvent même la nourriture est différente, tout comme les attentes et les exigences envers lui et sa place dans son milieu. Son nouvel entourage le voit différemment. Il représente autre chose pour les adultes et pour les copains que ce qu'il était pour les anciens, auxquels il s'était déjà habitué. Son passé tombe en morceaux. Son entourage peut à peine l'aider à maintenir la continuité, car souvent il sait très peu de détails de son passé : il ne sait pas comment il vivait auparavant, comment il se sentait, quelles étaient ses petites habitudes, ses goûts, ses sentiments et émotions, ce qui lui faisait plaisir ou qui l'attristait. Sans la mise en œuvre d'une continuité réfléchie, si l'on n'organise pas sa vie quotidienne avec une grande précaution, l'enfant perd tous ses points de repère, il ne peut pas prendre conscience de lui-même, il ne peut pas se situer dans son environnement social et matériel. Il ne peut vraiment profiter ni des moments de soins qui devraient être les moments privilégiés de la relation individuelle, ni des possibilités d'activité.

Pour le fondement du sentiment de sécurité, le contexte général de tous les lieux d'accueil doit être conçu pour assurer la continuité dans la vie de l'enfant.

Le besoin de continuité touche tous les points de sa vie : l'environnement matériel (locaux, aménagement afin que l'enfant se trouve dans des lieux connus au cours des soins et au cours de ses jeux, et qu'il trouve des objets connus là où il a l'habitude de les trouver, y compris ses objets personnels), l'environnement social (vivre avec des adultes et des enfants connus), l'enchaînement des événements en évitant ou, au moins, en réduisant au minimum les improvisations.

Les acquisitions importantes des premiers mois et des premières années de la vie ne peuvent s'intégrer dans la personnalité en voie de structuration que si l'enfant reçoit toutes ses impressions et effectue toutes ses expériences dans le cadre d'un système stable de liens interpersonnels. Un tel système de relation est indispensable à sa sécurité affective pour qu'il puisse supporter les frustrations inévitables et nécessaires à la maturation de sa personnalité.

Il en a besoin afin de pouvoir, par voie d'imitation, d'assimilation et d'identification, s'approprier le système de valeurs de la société, ses normes de jugement, ses règles de comportement ainsi que son système d'interdictions. Dans l'éducation des jeunes enfants séparés de leur famille, l'une des conditions primordiales de la prévention des carences affectives est l'effort constant pour éviter les changements répétés des personnes intervenantes auprès des enfants, et pour éliminer ainsi les contacts superficiels et les soins dépersonnalisés qui sont responsables en premier lieu du manque de sécurité affective. Sans cet effort constant, l'enfant passe dans les mains de tant d'adultes pendant ses premiers mois, ses premières années, qu'il ne pourra pas discerner les personnes connues des inconnues.

L'auxiliaire qui, à cause de ses absences et de l'organisation improvisée des horaires de travail ou de la réorganisation des groupes d'enfants, ou pour d'autres raisons, travaille alternativement avec des enfants différents, ne peut bien connaître aucun enfant qui lui est confié. Si elle est douée et consciencieuse, elle peut attirer le regard d'un bébé, le sourire d'un autre ; elle peut obtenir une courte interaction avec quelques enfants et, dans le groupe entier, elle peut obtenir une atmosphère paisible, et elle-même ne pas s'apercevoir qu'elle n'a pas pu établir de vrais rapports personnels avec les enfants. Elle ne connaît pas leurs habitudes et les enfants ignorent les siennes. Elle n'est pas réceptive à leurs signaux, elle ne comprend pas leurs gestes ou leurs pleurs, leurs babillages ou leurs mots rudimentaires, et ne sait pas adapter les soins aux besoins individuels des enfants.

Au lieu d'un ajustement mutuel et personnel, tous les enfants reçoivent plus ou moins les mêmes soins impersonnels, souvent les mêmes paroles stéréotypées, se trouvant traités plutôt comme des objets que comme des personnes. C'est pourquoi les manifestations des bébés deviennent de plus en plus pauvres et de plus en plus rares, le travail de l'auxiliaire se transforme en une routine mécanique, son attitude est impersonnelle, souvent indifférente.

Dans ces conditions, s'occuper des bébés devient rapidement une corvée exténuante et ennuyeuse, même pour quelqu'un qui a choisi ce métier parce qu'elle « aime les enfants ». Un cercle vicieux se met en place : les enfants perdent effectivement leurs traits individuels et ne la stimulent plus à un travail individualisé .

L'une des garanties fondamentales de la sécurité affective des jeunes enfants élevés en institution est donc la continuité et la qualité des relations entre enfant et adulte. Le bébé risque de rester psychiquement isolé s'il n'y a pas une équipe restreinte d'adultes qui, immédiatement, se préoccupent de lui et — avec les belles paroles de G. Appell — « commencent à le porter dans leur tête et pas seulement dans leurs bras ». Si, tout au long de leur séjour en institution, dès l'admission jusqu'au départ définitif, les petits groupes stables d'enfants ne sont pris en charge continuellement que par un nombre très restreint d'adultes, quatre au maximum, alors sur la base d'une connaissance mutuelle peut se développer entre eux une relation affective riche et continue. L'auxiliaire qui prend en charge toujours les mêmes enfants, six à huit au maximum, sur la base d'une connaissance et d'une compréhension mutuelles, peut s'occuper d'eux d'une manière nuancée et individualisée, en répondant aux signaux et aux réactions individuelles des enfants.

C'est seulement si tout ce qui arrive au bébé et au jeune enfant a lieu à l'intérieur d'une relation stable, d'un échange réel qui lui permet de prendre conscience de la personne qui s'occupe de lui, en même temps que de lui-même, que peut s'établir la conscience de soi, de son identité personnelle et de son intégrité individuelle. Le caractère personnel de la relation peut être intensifié par le système où chaque auxiliaire est plus particulièrement responsable d'une partie du groupe. Chaque enfant est attaché plus particulièrement à son auxiliaire de référence ou privilégiée qui, étant en premier lieu responsable du bien-être de deux à trois enfants du groupe, leur assure une relation stable, continue, authentique et chaleureuse à l'intérieur de l'institution. Cette relation privilégiée avec un adulte permanent est la condition fondamentale de la sécurité affective et de la réussite de la socialisation primaire dans la petite enfance.

La forme particulière de la relation entre l'auxiliaire et l'enfant exige que, tout en approfondissant le caractère personnel des soins donnés et de ses rapports avec l'enfant, l'auxiliaire doit avoir toujours présent à l'esprit que ce n'est pas son propre enfant qu'elle élève. Elle ne doit jamais oublier que bien qu'elle ait un rôle important dans la vie de l'enfant, ce n'est qu'un rôle transitoire : ni leur passé ni leur avenir ne sont communs. L'enfant a sa propre histoire familiale, il a ses parents, même si ceux-ci ne sont pas présents corporellement et même s'ils ne viennent pas voir leur enfant. Il rentrera dans sa famille, ou bien sera adopté, ou bien continuera sa vie en famille d'accueil. C'est l'une des tâches les plus délicates de l'auxiliaire que celle d'aider l'enfant à maintenir la continuité de son sentiment d'être en englobant son passé, son présent et son avenir. La compétition, la rivalité, ou quelquefois l'hostilité envers les parents ou les futurs parents adoptifs, conscientes ou inconscientes, deviennent un phénomène destructeur pour tous les participants du triangle parent-enfant-auxiliaire. L'auxiliaire doit rester consciemment dans la ligne de sa profession en contrôlant toujours ses propres sentiments pour éviter que les enfants ne deviennent l'objet de ses émotions inconsidérées et incontrôlées. Au lieu de se tourner vers l'enfant avec des sentiments maternels instinctifs, les auxiliaires doivent porter leur intérêt sur le bien-être sous tous ses aspects et sur le processus du développement global, de chaque enfant. L'ardeur des émotions peut être efficacement remplacée par l'intensité de l'intérêt porté à l'expression des besoins des enfants et à leur satisfaction. Faire attention aux différentes manifestations des enfants afin de rechercher les conditions qui favorisent le bien-être et l'épanouissement de chaque enfant induit chez l'auxiliaire l'intérêt, le plaisir et une satisfaction professionnelle profonde qui l'aident à mieux développer non seulement ses connaissances mais aussi ses capacités de perception et d'ajustement à l'enfant.

Les auxiliaires de l'enfant qui observent en agissant ont à partager entre elles tout ce qui le concerne. Une tierce personne proche (psychologue, psychopédagogue, assistante), mais moins directement impliquée dans les soins, accompagne cette équipe restreinte avec ses propres observations régulières, d'une position d'observateur plus en retrait et en partageant l'ensemble des observations lors de réunions et d'entretiens individuels. En même temps, les observations écrites aident l'auxiliaire à rester sur le sentier étroit des émotions sans tomber dans les extrémités, ne faisant de fausses routes ni vers une proximité excessive ni vers une distance dangereuse. L'observation crée une proximité empathique qui sert de base à la relation chaleureuse entre l'enfant et son auxiliaire. La réflexion et la description obligent l'auxiliaire à prendre un certain recul dans son attitude envers l'enfant, et l'empêchent de tomber dans des excès.

L'étroite communication verbale et écrite, entre les quatre auxiliaires, sur tous les détails de la vie quotidienne de chaque enfant assure aux enfants une continuité, une cohérence entre les actions des différents adultes qui se relayent auprès d'eux. Sans cette communication étroite, l'enfant ne peut pas comprendre et anticiper les événements qui le concernent et lui arrivent, et il ne peut pas réellement y participer. Cette communication lui permet de se situer dans le monde environnant et de se sentir entouré par un milieu compréhensif et compréhensible. Dans ce milieu, chaque chose a des raisons et des conséquences réelles. Les événements ne reposent pas sur le hasard et ne se succèdent pas de manière imprévisible. Tout cela l'aide aussi à comprendre et à assumer affectivement sa situation particulière et son histoire.

La communication entre les membres de l'équipe concerne à la fois le projet pédagogique en général et les petits détails de la vie quotidienne. La coordination minutieuse du travail est une nécessité absolue, garantie par la responsable du groupe et accompagnée par l'équipe médico-psychopédagogique, par un cadre institutionnel qui, tout entier, se mobilise pour un fonctionnement cohérent du point de vue des enfants.

Ce sont les petits détails qui donnent à l'enfant l'assurance que son environnement physique et humain est fiable, qu'il peut y évoluer en toute sécurité, que ses besoins seront pris en compte. Il peut avoir cette certitude en ce qui concerne la manière de lui donner les soins. Il peut prévoir qui, quand, comment on va lui donner le repas, le bain, l'habiller, le mettre au lit, répondre à ses appels ; etc. C'est grâce à cela qu'il ne se sent pas livré au hasard ni dirigé ni manipulé en fonction de ce qui paraît opportun du point de vue de l'adulte.

Dans une collectivité de jeunes enfants, la relation adulte-enfant s'instaure surtout au moment des repas, du bain et des autres soins corporels, situations intimes et moments privilégiés de contacts et d'interactions individuelles. Pendant les soins, l'auxiliaire doit avoir toujours le temps suffisant pour être sensible aux besoins, pour pouvoir déchiffrer et comprendre les signes et les manifestations individuelles, pour y répondre de façon adéquate (en les renforçant et en leur donnant un sens). Lors des soins individualisés, occasions d'un dialogue gestuel et verbal, les gestes tendres et délicats de l'auxiliaire, accompagnés de paroles concernant les moments qu'il vit, expriment à l'enfant l'attention et l'intérêt à son égard.

Si, au cours des soins, l'auxiliaire aborde l'enfant, dès le plus jeune âge, avec attention et délicatesse, si elle lui communique toujours d'avance ce qu'elle fait avec lui et tout ce qui lui arrive, si elle s'efforce toujours de comprendre les signes et les manifestations par lesquels il exprime ses désirs et ses souhaits, elle crée la possibilité que l'enfant, quel que soit son âge, « intervienne » à son tour dans le processus des soins et dans la manière de satisfaire ses besoins. En faisant appel à la participation de l'enfant, et grâce au commentaire verbal avec lequel elle explique, même au nouveau-né, ce qu'elle est en train de faire, en observant les réactions du bébé, en les formulant en paroles, en reconnaissant ses actions et ses accomplissements, l'auxiliaire l'aide à se percevoir lui-même, à se connaître et à s'exprimer, donc à s'affirmer en tant que personne. Ainsi traité, le bébé se sent apprécié, prend un vif intérêt, une part active dans les soins, témoigne à ses soignantes affection et plaisir. Leur connaissance et investissement mutuels s'accroissent au fil de son développement.

C'est seulement ainsi que le moment des soins peut être occasion d'apprentissage mutuel des signaux, occasion pour qu'une certaine coordination, un vrai dialogue se mettent en place entre l'enfant et l'adulte. Par ce dialogue, le bébé reçoit de plus en plus de moyens pour émettre un signal qui influencera les événements qui le concernent. De même, en retour, l'auxiliaire reçoit aussi toujours de plus en plus de moyens, soit pour communiquer d'une manière perceptible à l'enfant son intention, soit pour adapter son activité au besoin exprimé par l'enfant, soit pour obtenir que l'enfant participe volontiers à ce qu'elle lui propose.

La communication contenue dans cette activité commune partagée permet à l'enfant d'anticiper les événements ultérieurs dans leur globalité, et ainsi non seulement l'aide à ne pas accepter les soins de façon passive, mais aussi le prépare à y prendre activement part, à progresser, en fonction de son propre plaisir, vers l'autonomie en ce qui concerne la satisfaction de ses besoins corporels.

Si le bébé peut avoir confiance en sa capacité d'influer sur les événements, s'il peut se sentir sujet participant, cela aboutit au renforcement de son sentiment d'efficacité. A travers des soins de bonne qualité, l'enfant fait l'expérience du sentiment de sécurité et de continuité, il accumule des expériences qui favorisent le développement de son autonomie, il devient capable de nouer des relations affectives authentiques et de construire son Moi.

Dans la mesure où le bébé, comme partenaire actif, a eu un moment d'intense sécurité au cours des soins, il peut ensuite profiter des possibilités d'activité libre ; où l'adulte n'intervient directement ni pour le distraire, ni en l'aidant dans ses actions, ni en lui imposant une stimulation directe ou son enseignement qui, au lieu de soutenir l'activité et le besoin d'autonomie de l'enfant, le rendrait passif et dépendant.

Cependant, l'adulte stimule l'activité des enfants de façon indirecte en créant les conditions d'un développement équilibré au niveau émotionnel, affectif, psychomoteur et cognitif :
— par la richesse de leur environnement, par la diversité du matériel mis à leur portée en fonction de leurs goûts et de leurs possibilités variées d'expérimentation selon leur stade d'évolution ;
— par le respect du rythme des acquisitions motrices de chaque enfant en ne le mettant jamais dans une posture qu'il ne maîtrise pas encore par lui-même, ni en le stimulant vers une performance plus développée que celle dont il est déjà capable ;
— par un langage riche au cours des échanges gestuels et verbaux, pour que les enfants, au niveau de leur développement actuel, puissent prendre conscience d'eux-mêmes et de leur environnement, et pour

qu'ils puissent se situer convenablement dans les événements et les relations qui les concernent.

Si l'auxiliaire intervenait de façon superflue dans l'activité de l'enfant, elle le priverait de la joie de faire par lui-même et, en même temps, elle lui procurerait un sentiment de dépendance à laquelle il ne renoncerait pas facilement. Les quelques moments de jeux suscités par l'adulte déclenchent des attentes qui ne peuvent pas être satisfaites et deviennent source de découragement et de frustration.

Pour que l'auxiliaire puisse donner le temps suffisant à chaque enfant et agir sans aucune hâte, pour qu'elle puisse consacrer toute son attention et porter tout son intérêt à l'enfant dont elle s'occupe, il faut qu'elle soit profondément convaincue que les autres, au même moment, peuvent jouer de façon autonome, sans être habités par un sentiment d'abandon et de frustration. De plus, ils profitent de leurs possibilités d'activité libre et autonome, tandis que celui dont elle s'occupe sera content de recevoir son attention chaleureuse.

Bien que les moments passés avec elle soient précieux pour l'enfant, l'activité libre et autonome ne l'est pas moins. Sans la compréhension de cela, elle jugerait l'activité autonome de l'enfant de moindre importance, et comme une substitution du contact, un « faute de mieux ». Elle lui communiquerait, par son comportement involontaire, son sentiment de culpabilité de ne pas rester avec lui à cause des besoins et des demandes des autres. Ce sentiment de culpabilité rendrait leur relation ambiguë. A l'enfant, au lieu du plaisir de l'activité, il ne resterait que le malaise, le sentiment d'abandon et de frustration qui aboutirait à l'anxiété et à l'inquiétude.

Si, par contre, c'est la compréhension et la conviction de la valeur de l'activité autonome qui guident l'action de l'auxiliaire, en établissant les conditions de cette activité, son désir va vers un état affectif des enfants qui leur permette de participer à leur environnement au niveau de leur intérêt, déterminé par leur maturation fonctionnelle et par la richesse de leurs expérimentations et expériences antérieures.

La reconnaissance de la compétence du bébé dans ses rapports avec l'adulte aussi bien que la mise en valeur de son efficacité dans ce qu'il entreprend lors de son activité libre et autonome transforment radicalement le regard de l'adulte sur l'enfant, modifient sa vision sur son propre rôle de parent ou d'éducateur, et marquent profondément la nature de leur relation en y induisant de la part de l'adulte le respect qui devient une des composantes fondamentales de leur relation. L'enfant est considéré dès son plus jeune âge comme un partenaire actif et intelligent qui comprend les choses ou les comprendra si on lui en donne la chance, à qui on parle le langage normal en l'informant toujours quant aux événements qui le concernent.

On compte sur la compétence, l'initiative et l'activité de l'enfant, dans un environnement réfléchi, en y trouvant du plaisir par ses propres expériences empiriques, pour qu'il puisse accumuler des connaissances sur lui-même et sur le monde environnant, découvrir ses capacités corporelles et les propriétés d'objets différents, sans être stimulé vers un progrès plus rapide que celui qui convient au rythme individuel de son développement. En lui donnant la possibilité de faire ses choix et de prendre ses décisions, on tâche de développer, de confirmer la conscience de son identité personnelle, de son intégrité individuelle et de son estime de soi. Toute l'atmosphère de l'institut lui suggère que sa personne est importante, appréciée et digne d'amour.

Tout ce que l'enfant vit à l'institut, dès son admission et tout au long de son séjour, prépare son futur, contribue à la préparation de son départ et à son insertion dans son nouveau milieu, que ce soit sa famille biologique s'il la rejoint, une famille adoptive ou une famille d'accueil. Cette insertion a plus de chances de réussite si l'institut arrive à leur rendre ou à leur donner un enfant équilibré et épanoui, qui a une image positive de lui-même, du monde, qui a confiance dans les adultes, et qui a appris et vécu l'expérience décisive de l'attachement personnel.

Anna Tardos

Le soin corporel

Les bébés et les petits enfants, séparés de leurs parents, sont des enfants souffrants. Comme le dit Judit Falk, malgré toutes les difficultés dont ces enfants sont porteurs et le fait que l'institution qui les accueille soit un lieu transitoire, cette institution doit veiller à ce que chaque enfant soit pendant tout son séjour, équilibré et épanoui, avec une image positive de lui-même et du monde, et préparé à sa future vie en famille. Dans cet accueil, le soin corporel proposé aux enfants joue un rôle particulièrement important.

Tout d'abord, je voudrais m'arrêter quelque peu sur la proposition : « Etre librement actif » que nous faisons aux enfants. Cette activité libre proposée à tous les enfants est un des éléments de l'accueil préventif ou thérapeutique qui appartient au soin en général et dont les enfants ont particulièrement besoin quand ils vivent en institution, même si celle-ci semble une assez bonne institution. Le temps passé dans un environnement bien adapté à leurs besoins est un élément important de notre projet. Là, l'enfant, suivant son propre rythme de développement, approprié à son état de l'instant, peut passer un temps absolument libre, relaxé. Il peut développer sa capacité à être seul, être ouvert aux sensations qui viennent du dedans et du dehors. Il peut, avec tranquillité, se permettre de se risquer à expérimenter, tout comme il peut aussi librement arrêter, rêver, ou commencer une autre expérience. Et tout cela — c'est important pour nous — dans les positions corporelles qui lui conviennent, et pas dans les positions prescrites par les échelles de développement.

Pour illustrer ceci, je prendrai le cas d'Erzsike, dix mois, dans l'espace de jeu. Erzsike, née en 1992, est une triplée. Les deux autres sont des garçons. Tous les trois sont chez nous. Son poids de naissance était de 1 550 g. Admise à l'institut à l'âge de deux mois, elle arrivait de la section des prématurés d'un hôpital.

ERZSIKE
Résumé de la vidéo : environ trois minutes

Erzsike est allongée sur le dos dans l'aire de jeu. Elle manipule un disque en bois avec des trous, des deux mains, puis d'une seule pour prendre de l'autre un animal en caoutchouc. Elle lâche le disque, tend la main vers lui, ne peut l'attraper. Elle repère un plat creux en métal. Elle lâche l'animal et prend cet objet métallique des deux mains. Un tout petit instant, elle jette un coup d'œil vers le disque en bois, puis commence à se tourner vers l'objet en métal. Elle tapote le côté extérieur, le fait basculer. Elle voit ainsi l'intérieur. Elle semble apercevoir le reflet de son visage dans le plat creux, le fait osciller, avance sa main gauche à l'intérieur du récipient et le bouge comme pour vérifier qu'il s'agit bien d'un reflet de sa main. Elle met le plat creux côté concave sur son visage, l'en écarte, touche de la main le fond, regarde cette main en la rapprochant d'elle, la fait pivoter devant le fond, puis lâche l'objet après avoir regardé le disque du début. Elle se tourne sur le côté et, après plusieurs essais, arrive à s'en saisir. Elle se remet sur le dos en le tenant bien des deux mains.

*
* *

Le moment où elle perçoit la liaison entre le mouvement de la main et son reflet est vraiment attirant. Au début, elle joue avec un très simple objet, un disque en bois. Elle le lâche et n'arrive pas à le reprendre. Alors, elle prend un autre objet. Cela illustre que, pendant l'activité libre, une petite frustration n'est pas vécue comme un drame. Avant de commencer ses expériences avec l'objet en métal, elle jette un coup d'œil au disque de bois qu'elle n'arrive pas à saisir. Après, elle est occupée, avec cet objet de métal, à une expérience vraiment intéressante. Mais, sans hésitation, elle le laisse tomber, revient à ce très simple objet de bois.

Elle a la capacité de modifier la direction de son activité, de son intérêt, tout en étant fidèle, même à des objets très simples qu'elle n'oublie pas. Tout cela est caractéristique d'un bébé qui a la liberté de suivre son intérêt.

Je rappelle qu'elle a dix mois. Or, à dix mois, elle peut « seulement » se tourner sur le ventre. C'est loin des normes habituelles. Mais elle a, chez nous, cette liberté de profiter et d'utiliser les positions corporelles où elle est à l'aise. Aujourd'hui, elle a quatre ans. Elle est une petite fille charmante, sereine, vivante, qui se développe très bien.

Proposer, observer, valoriser cette activité libre des bébés, ce n'est pas seulement « thérapeutique » pour les bébés, ce l'est aussi pour les adultes. Voir cette activité, cette capacité de l'enfant, c'est déjà un moyen pour voir dans le bébé soigné une personne active, et pas seulement « un objet » qu'il faut soigner. Pour que l'enfant puisse être actif de cette façon, il n'a pas besoin d'un soutien immédiat, concret, continuel pendant cette période-là ; il a besoin d'un soutien plus profond, d'un soutien dans la relation avec l'adulte. Si l'enfant n'a pas la relation chaleureuse, sécurisante dont vous avez déjà entendu parler, il ne peut pas jouer comme cela.

Ce que dit Daniel Stern à propos du soutien dont une jeune mère a besoin et qu'elle demande à son entourage (à sa mère, à sa sœur, à sa collègue de travail...) est très important et pas seulement dans les cas d'une pathologie relationnelle mère-enfant. Toute mère a besoin de ce soutien, de ces conseils. C'est normal. Cette affirmation de Daniel Stern non seulement correspond à mon expérience privée comme mère et grand-mère, mais surtout elle me donne un argument de poids pour justifier qu'il faut continuellement soutenir, accompagner les auxiliaires[1] dans une institution qui s'occupe de bébés, puisqu'il y là toujours un grand danger que les rencontres avec les enfants soient déshumanisées.

Les rencontres bébé-adulte dans le soin

Dans l'accueil du bébé et du petit enfant, le soin quotidien donné par l'adulte joue un rôle particulier.

Dans sa famille, le bébé bien soigné est en état de bien-être corporel qui est le résultat immédiat du bon soin ; un résultat qui, en soi, n'est pas simple à atteindre jour après jour. Dans le rôle de mère, la tâche de bien soigner l'enfant, de satisfaire ses besoins corporels, de faire en sorte qu'il aille bien, occupe une place importante. La mère, ou le père, qui soigne son bébé, lui transmet son amour. Pendant le soin, se réalisent les premières interactions entre le bébé et sa mère, ou son père. Le soin qui se répète chaque jour, plusieurs fois, est une rencontre importante entre l'enfant et son parent, au cours de laquelle se réalise aussi un apprentissage mutuel, nourri par l'amour, par la sensibilité de la mère aux réponses du bébé.

---

1. NDLR : les professionnels s'occupant au quotidien des jeunes enfants s'appellent, selon les pays, nurses, auxiliaires de puériculture, puéricultrices. Nous emploierons dans ce texte le terme d'auxiliaire.

En institution aussi, le soin est non seulement le moyen d'assurer le bien-être corporel du bébé, mais aussi la source des premières expériences d'interactions entre le bébé et le soignant.

Ces deux points sont communs au soin donné par la mère et à celui donné par le soignant professionnel. Mais il faut aussi envisager les différences importantes entre ces deux situations et pouvoir en tirer les conséquences.

1. L'adulte qui soigne l'enfant n'est pas sa mère. L'auxiliaire est motivée pour s'occuper de petits enfants, mais cette motivation n'est pas suffisante pour s'intéresser individuellement à toutes les expressions, réponses et appels venant de l'enfant. De plus, même dans des conditions favorables, quand elle s'occupe toujours du même groupe d'enfants, elle est en danger de tomber dans la routine. Elle a besoin d'une aide et d'un soutien spécial pour que, dans les moments où elle est avec l'enfant, elle soit vraiment présente avec lui, sensible à ses expressions, le portant non seulement avec ses mains mais aussi « dans sa tête », selon l'heureuse formule de Geneviève Appell.

2. Les bébés et les petits enfants séparés de leurs parents, surtout de leur mère, sont des enfants souffrants, même si cette souffrance n'est pas active, mais seulement un manque, une déprivation. Ces enfants ont besoin d'un traitement, d'une thérapie. Il faut leur offrir des situations intimes, privilégiées, qui rendent possibles et même soutiennent, stimulent leurs capacités à profiter de ces moments, à participer activement aux interactions en attirant, « gagnant » l'adulte pour une relation intime avec lui.

Ces raisons font qu'en situation institutionnelle, les deux participants ont besoin d'un soutien spécial :

— l'adulte pour éviter la routine, pour être présent et sensible aux réponses du bébé, pour le « porter dans sa tête » ;

— le bébé, pour avoir et pour pouvoir profiter de moments privilégiés.

Avec notre mode de prise en charge du soin, nous essayons de remplir ces deux fonctions spécifiques. Naturellement, plusieurs autres éléments dans la vie des enfants à l'institut sont porteurs de ces effets thérapeutiques, dont parle Judit Falk.

Le temps des soins comme soin thérapeutique

Pour que les soins soient thérapeutiques, il faut notamment s'interroger sur la manière dont on peut aider les auxiliaires. On peut envisager un discours : « Il faut aimer l'enfant, il faut être patiente. Il faut être intéressée, attentive ». Mais nous sommes convaincus que ce n'est pas une solution, ce n'est pas une aide pour les auxiliaires. Notre pratique nous a prouvé que des moyens absolument concrets peuvent donner un appui ou un cadre aux auxiliaires pour que, non seulement au niveau des gestes, mais aussi au niveau des rencontres psychiques, elles puissent être vraiment présentes à l'enfant soigné. L'institut est connu comme un lieu strict où les auxiliaires doivent être conscientes que nous sommes très sévères dans ce domaine ; nous prescrivons tous les gestes, l'ordre des tâches, même les plus simples. Quelle place est laissée à l'improvisation ? La question reste posée.

L'adulte, naturellement de bonne volonté, l'auxiliaire qui aime en général les enfants, s'efforce de centrer son attention continuellement sur lui. Mais cela ne veut pas dire que son regard est collé au regard de l'enfant. Pendant le soin, certaines tâches techniques détournent l'attention de l'adulte durant des moments courts, transitoires, de façon naturelle. Par exemple, quand l'auxiliaire met sa main dans la manche de la chemise avant de demander le bras du nourrisson. Après ces moments techniques, si elle est attentive, l'auxiliaire cherche de nouveau le regard de l'enfant. Ainsi, elle prouve qu'elle n'a pas oublié la personne du nourrisson.

Le bébé aussi est éveillé, actif, si le temps passé ensemble est agréable pour lui, s'il a l'expérience que, pendant le soin, de nombreuses possibilités lui sont offertes pour entrer en relation avec l'adulte. Mais, lui aussi participe au soin avec une attention variée, tout en cherchant le regard de l'adulte s'occupant de lui. Dans ce qui suit, je voudrais, vous montrer, à l'aide de quelques scènes de soins de quelques minutes, comment fonctionne le soutien spécial des auxiliaires et, à travers cela, le soutien du nourrisson. Dans ces scènes, nous pourrons voir l'influence de la coopération sur l'interaction entre l'adulte et le bébé. Il est très important pour nous d'aider l'adulte à essayer de coopérer avec un petit enfant, même un très jeune bébé.

Je voudrais montrer que ces moments au cours desquels une coopération est offerte sont des moments importants de rencontres entre le bébé et l'adulte. Dans les moments de difficultés gestuelles, où les gestes ne sont pas si parfaits, chacun des deux partenaires quitte l'autre, alors que des gestes très fins aident à rester ensemble. Avec les difficultés techniques, apparaît une difficulté de « rester ensemble ».

Mais il est important de voir que la proposition de coopération donne l'occasion d'une vraie rencontre ; il existe aussi un dialogue des attentions et pas seulement un dialogue gestuel.

*

* *

Sur le document, Jocó a quatre mois[2]. Il pesait 2 500 g à la naissance. Sa mère, célibataire de dix-sept ans, était pupille de l'Etat. Quelques jours après le départ de la maternité, elle a confié son fils à des connaissances et ne l'a plus repris. Après avoir pris soin du bébé pendant quelques semaines, ces gens l'ont hospitalisé en pédiatrie où il a passé quatorze jours. Il a été admis à notre institut à l'âge de six semaines. Il a déjà une histoire difficile. C'est une toute petite scène après un bain donné par une de ses auxiliaires, Hajni.

Après l'avoir sorti de l'eau, l'auxiliaire l'habille avec une chemise. C'est un temps mutuel et un moment difficile pour tous les deux. Au début, l'auxiliaire a l'air déjà de se préparer ; elle attend quelque chose de l'enfant au moment de sa demande verbale à propos de son bras et aussi par son geste. Un véritable intérêt, une attente vraie s'expriment dans son attention.

D'après le comportement de Jocó, cette relation a déjà un passé. Il cherche le regard de l'auxiliaire, bouge beaucoup, mais au moment où elle lui demande sa coopération, il fait attention en restant presque immobile. Est-ce qu'il sent ? Est-ce qu'il perçoit l'attention de l'auxiliaire ? Comprend-il ? Et après, quand il regarde ailleurs, est-ce qu'il se repose ?

Dans la deuxième partie de la séquence, elle essaye d'arranger le vêtement sous le corps de l'enfant ; c'est un moment difficile pour tous les deux et sans échange de regard. Quand l'auxiliaire le regarde, ce n'est pas intense. Elle n'a pas une curiosité, pas une demande, une attention, plutôt une gentille réassurance que tout va bien, tout de même, dans la rencontre. Par la suite, leurs regards se rejoignent. Lorsque l'auxiliaire est occupée par la deuxième manche de chemise, ils s'éloignent de nouveau ; l'adulte regarde l'enfant de temps en temps sans exprimer une attente particulière.

Nous sommes témoins d'une attention à deux niveaux : une attitude générale exprime le désir que l'enfant soit à l'aise, que les soins, le temps passé ensemble, soient agréables ; une attention plus intense est pleine d'attente et de curiosité. L'enfant réagit sensiblement à la qualité des gestes et à cette attention de l'adulte s'occupant de lui. Jocó est habitué à ce que le moment des soins soit pour lui une possibilité de rencontres.

2. Ce document n'est pas le document vidéo *Le bain de Jocó,* étudié dans la troisième partie mais il s'agit du même enfant.

Il réagit sensiblement à la qualité des gestes, à celle de l'attention de l'adulte s'occupant de lui.

Parallèlement à ce dialogue des gestes, nous sommes témoins d'un dialogue des attentions. Pour l'adulte, à côté de l'intérêt, de l'attitude empathique, notamment, le fait que l'ordre chronologique et la façon de réaliser les petites tâches soient élaborés jusqu'au moindre détail, est un soutien pour effectuer le soin de façon agréable pour l'enfant.

L'auxiliaire attend une coopération de l'enfant sous une forme concrète, ce qui peut aussi l'aider à se former une image de l'enfant comme partenaire actif. Le nourrisson reçoit le soutien particulier, nécessaire pour la formation d'une relation grâce au comportement complexe de l'adulte et notamment à l'attention de ce dernier.

La deuxième séquence présente le même bébé deux jours après, avec une autre auxiliaire, Viki. Pour obtenir la coopération de Jocó, elle agit autrement, moins directement, même si à la base, l'approche est similaire.

Viki dit à Jocó à l'avance qu'elle va lui mettre sa chemise, et elle la lui montre. « Je vais t'habiller, je vais te montrer ». Elle interprète le regard souriant de Jocó en disant : « Je vois que la chemise te plaît ». Avant le moment où elle enfile son bras dans la manche, nous ne voyons ni un arrêt du geste, ni une attention intense ou une attention mutuelle. Mais, après qu'elle a enfilé le bras de Jocó dans la manche de la chemise, elle remarque, avec plaisir : « Tu m'as tendu la main ! »

La question, à ce moment-là, n'est pas seulement de savoir si Jocó, trois mois et demi, a vraiment tendu la main. Ce qui nous intéresse, c'est que le fait de montrer la chemise, la possibilité de coopération qui est offerte par l'auxiliaire à l'enfant, l'aide à voir une personne, un partenaire actif dans l'enfant soigné, ses réponses, ses réactions auxquelles elle sera sensible. Et c'est de cela que le nourrisson a besoin, qu'on le voie, qu'on l'aperçoive, qu'on lui réponde.

L'auxiliaire n'arrive pas à enfiler la seconde manche. Ils s'éloignent l'un de l'autre. Mais ensuite, elle cherche le regard de l'enfant. Ils se regardent, presque soulagés. Nous l'avons vu aussi dans la situation précédente avec Hajni, quand elle arrangeait longuement Jocó sur la table.

Pour les deux auxiliaires, il ne s'agit pas que d'un apprentissage technique. Ce soutien complexe suppose une attitude intéressée et une formation au dialogue des gestes et des attentions.

L'analogie entre les deux auxiliaires, plutôt que l'uniformité, aide l'enfant à s'orienter dans les événements successifs. Le fait que les gestes soient ainsi élaborés aide l'adulte à donner les soins de telle manière que cela ne soit pas désagréable au nourrisson.

*

* *

Le système de soutien des auxiliaires qui s'occupent jour après jour des enfants est, et doit être, complexe. Un seul petit exemple a suffi pour illustrer comment fonctionnent les éléments de soutien, quelles sont les difficultés rencontrées par l'adulte, comment la précision des gestes, la proposition de coopérer avec le bébé et l'attente de sa coopération peuvent être une aide, un appui pour apprendre à réussir une vraie interaction, une communication riche entre le soignant et le bébé.

Nous l'avons vu, le bébé est très sensible ; il réagit presque à chaque minute, change son comportement en fonction de celui de l'adulte. L'enfant enregistre les expériences vécues avec les adultes, il les accumule et anticipe leur répétition. Il jouit de plus en plus des moments passés ensemble. Il anticipe, il suit, il prend un rôle toujours plus actif dans l'interaction avec l'auxiliaire et profite de plus en plus des moments privilégiés pour attirer et « gagner » l'adulte.

Sur la base de cette sécurité entière, pleine d'attention envers lui, il parvient finalement à différencier les personnes qui l'entourent et peut tisser une relation privilégiée plus joyeuse, plus intime que les autres, et arrive ainsi à s'attacher à son auxiliaire de référence.

Myriam David
Conclusion

Il est donc possible d'assurer les soins d'un bébé privé de parents. Certes, nombreux sont ceux qui ont travaillé pour créer des conditions d'accueil favorables, que ce soit en pouponnière ou en placement familial, et ont réussi à créer un environnement stable, à faire bénéficier le bébé d'une certaine qualité de soins prodigués dans le cadre d'une relation affective avec un ou quelques soignants. Mais tous ceux qui font ce travail sont conscients de la somme de difficultés rencontrées, de la nature et de la force des obstacles à surmonter, et souvent des limites dont il faut se contenter.

C'est pourquoi le travail accompli à l'Institut Emmi Pikler est particulièrement intéressant : les bébés sont beaux, animés, intéressés, intelligents, engagés dans une expérience relationnelle très particulière, différente de la relation maternelle, mais néanmoins riche et constructive.

Comme le montre Judit Falk, il ne doit échapper à l'attention de personne combien l'outil de soin proposé est raffiné et d'une extraordinaire complexité. Il résulte d'un appareillage dont les rouages, constitués par un ensemble de personnes, sont minutieusement définis et articulés en fonction d'une conviction commune et partagée :
— le bébé a un fonctionnement mental particulier, en rapport avec son état de développement et la maturation rapide de celui-ci ; mais c'est un fonctionnement riche et compétent qu'il peut mettre en œuvre pour investir une activité dont il éprouve une grande satisfaction et qui fait de lui l'acteur de son propre développement ;
— mais à la condition que cette activité compétente soit alimentée par une relation dont la motivation professionnelle va être entièrement investie dans une tentative d'accordage minutieux au bébé soigné ; et que le soignant soit tendu dans le désir d'apprendre et de découvrir l'art de « tenir », « soutenir », « contenir », « manipuler », en étant guidé par le seul souci de « détendre le bébé », de l'intéresser, de le faire participer à ce qui se passe, en étant sensible à ce qu'il manifeste de joie ou de désagrément, et autorisant de cette façon le bébé à la découvrir, et à eux deux d'éprouver la joie de cette rencontre, le réconfort, l'animation, la

libération que cela représente et une impression de gratitude mutuelle. Telle peut être la valeur d'un « bon » soin corporel.

Toutefois, là ne s'arrête pas le soin : en effet, le soin corporel est suivi du souci de faire bénéficier le bébé d'un espace de liberté de mouvement et d'action minutieusement adapté à son état et à son goût ; « être avec » et « être à distance » doivent exister à égalité, et sont chacun source de profonde satisfaction, bien que de nature différente : dans cet espace de « jeu », l'activité de l'enfant est imprégnée par ce qu'il vient d'absorber (bouche, yeux tout ouverts) ; il peut le conserver au-dedans et le restituer, en jouer dans son investissement des objets-jouets dont il est ici le maître. Il y a là une réelle thérapeutique du processus de séparation-individuation qui favorise et autorise la découverte et la différenciation de « soi » et de « l'autre » ; qui permet la constitution à la fois d'un self bien intégré et d'une relation d'objet en même temps que se développe la capacité de mémoriser et d'anticiper, donc de garder en soi sans éprouver l'absence comme perte ; mais il faut bien voir que cela n'est possible que si le rythme présence-absence est régulier, que cet espace est accordé à l'état de l'enfant tant dans le moment où il est offert que dans sa durée et son contenu. L'organisation de cet espace n'est pas un abandon ni un lâchage, c'est un soin indirect qui correspond aux interactions indirectes que nous avons décrites autrefois avec Geneviève Appell.

Pour parvenir à cela, on s'aperçoit que ce soin fondamental et centré sur le bébé a besoin d'être étayé, inspiré, animé, entretenu, stimulé par un « ensemble » cohérent qui l'entoure et le fortifie et qui protège le soignant direct d'être envahi par ce qu'un bébé peut susciter de désir de type « maternel ». Cet ensemble fonctionne comme un « tiers » à multiples personnes fortement articulées entre elles : les trois nurses associées à la référente dans les soins directs, la psychologue ou la pédagogue qui suit le développement du bébé, son bien-être, le pédiatre, l'infirmière, tous guidés par ce souci et cette conviction d'offrir un soin finement accordé à l'état actuel du bébé « réel », avec un équilibrage à régler au jour le jour entre les soins corporels et les soins indirects à distance.

Il s'agit là d'un travail immense, nécessitant une discipline intérieure et une « dévotion » que seul un bébé a le fantastique mais naturel pouvoir de susciter, d'insuffler : en communiquant sa satisfaction d'être, son plaisir de vivre, son désir de s'élancer, quand il se sent bien, et c'est cela qui entretient la motivation du soignant. A l'opposé, il peut souffler la tempête, et réveiller tous les fantômes effrayants des « angoisses » primaires quand, abandonné ou exposé à des soins intrusifs, douloureux, abusifs ou maltraitants, il est tout entier engagé dans une lutte contre les tensions par lesquelles il est débordé ou annihilé, suscitant alors chez le soignant une violence intérieure qui peut le conduire à quitter la scène pour ne pas être entraîné à le violenter.

Un bébé qui a déjà souffert dans ses attachements premiers, qui du fait de la séparation est dans un état de perte, et donc de grande souffrance, a besoin avant tout d'être soigné. Il ne s'agit pas de lui procurer des soins maternels substitutifs, mais un traitement global somato-psychique. Le soignant direct agit en thérapeute qui utilise sa sensibilité pour « écouter » et « connaître » avec ses yeux, ses mains, ses bras, le langage corporel du bébé, et qui intervient en gestes et mots qui cherchent à être accordés à ce que montre le bébé dans le *hic* et *nunc*, de façon à lui permettre d'absorber par ses yeux, sa bouche grande ouverte, ses bras parfois tendus, ce qu'il resent comme bon, dont il a envie, tout en étant capable d'éliminer par ses libres gesticulations le trop plein de tension, puis d'élaborer et d'utiliser tout cela dans son espace de jeu. Cette thérapeutique vise ainsi à ce que le bébé sans parents puisse, à distance de sa mère, constituer son « self » et développer une capacité à nouer une relation objectale.

Martine Lamour

La ballade de Tünde

Tünde pèse 3 900 g à la naissance. Après cinq jours à la maternité et quinze jours avec ses parents à la maison, elle est hospitalisée en raison de vomissements. Pendant son séjour à l'hôpital, sa mère est admise en psychiatrie. L'autorité tutélaire décide de placer Tünde dans une institution en raison de l'état de la mère et de l'alcoolisme du père. Elle a deux mois et demi quand elle arrive à Lóczy, dans un groupe composé de trois autres nourrissons : deux enfants ont un mois de plus qu'elle, le troisième un mois de moins.

Le bain de Tünde
Résumé de la vidéo (couleur - dix-neuf minutes) par l'Institut Emmi Pikler

> Margó, une des quatre nurses du groupe, enlève la couche de Tünde qui est sur la table de change. Tünde la regarde. Margó attend, en lui parlant, que Tünde ait séparé ses mains pour lui enlever sa chemise. Puis elle la dépose sur une balance pour la peser. Tünde bouge bras et jambes puis touche ses doigts, effleure le bras de Margó.
>
> Celle-ci la remet sur la table de change. Elle huile avec un coton très délicatement les plis du corps de Tünde. Elle les nomme (derrière les oreilles, au cou, les poignets, entre les doigts et les orteils, aux coudes, sous les aisselles, aux cuisses…), elle est attentive aux sons et aux mouvements de Tünde.

Martine Lamour, psychiatre, unité de soins à domicile, Fondation de Rotschild, 76, avenue Edison, 75013 Paris (France).

Ce document, « Le bain de Tünde, trois mois », filmé à l'Institut Emmi Pikler, a été montré pour la première fois à l'occasion du symposium « Du corporel au psychique », Budapest 1996.

Tünde est paisible, attentive, elle effleure Margó à plusieurs reprises puis met sa main en bouche. Margó savonne Tünde sur la table de change à l'aide d'un gant de toilette, lui parlant de ce qu'elle fait. Tünde la regarde, l'écoute, agite bras et jambes quand elle la déplace légèrement. Margó la soulève et l'amène à la baignoire. Tünde met son poing en bouche une fois dans l'eau, puis bouge bras et jambes, touche Margó. Celle-ci la rince, lui parle.
Elle la remet sur la table de change, l'emmitoufle pour l'essuyer en reprenant le même ordre que dans l'huilage. Tünde est calme, attentive à Margó et à ce qu'elle lui fait. La nurse la rhabille avec une chemise, l'encourageant à participer. Tünde se laisse faire, participe par de petits mouvements. Margó la pose sur son lange à l'anglaise, lui met sa couche, puis ferme son lange.

A la rencontre de Tünde : « Le bain »

C'est en regardant le petit film *Le bain de Tünde* que nous avons fait connaissance avec ce bébé. Nous ne savions d'elle, alors, que peu de choses : âgée de trois mois, elle séjournait à l'Institut Emmi Pikler.

A la *première vision* du film, nous sommes frappées par la qualité de l'approche de la nurse : elle tisse des *enveloppes* autour de Tünde pour apaiser et protéger ce bébé que nous vivons comme « suspendu dans le temps et dans la relation ». Ce sont d'abord les *mots de la nurse* qui l'enveloppent (qui nous enveloppent). Mots prononcés d'une voix douce, mélodie sans grande variation de tempo, toujours dans l'apaisement, jamais dans l'excitation. Bain de mots, bain de tendresse… Mais aussi enveloppement par le *geste*, puis par des *linges* autour du corps dénudé de l'enfant. La nurse se montre très attentive à éviter toute effraction de l'enveloppe. Le déshabillage est lent, avec toujours un temps d'anticipation et d'annonce du geste par la parole ; à peine dévêtue, Tünde est aussitôt entourée d'un lange. De même, dans les transitions de la table de change à la balance, puis de nouveau vers la table de change, la nurse assure un holding contenant.

C'est alors que commence « le ballet des petits plis » : gestes précis de la nurse qui redessine avec un coton huilé les sillons. Nous n'aurions jamais pensé qu'il y avait autant de petits plis dans le corps d'un bébé ! Nous avons le sentiment que chacun de ces territoires est à conquérir dans la libidinalisation du corps de l'enfant.

Puis, avec le gant, la nurse exerce une pression plus accentuée sur la tête, le visage, les cheveux, les mains, le thorax, les jambes, le siège, etc., suivant un scénario soigneusement réglé. Gestes plus larges, pression plus forte : le corps s'unifie dans le soin. Tünde semble ébaucher un sourire avant la mise au bain ; son corps est alors rassemblé par la nurse. Nous ne voyons que très peu de temps Tünde dans l'eau du bain. Très vite, elle est sortie de l'eau et enveloppée dans un peignoir ; la friction du corps avec le peignoir, là encore, va tisser une nouvelle enveloppe. Puis, la nurse l'habille avec la barboteuse Lóczy (modèle déposé !) qui enveloppe bien le corps de l'enfant, tout en permettant aux jambes de se mouvoir.

Identifiées au bébé soigné par la nurse, tout au long de la première vision de ce soin, nous avons été extrêmement sensibles au rythme, à la lenteur de l'écoulement du temps, laissant une place possible pour les manifestations de l'enfant, comme si la temporalité de l'adulte et celle de l'enfant pouvaient enfin se rencontrer.

Nous étions sous le charme des soins de la nurse ; nous étions un enfant dorloté, caressé, apaisé. Nous n'avons pas pu centrer notre attention sur la petite Tünde ; nous ne sommes pas entrées dans l'état de résonance corporelle et émotionnelle, qui aurait permis le déploiement de notre empathie à l'égard de ce bébé (Cosnier, 1994).

Tünde se montrait une bien belle enfant, avec son visage régulier et sa morphologie harmonieuse… et pourtant son regard, la qualité de son attention, son activité restreinte dans tous les domaines suscitaient en nous un certain *malaise…*

Nous sommes donc allés une *seconde fois à la rencontre* de Tünde et avons revisionné la bande en nous centrant sur les *interactions de Tünde avec sa nurse.*

Dans cette chorégraphie interactive qui se déroule au ralenti, les *interactions comportementales* sont marquées par le *peu de réciprocité et d'initiative de la part de Tünde* et sa difficulté à s'engager dans la relation. A l'approche prudente de la nurse qui tente de l'apprivoiser, Tünde ne répond que faiblement ; ses ajustements relationnels sont pauvres. Toute manifestation de l'enfant paraît émoussée.

Sur *le plan vocal*, le contraste est grand entre le silence de Tünde et le bain de mots de la nurse, qui fait peu de poses dans son discours. Par trois fois, Tünde produit très rarement des sons, si fugaces qu'ils ne s'orchestrent jamais en des vocalises.

Les interactions corporelles se caractérisent par une certaine inertie motrice de la part de l'enfant. Tünde garde longtemps les positions : par exemple maintien des jambes surélevées pendant de nombreuses secondes. Sa mobilité spontanée est faible. Ses mouvements sont lents, peu fréquents, de faible amplitude. Il semble exister une certaine hypertonie axiale, sauf de la nuque, dans les transitions. Une ébauche de réflexe de Moro lors de l'habillage nous fait mieux comprendre pourquoi la nurse la tient comme un nouveau-né. Il y a peu d'ajustements et pas d'anticipation de l'enfant. Nous parlerions d'une motricité « retenue » plus volontiers que d'inertie motrice. Il faut noter qu'à certains moments, Tünde est capable de faire des jonctions, d'une part au niveau des mains, d'autre par au niveau des pieds. Elle peut aussi maintenir le poing en bouche peu de temps.

Sur le plan des échanges visuels, le regard de Tünde, quand il est dirigé vers la nurse, est très intense. Tünde peut maintenir un certain temps le regard mutuel. Ses yeux semblent bien plus vivants que le reste de son corps, mais ils sont pleins de *gravité, de sérieux*... trop pour un bébé de trois mois !

Les interactions émotionnelles

Il n'y a aucune expression franche du point de vue de l'enfant ; ni manifestations de plaisir, de déplaisir, *a fortiori* de détresse ; pas plus d'excitation que de jubilation. Tünde se laisse « soigner ». La nurse reste douce et souriante, très attentive et prudente envers Tünde. La pauvreté dans le registre émotionnel, associée aux perturbations interactives décrites précédemment, ferait évoquer un mouvement dépressif chez cet enfant, si ce n'était la qualité particulière du regard. La mimique du bas du visage est pauvre, hormis lors de deux ou trois séquences où l'on voit apparaître les prémices d'un sourire chez Tünde, qui laisse présager la possibilité d'expression de plaisir. C'est particulièrement vrai à la fin du soin où l'on a l'impression que Tünde peut s'animer différemment et avoir moins peur de l'engagement, et ce d'autant plus qu'elle est habillée.

Au total, cette petite fille de trois mois frappe par le *peu de souplesse et de labilité dans ses comportements, le peu d'ajustements dans l'interaction.* Tünde semble se retenir de s'engager dans la relation avec ses émotions, avec son corps, avec sa sensorialité. Ce n'est pas une enfant vide. L'intensité de son regard grave, sa beauté, sa densité de présence nous font évoquer plutôt que cette enfant a vécu des premiers échanges, certes difficiles, mais où elle a été investie narcissiquement dans une ébauche de lien. Elle n'est pas insensible à l'interaction, et pour peu qu'on y prête attention, on peut voir certaines ébauches d'une activité dirigées vers sa nurse. Même si elle n'a pas d'activités anticipatrices (pour la toilette des mains, la nurse doit gentiment aller les prendre), plusieurs fois Tünde est active dans la recherche d'un contact corporel avec sa nurse : par exemple, elle prend la main de celle-ci. De fait, elle ne fait que l'effleurer, mais on voit là les prémices des premières initiatives de l'enfant à s'engager activement dans la relation avec sa nurse.

Il serait intéressant d'observer cette enfant en interaction lors du nourrissage et dans le cadre de son activité spontanée et autonome, pour mieux comprendre son fonctionnement. Cette « retenue motrice » est-elle spécifique de l'interaction, et ce dans le cadre d'un soin où se pose de façon cruciale la question des enveloppes ? Tünde peut-elle déployer autrement sa motricité ? Comment se passe le nourrissage dans les bras de la nurse (antécédents de vomissements) ? Quelle est la qualité des ajustements tonico-posturaux ?...

Histoire des paysages relationnels de Tünde
Le passé, l'actuel, l'avenir : voyage dans le temps avec Tünde

Lorsque, dans un second temps, nous avons reçu le texte qui décrivait brièvement la trajectoire de vie de Tünde, nous avons appris que déjà, malgré son jeune âge, elle avait vécu des discontinuités relationnelles majeures. Son regard grave et intense nous contait-il la douloureuse ballade de Tünde, sa traversée de paysages relationnels en trop grand nombre pour qu'elle ne fût pas habitée par un sentiment de solitude ? Pour mieux comprendre Tünde, nous avons à mettre nos pas dans les siens, à reprendre le voyage.

Les paysages relationnels passés de Tünde

Agée de trois mois, Tünde a traversé déjà de nombreux paysages relationnels, dont voici les multiples séquences successives :

1. *In utero* : sa mère.
2. *De la naissance à cinq jours, séjour en maternité* : sa mère, nurse(s), son père, son père-sa mère.
3. *De cinq à vingt jour, chez ses parents* : sa mère, son père, son père-sa mère.
4. *De vingt jours à deux mois, hospitalisée pour vomissements :* nurse 1, nurse 2, nurse 3... sa mère, puis disparition de la mère, hospitalisée en psychiatrie, son père ?
5. *De deux mois à trois mois, accueillie à Lóczy (groupe de 4) :* nurse 1, nurse 2, nurse 3..., enfant 1 âgée de quatre mois, enfant 2 âgée de quatre mois, enfant 3 âgée de deux mois, visite des parents ?

Le paysage relationnel actuel : Tünde et sa nurse

Quand nous voyons la nurse donner les soins, Tünde n'est à Lóczy que depuis quinze jours. C'est donc une histoire relationnelle qui ne fait que commencer entre elle et sa nurse. Nous comprenons un peu mieux qu'elles en soient encore à s'apprivoiser, à faire connaissance. Tünde n'a pas construit une sécurité suffisante dans cette relation pour pouvoir avoir des anticipations et se détendre dans le soin. Mais que prédit cette interaction actuelle du passé relationnel de Tünde ?

Les modalités interactives actuelles de Tünde dans la relation à sa nurse ne sont pas sans évoquer notre clinique des interactions des nourrissons avec des mères très perturbées.

Les interactions du bébé avec une mère en grande difficulté psychologique

Dans nos premières rencontres avec un nourrisson et sa mère psychotique, dans le cadre de notre pratique à l'Unité de soins[1] pour jeunes enfants (Lamour et Barraco, 1991), l'enfant reste discret dans ses manifestations. Ces bébés, si peu souriants, demeurent si longtemps distants que nous les pensons méfiants à notre égard, très indépendants émotionnellement. Pour autant que les « petits soins » du quotidien paraissent efficaces, nous serions facilement amenés à ne pas différencier ce bébé extrêmement docile, moulé aux souhaits de la mère, du bébé idéal de son discours ; et de fait, nous risquerions d'être dans le même mouvement qu'elle, c'est-à-dire nous désintéresser d'un bébé qui, penserions-nous, « n'aurait pas besoin de nous ».

Dans un deuxième temps, quand nous regardons cet enfant plus attentivement et avec continuité, nous commençons à percevoir certains petits signes :
— l'hypervigilance de son regard, comme en « état d'alerte » ;
— l'utilisation particulière des états de vigilance qui l'amène à sombrer brusquement dans le sommeil comme pour se soustraire à la tension, au malaise relationnel ;
— sa remarquable capacité à s'apaiser en trouvant en lui-même des ressources régulatrices ;
— son étonnante adaptation au rythme variable de la mère, comme dans une relation de maternage inversée ;
— l'absence de signaux de détresse clairs.

C'est bien de ce bébé facile que la mère parle. Mais si facile qu'il perd son statut de bébé pour nous (Lamour et Barraco, 1988). Ce bébé

1. Unité de soins à domicile, Fondation de Rothschild, 76, avenue Edison, 75013 Paris.

obtient des feed-back de sa mère que nous trouvons peu empathiques, incohérents, voire insensés ; ils installent le bébé dans un langage dyadique particulier (Lamour et Barraco, 1995*a*).

Mémoire et paysages relationnels

Si les modes relationnels de l'enfant sont, en grande partie, la résultante des interactions précoces avec ses principaux partenaires, ceci suppose que les événements interactifs soient mémorisés très précocement sous la forme de représentations mentales : dès les premières semaines de vie, les paysages relationnels, colorés par les émotions, s'esquisseraient dans la mémoire des bébés.

Les capacités mnésiques des nourrissons et des jeunes enfants sont en fait beaucoup plus élaborées que ce qui était reconnu jusqu'alors. L'enfant mémorise déjà *in utero.* La mémoire des nouveau-nés pour les événements prénataux est porteuse de la *continuité transnatale.* On naît avec son bagage de souvenirs, la naissance, comme le dit B. Cyrulnik, est bien un déménagement !

Que les bébés aient des capacités mnésiques, cela veut dire, schématiquement, qu'une expérience d'interaction spécifique vécue peut-être encodée en une courte séquence, trace mnésique d'un épisode spécifique (par exemple, je tète le sein de maman), constituée des actions, des perceptions, à la fois de soi et de l'autre. *C'est le travail de la mémoire épisodique.* L'événement va se répéter ; le bébé va travailler sur les multiples souvenirs d'événements particuliers qui alimentent sa mémoire. Il fait une catégorisation fonctionnelle de ces souvenirs en extrayant des invariants pour construire une représentation ou un modèle d'expérience qui a été généralisé, une moyenne. Par exemple, le prototype visuel d'un visage familier, en général inscrit dans une constellation affective, motrice, etc. Ainsi, dans la première année, *la répétition* des expériences interactives qu'il va se représenter mentalement va permettre qu'il les généralise : ce sont les « représentations d'interactions généralisées » (Stern, 1985, p. 147). C'est la permanence de la mère, du père, qui permet au bébé de *construire ses représentations.* Ce sont les petits riens du quotidien qui font les grands liens ! C'est dire l'importance des rythmes qui organisent la continuité des comportements (macrorythmes des soins nourriciers par exemple). S'écrit ainsi une histoire interactive où chaque unité successive incorpore les unités précédentes : des scénarios se construisent et sont mémorisés (Stern, 1994).

Dès lors, se posent, pour Tünde, les questions suivantes : quels paysages relationnels Tünde a-t-elle construits dans les interactions avec sa mère et son père dans les premières semaines de vie (maintien du lien ou non pendant l'hospitalisation) ?

Application thérapeutique

Quand nous observons ces bébés, nous cherchons à resituer l'enfant dans son *histoire relationnelle*, à lier son comportement actuel à ses comportements passés, à donner sens à ce que nous voyons et ressentons.

Quand l'enfant est accueilli en pouponnière et que s'établissent des relations de qualité, nous le voyons mettre en difficulté ses auxiliaires. Plus celles-ci ont une relation proche avec l'enfant, plus elles sont exposées à recevoir les angoisses du bébé et à devoir les contenir, en raison de la force des mécanismes d'identification projective en jeu. Les problèmes auxquels sont confrontés les soignants ne sont pas dus à leur incompétence, mais sont bien l'expression de la rencontre avec la souffrance de l'enfant. Quand des liens privilégiés s'instaurent avec l'auxiliaire référente, le risque est que le nourrisson la sollicite dans une *relation marquée par les mêmes perturbations* que la relation avec sa mère (Lamour, 1990). Elle tente de s'en protéger par des mécanismes défensifs tels la non-individualisation de l'enfant, le retrait de ses investissements, le « fractionnement relationnel ».

C'est surtout dans les *synthèses*, sur les lieux de l'observation et en s'appuyant sur les données qu'apporte le soignant-observateur dans le cadre d'une observation thérapeutique, que nous abordons cette problématique (Lamour et Barraco, 1995*b*). Dans ce travail auprès des bébés en souffrance, nous passons constamment du *dialogue des émotions au dialogue des attentions*, attention du bébé, attention du soignant[2]. La *reconnaissance du rôle actif de l'enfant dans l'interaction* évite de rendre l'auxiliaire responsable de tous les problèmes et, associée à un traitement de l'interaction, permet le maintien du lien.

De l'histoire individuelle à l'histoire collective : le transgénérationnel de l'institution

Dans le traitement des interactions enfant-auxiliaire, nous avons été confrontés à l'enfant imaginaire, non seulement dans sa dimension individuelle, « enfant imaginaire de l'auxiliaire », mais aussi dans sa dimen-

2. Pour cette dernière, nous nous référons au concept « d'attention à double valence », c'est-à-dire s'exerçant autant dans un sens centrifuge — se porter sur autrui — que dans un sens centripète — porter de manière réflexive sur ses propres processus psychiques (Golse, 1995), afin de ne pas dénier la souffrance des bébés.

sion collective : « Le bébé imaginaire de l'institution » qui habite l'espace psychique des soignants auprès de l'enfant. Le « bébé imaginaire de l'institution » est selon nous un des produits du « transgénérationnel de l'institution ».

Il nous paraît fondamental de faire appel à ce concept afin de réintroduire la dimension de *l'interaction fantasmatique* dans les relations soignants-bébé en collectivité, dans une étroite articulation avec les interactions comportementales et affectives. *Parler de transgénérationnel de l'institution*, c'est aussi réintroduire la *dimension historique* et la question de *la transmission* non seulement de connaissances mais aussi de représentations construites sur plusieurs générations de professionnels. C'est reconnaître une filiation imaginaire, où s'originent les soins, c'est entrer dans le domaine des « loyautés invisibles » (pour reprendre l'expression de Boszormenyi-Nagy et Spark, 1973). C'est aborder les représentations qu'ont les professionnels auprès des bébés, de leur capacité à offrir un soin à ces bébés en souffrance, représentations qui s'ancrent dans le passé institutionnel. Les héritages sont bien différents suivant les institutions, plus ou moins lourds à gérer. Travailler dans une pouponnière, qui fut stigmatisée pour la gravité des carences auxquelles les enfants étaient exposés sur plusieurs générations, n'organise pas les mêmes représentations que travailler dans une institution érigée en modèle de soins assurant un développement harmonieux des enfants, dans le cadre d'une collectivité.

Comment alors transformer des liens mortifères en liens d'émerveillement ? Cette question est d'autant plus cruciale que les bébés accueillis en pouponnière sont en grande souffrance :

— leurs premières expériences relationnelles ont été marquées par la non-satisfaction de leurs besoins tant corporels qu'affectifs et psychiques, en raison de la défaillance parentale ;

— ils vivent de surcroît la détresse engendrée par la séparation d'avec leur famille, imposée par la mesure de distanciation.

Cette souffrance a un grand impact sur le lien qui se crée entre auxiliaire et bébé (nous l'avons déjà évoqué) et sur les attentes, les anticipations de l'auxiliaire quant au devenir de l'enfant.

Revenons à l'histoire de Tünde pour mieux comprendre les enjeux du soin. Que nous apprend le paysage relationnel actuel du futur de Tünde et de sa relation à sa nurse ?

L'avenir anticipé : Tünde et sa nurse

Il nous paraît essentiel, dans le comportement de la nurse, de voir qu'elle ne se laisse pas envahir par le manque de réciprocité de Tünde dans la relation, et qu'elle continue à offrir une ouverture relationnelle en restant attentive et disponible à l'égard de cette enfant. Qu'est-ce qui anime ainsi la nurse, qui lui permet de « tenir » le lien, dans des conditions si adverses ? Qu'est-ce qui lui permet de ne pas se déprimer, se vider, se mécaniser pour se défendre du malaise que génère ce bébé ? Qu'est-ce qui maintient en elle des *« anticipations créatrices »* pour la petite Tünde ?

Nous faisons l'hypothèse que c'est la représentation d'un bébé imaginaire, « le bébé imaginaire hérité de l'institution », dans le cadre de la formation et aussi du travail au quotidien sur ces bébés, dans une relation à un tiers qui triangule et médiatise la relation à l'enfant.

Le bébé imaginaire de Lóczy, quel est-il ?

L'approche de l'Institut Lóczy est fondée sur les travaux d'Emmi Pikler. C'est en observant les bébés dans le cadre de son expérience pédiatrique qu'Emmi Pikler a perçu la liberté de mouvements et d'activités comme « une valeur essentielle pour le développement de l'enfant » (Tardos et David, 1991, p. 9). Ses travaux nous donnent la représentation d'un enfant solide, plein de ressources, capable d'initiatives, avec des forces de développement puissantes, qui *se déploient si on lui fait confiance.* Soulignons que c'est dans des familles sans problèmes, avec des enfants qui se développaient bien qu'est né « le bébé Lóczy ». C'est dans un second temps qu'Emmi Pikler a appliqué son approche à des enfants accueillis à la pouponnière Lóczy. Dans ce contexte d'enfants séparés de leurs parents, tout en donnant une place très importante à l'activité autonome spontanée, elle insiste aussi sur le rôle essentiel de la relation : « Il faut absolument s'occuper du jeune enfant et même intensément. Outre la satisfaction de ses besoins corporels, le bon développement du jeune enfant dépendra de l'élaboration des relations humaines adéquates — de la relation intime avec sa mère (ou avec la personne qui s'occupe de lui). Nous attribuons une place fondamentale à ce que la mère (ou la nurse) établisse pendant les soins des contacts sereins et affectueux, au cours desquels les deux partenaires sont attentifs à l'autre, connaissent bien les significations du comportement de l'autre, se connaissent et s'aiment. Il est évident qu'il faut parler au jeune enfant, qu'il faut "se parler" lorsqu'on est ensemble, qu'il faut être attentif à ses initiatives et qu'il faut y répondre. Il faut satisfaire la curiosité de l'enfant par des réponses, des explications. Il faut l'encourager pour que les signaux qu'il nous envoie soient de plus en plus nombreux et actifs ; il faut l'introduire dans la communauté dans laquelle il vivra, lui faire accepter les règles de vie sociale. Tout cela est une tâche extrêmement complexe.

Il nous semble cependant que cette tâche est facilitée par un comportement plus indépendant, plus calme, plus détendu de l'enfant dont la motricité est "libre" (aussi bien à l'institut qu'en famille) » (Pikler, 1979, p. 18).

Dans la postface de ce livre, Emmi Pikler ne percevait-elle pas l'importance de *l'enfant imaginaire* lorsqu'elle écrivait : « Nous n'avons pas abordé non plus le problème particulièrement intéressant de *l'influence du contenu de l'attente de l'adulte par rapport au déroulement du développement de l'enfant* — c'est-à-dire du fait que ce soient précisément les réalisations par expérimentation autonome, lors des différentes étapes du développement, qui sont attendues, facilitées, accueillies avec joie. La question reste à poser : outre que l'adulte assure l'environnement matériel adéquat, comment son attente se manifeste-t-elle et qu'est-ce que le jeune enfant perçoit ? » (Pikler, 1979, pp. 154-155)

Quand la nurse, à chaque étape du soin, annonce à Tünde le geste à venir et lui laisse un temps avant de l'accomplir, elle inscrit dans le soin son anticipation de Tünde comme un bébé compétent[3]. Bébé imaginaire et bébé réel ne s'opposent pas chez la nurse, bien au contraire l'un « vitalise » l'autre. Peu à peu, l'enfant va prendre l'initiative, la maîtrise et trouver du plaisir à l'expression de ses compétences, dans une relation marquée par l'attention continue de la nurse à ses besoins, le respect de son rythme, la recherche permanente du meilleur ajustement à ses possibilités développementales, avec toujours une légère anticipation porteuse du dynamisme de son développement.

Ainsi se dessinera un nouveau paysage relationnel où Tünde pourra enfin se reposer de sa trop longue ballade, sortir de sa solitude et se sentir exister.

Bibliographie

Boszormenyi-Nagy, I. ; Spark, G.M. 1973. *Invisible Loyalties.* Harper and Row, New York.

Cosnier, J. 1994. *Psychologie des émotions et des sentiments.* Paris, Retz.

3. Emmi Pikler caractérisait ainsi un comportement compétent : 1. Laisser l'initiative venir de l'enfant ; 2. Permettre que l'exécution de l'acte soit autonome ; 3. Faire que cet acte soit efficace pour l'enfant (1984).

GOLSE, B. 1995. « Du rôle de l'attention dans le dépistage et les interventions très précoces ». Symposium sur les relations précoces parents-enfants et leurs troubles. 6e Symposium de psychiatrie de l'enfant et de l'adolescent, Genève.
LAMOUR, M. 1990. « Le bébé est-il fragile ? » *Devenir.* 4, pp. 20-29.
LAMOUR, M. ; BARRACO, M. 1988. « Le nourrisson de mère psychotique, une singulière exposition ». *Nouvelle revue d'ethnopsychiatrie.* 12, pp. 105-118.
LAMOUR, M. ; BARRACO, M. 1991. « Une unité de soins psychiatriques pour les très jeunes enfants et leurs parents ». *Dialogue.* 112, pp. 93-97.
LAMOUR, M. ; BARRACO, M. 1995*a.* « Perturbations précoces des interactions parents-nourrisson et construction de la vie psychique : le jeune enfant face à une mère psychotique ». *Psychiatrie de l'enfant.* 38, pp. 2529-2554.
LAMOUR, M. ; BARRACO, M. 1995*b.* « Dans les situations à hauts risques, l'observation des nourrissons comme mode d'abord thérapeutique ». *Dialogue.* 128, pp. 81-92.
PIKLER, E. 1979. *Se mouvoir en liberté dès le premier âge.* Paris, PUF, 2e éd.
PIKLER, E. 1979. « Importance du mouvement dans le développement de la personne, initiative, compétence ». Article paru dans *Acta pédiatrica.* Académie Scientarium Hungaricas. 20, 2, 3, pp. 185-192. Traduction française, *Médecine infantile.* 3, 1984, pp. 274-278.
STERN, D.N. 1985. *Le monde interpersonnel du nourrisson.* Traduction française, Paris, PUF, 1989.
STERN, D.N. 1994. « Une manière de construire un nourrisson cliniquement pertinent ». *Revue de médecine psychosomatique.* 37/38, pp. 15-38.
TARDOS, A. ; DAVID, M. 1991. « De la valeur de l'activité libre du bébé dans l'élaboration du self ». *Devenir.* 4, pp. 9-33.

Michel Lemay

A propos de la démarche de l'Institut Emmi Pikler

Disons tout de suite un fait d'observation : Lóczy nous attire, nous fascine et, en même temps, nous dérange. Pourquoi ?

Il y eut un temps où il nous fallut condamner les institutions pour jeunes enfants. Démarrées par des personnes de bonne volonté, elles avaient sombré trop souvent dans l'impersonnel, l'uniformisation, la morosité mortifère et parfois, hélas ! dans des réactions déviantes où les attaques contre le corps et le psychisme du nouveau-né devenaient le lot quotidien.

Il y eut ce temps où la famille fut à ce point magnifiée qu'on y laissait des enfants se détruire au nom du droit inaliénable d'avoir son parent originaire.

Il y eut cet espoir illusoire qu'une famille de remplacement, transitoire ou permanente, pouvait réanimer psychiquement un bébé dans la mesure où elle avait élevé correctement sa progéniture et dans la mesure où elle se disait « aimant » les tout-petits.

Il y eut cette croyance qu'une institution pouvait créer un milieu parental substitutif dans la mesure où des femmes, toutes imprégnées du mythe de la mère réparatrice idéale, pouvaient faire peser sur le jeune enfant le poids tout-puissant de leur « bonne » affectivité afin de les désintoxiquer des mauvaises expériences passées.

Il y eut cette idée que, par le jeu unique de la parole et des interprétations, un parent tout en confusion entre lui-même et cette partie pro-

---

Michel Lemay, pédopsychiatre (Canada).

longée, emmêlée, qu'il nommait faussement son enfant et qui n'était qu'un objet partiel tantôt fusionnel, tantôt persécuteur, pouvait retrouver sans soutien direct, sans phases de répit, sans réanimation des aptitudes nourricières, ses capacités de stabilité, d'empathie, d'anticipations positives, de contenant.

Parmi les voix qui ont osé dire « ce n'est pas aussi simple », nous pouvons citer bien des personnes. Et il y a eu cette expérience révolutionnaire de Lóczy.

Révolutionnaire, elle l'est à bien des titres. Elle a su dire : sortons du modèle d'une pseudo-fonction parentale, car si nous l'adoptons, nous risquons de créer, comme dans les bonnes familles dites de dépannage, un investissement à la fois faux et néfaste. Faux puisque cet enfant confié n'aura pas été généré par le désir d'une mère et d'un père présents pour l'inscrire dans une trajectoire existentielle où appartenance, filiation, insertion dans une histoire ponctuée de multiples partenaires seront son lot. Néfaste, puisque les mouvements vers des personnes significatives devenues lieux d'ancrage seront stoppés pour un ailleurs inconnu, dont la découverte en soi libératrice s'il peut être pour de bon accueilli ou adopté, deviendra synonyme d'une perte et non d'une renaissance.

Elle a su dire également : méfions-nous d'un modèle pédagogique où, pour le bien d'un enfant dont le profil serait généralisable, nous bâtirons un programme d'accueil et d'activités où nous lui apprendrons, en fonction de théories confirmées, ce qu'il doit faire pour savoir ce qu'il doit être.

Elle a su ajouter : l'adulte est essentiel comme creuset, personne accompagnatrice, mais le fondateur, à condition de savoir créer une situation particulière, c'est l'enfant, dont les forces maturatives sont telles qu'elles peuvent faire de lui l'acteur de son développement.

Ce message n'était pas simplement dérangeant pour une perspective de création institutionnelle. Il ébranlait certaines de nos convictions théoriques sur le rôle de la mère, du père, du système familial et, par là même, nous forçait à repenser certaines de nos conceptions théoriques basées essentiellement sur la fonction d'une dyade puis d'une triade.

Il n'est donc pas étonnant qu'en regardant des séquences vidéoscopiques venant de l'Institut Emmi Pikler, nous passions par des variations émotives du genre : « C'est magnifique », « c'est trop parfait », « c'est insolite », « où cela peut-il mener ? », ou par des formulations du genre : « Quel calme… ! Il n'y a pas assez de conflits… L'enfant est passif… Il a trop d'autonomie », etc.

Lóczy nous interpelle par le fait de sa méfiance à l'égard d'une méthodologie. En réalité, il y en a une, mais ce qui nous est dit, c'est :

« Regardez donc ce que nous tentons de faire. Repensez dans votre contexte, avec vos structures, vos moyens et votre génie propre, nos réalisations. Nous pouvons vous accompagner mais soyez les acteurs de votre développement ».

L'une des choses à faire remarquer, car elle est bien rare, c'est que les nurses acceptent, dans une remarquable confiance, qu'elles soient regardées, et il faut sûrement souligner combien nous pouvons leur être reconnaissants de livrer leur témoignage avec autant de simplicité.

Je voudrais aborder, à propos de l'Institut Emmi Pikler plus particulièrement, le domaine des soins avec les attitudes de l'intervenant et du bébé, et celui des activités libres.

Le domaine des soins

C'est bien le mot soins qui convient et nous sommes, à partir de ce terme, directement plongés dans ce que j'aime bien appeler la thérapie de la quotidienneté. Des professionnels partagent en effet pendant un certain nombre d'heures des séquences de vie avec des petits enfants qu'ils accompagnent et soutiennent pour un temps indéterminé. Certes, il s'est fait déjà des choses en amont et d'autres se continueront en aval. Je le dis parce qu'il est évident que cet intense travail dans l'ici-et-maintenant de la vie d'un jeune enfant n'a de sens que si on le replace dans toute son aventure, avec tous les partenaires, qu'il s'agisse des parents, des futurs lieux d'accueil, des équipes extérieures. On se doute bien que cette nurse doit vivre des choses difficiles par rapport aux parents originaires en les percevant à la fois comme le premier milieu d'enracinement, comme la première zone des sensations, puis des engrammes, puis des images, comme un terrain de filiation à respecter, mais aussi comme la cause du drame originaire, avec une béance s'il y a eu disparition totale, avec son immense détresse liée à la négligence, avec son ambivalence s'il y a des mouvements de retours appropriatifs puis d'abandons, avec ses agressions connues ou pressenties. Le poids de cette histoire doit souvent peser très lourd dans le roman que tout intervenant bâtit inévitablement entre la zone antérieure inconnue et le moment de la première rencontre.

Cette rencontre est un apprivoisement lent et réciproque. « Qui es-tu ? » semble être la question soulevée de part et d'autre, et la réponse n'est pas fondée sur des projections immédiates et imprudentes mais sur la lente lecture d'un dialogue corporel. Comme j'apprécie cette lenteur en décalage par rapport à des interprétations abusives, car purement hallucinatoires, qui, au nom d'un décodage parcellaire, transforment le petit inconnu que nous avons à découvrir pas à pas en héros fondateur des fantasmes de l'aidant !

Il est beaucoup question de régulation mutuelle qui n'est jamais acquise une fois pour toutes et qui est sous-tendue par un ensemble complexe d'attitudes.

Il y a, du côté de l'enfant, en fonction de ce qu'il a été avant d'être rencontré et en fonction de ce qu'il vit dans l'ici-et-maintenant proposé, un monde kaléidoscopique d'émotions tantôt dites par les pleurs, les cris, les lallations, les gestes, les variations toniques, les attitudes posturales, le regard, tantôt retenues par les mêmes transmetteurs mais sur des tonalités et des vibrations différentes. La puéricultrice répond à la fois par ces médias et par cette enveloppe que constituent le toucher, les bercements, les mots, le sourire, l'odeur, le recul, puis le rapprochement, en sachant que rien ne peut s'enraciner sans l'établissement d'un bien-être corporel, d'une certaine manière de tenir et de contenir.

Des signaux sont échangés qui forment la trame de ce qu'on appelle, par manque de termes et d'une façon globale, la relation, mais des qualificatifs ont surgi dans tous les ateliers. On a parlé de « mélodie », de « chorégraphie », de « ballet silencieux », comme s'il fallait glisser autre chose pour désigner la trame sur laquelle s'appuie une expérience de mutualité.

Celle-ci ne peut se réaliser que si s'opère la distanciation entre deux êtres qui voudraient en même temps se confondre. On sait combien le drame de tant d'enfants négligés est d'être placés dans le statut d'un objet réparateur du narcissisme parental blessé, ce qui les entraîne soit à demeurer dans la fusion et la confusion, soit à tenter un mouvement libérateur de retrait ou d'opposition qui les transforme en objet persécuteur puis persécuté. Le pari est donc à la fois d'être assez proche de cette partie de soi bien en deçà du verbal pour rejoindre l'émergence de l'autre, et clairement éloigné d'elle pour que puisse être offert le pôle structuré, différencié de l'adulte.

Cette régulation mutuelle dépend, bien sûr, de l'observation. Mais elle est ici tout autre chose qu'une appropriation systématisée des réactions d'autrui. Cette observation est plutôt cette sorte de connaissance intuitive et émotive qui déclenche le partage dans un ici-et-maintenant d'une courte période de vie où, certes, on est acteur puisqu'il faut accompagner, stimuler, rassurer, parfois activer, mais aussi récepteur et donc vulnérable tout en osant admettre cette vulnérabilité. Cette acceptation tranquille de sa vulnérabilité est sans doute un des vecteurs essentiels de l'empathie, à condition d'être associée à un regard lucide sur soi. Il ne s'agit pas seulement de comprendre les diverses séquences de la situation, il faut la vivre en sachant se retirer quand il le faut et favoriser les interactions.

Alors, nous allons retrouver, en fonction du moment, des silences, des bains de paroles et de gestes, des attentes puis des improvisations qui, s'ils sont authentiques, chargés d'émotions, relancent la créativité et modifient la qualité de l'échange.

D'un geste apparemment technique, mais qui en lui-même peut créer le bien-être (bains, jeux, repas, coucher, lever...), on parvient ainsi à une découverte réciproque où la sécurité, la joie, la tristesse, la peur, l'extase, la jubilation du bébé passent chez l'aidant qui transvase lui-même ses satisfactions au petit être humain.

C'est sans doute dans ce plaisir mutuel qui n'élimine pas forcément les temps d'agacement, d'inquiétude (car ils font partie de la vie), que s'enracinent la douceur, la justesse du ton, la quiétude, remarquées dans les vidéos.

Dans le soin institutionnel, on ne peut probablement pas s'appuyer sur la quête d'un bébé imaginaire et fantasmatique idéal. Cet état est réservé à l'enfant de sa chair. On peut, par contre, dans le plaisir ressenti par une « bonne régulation mutuelle », s'appuyer sur la quête de soins idéaux garantissant la continuité des attitudes et la valeur du don.

Pour l'illustrer, je pense par exemple à une belle séquence d'une vidéo venant de l'Institut Emmi Pikler où nous voyons la nurse laisser glisser dans l'eau une petite fille qui s'abandonne, s'éprouve dans la totalité de son moi-peau, puis elle la ressort, l'enveloppe dans une serviette et, sans brisure, continue le bain par un flot dosé de paroles permettant ainsi de façon évidente de passer d'un bien-être corporel à une incorporation de mots sûrement non compris mais s'incrustant déjà autant dans le tonus que dans la psyché naissante, en conférant à cette enfant le statut inébranlable de sujet désiré.

D'autres attitudes sont également importantes. Je pense en particulier à l'anticipation positive. On sait combien on ne voit jamais un enfant tel qu'il est mais tel qu'il sera. On le voit sourire avant qu'il ne sourie dans le sens d'une communication, parler avant qu'il ne parle ; et dans l'accompagnement des gestes qui peuplent tout le déroulement du vécu quotidien à l'Institut Emmi Pikler, la toilette par exemple, ou l'habillage, on sent qu'il y a souvent une véritable prolongation d'un geste ébauché par l'enfant, et d'autres fois l'anticipation d'une intention sur le point d'être actualisée mais pas encore réalisée. La puéricultrice est alors le reflet renvoyé au bébé de ce qu'il pourrait être quelque temps plus tard, lorsque la maturation lui autorise la maîtrise de l'action.

Les activités libres

Les activités libres forment un deuxième volet de ce que nous pouvons étudier à l'Institut Emmi Pikler. Elles révèlent, ou tout au moins confirment, qu'un enfant convenablement sécurisé, alimenté dans la période des soins, peut métaboliser les ingrédients reçus et les retranscrire sous son registre propre à l'aide des objets de l'environnement et des pairs. C'est ici probablement que Lóczy nous interpelle le plus dans nos fonctions parentales où tout naturellement, au nom de l'amour, nous abrégeons souvent le geste d'un enfant en lui fournissant les moyens d'aller plus vite au but qu'il recherchait. Ce faisant, nous sommes sûrement des médiateurs valables, nous confirmons notre capacité de reconnaître une intention mais nous bloquons aussi toute une série d'expérimentations et réduisons la capacité de l'enfant à devenir acteur et auteur de ses scénarios intrapsychiques. Paradoxalement, en pensant le stimuler, nous le mettons en position d'hypostimulation . Ces réflexions sont en partie discutables, car c'est précisément parce que le partenaire humain n'est pas totalement disponible en raison des autres sujets, et parce qu'il veut favoriser au maximum l'autonomie pour ne pas faire vivre le manque que l'approche de Lóczy propose une telle manière de faire.

Il n'est cependant pas possible d'échapper à un certain nombre de questions. Le calme assez remarquable entre les enfants n'est-il lié qu'à la conviction de chacun qu'il peut avoir le temps et les moyens d'aller jusqu'au bout de son expérience sans passer par la frustration d'un adulte qui coupe son schème amorcé ?

La compétence constatée est-elle un mécanisme adaptatif de survie pouvant nuire au partenariat social ultérieurement à cause de l'autosuffisance favorisée, ou est-elle une chance supplémentaire pour des sujets dans leur ajustement aux exigences de la vie quotidienne en favorisant autonomie, activation de ses propres moyens, empathie envers les pairs ?

Si le moteur principal de l'action de l'enfant est, comme on le dit souvent, la résultante du désir des personnes qu'il aime, comment expliquer le fait de ces enfants actifs, utilisant précocement des objets, respectant l'activité autonome de l'autre ?

Il est en tout cas indéniable que dans les séquences longitudinales observées, nous constatons que ce qui a été absorbé lors des soins, même si ce temps paraît court dans la dimension d'une vie familiale habituelle, est restitué dans le jeu, y compris dans la manière de tenir une poupée et de la laver, de s'exercer ainsi par un jeu de faire semblant, dans sa fonction ultérieure de maternité.

Il est aussi évident que cette alternance de temps forts sur le plan des échanges émotifs et de temps d'activités libres sous le regard et l'écoute vigilants de l'adulte invite l'enfant à édifier sa propre colonne vertébrale de l'identité. Non seulement il met en jeu son corps dans sa sensorialité et sa motricité, mais par l'éventail de ses multiples modalités de réception et d'élaboration, il prend plaisir à se vivre dans sa globalité en trouvant les meilleures postures pour agir et pour penser. Il s'inscrit dans un espace ressenti, reconnu puis représenté. Il découvre un rythme qui lui est propre, enregistre donc et se bâtit un passé, éprouve intensément un bien-être présent et, nous l'avons vu, s'introduit dans des prises de rôles qui esquissent un avenir. Il expérimente et n'est plus ce bouchon ballotté sur un courant dicté par autrui qui caractérisait tant de milieux institutionnels. Il gère ses moments d'anxiété en sachant à la fois s'appuyer sur ses forces, les pairs et la nurse. Il se construit une vie psychique intérieure avec des images, des anticipations, des pensées qu'on le voit communiquer par l'imitation, les jeux, peut-être un peu moins par la parole, ainsi que par les productions graphiques. Manifestement, il échange avec ses pairs tout en sachant se défendre afin de garder sa place.

Bien sûr, restent des inconnues qu'il faudrait sans doute étudier par des suivis longitudinaux. Pour ceux qui restent longtemps, y a-t-il un sentiment d'identité particulier qui se développe ? La mobilisation constatée des compétences individuelles instrumentales a-t-elle une répercussion sur leur manière de se situer à l'égard de l'autre, en particulier l'adulte ? Qu'en est-il de l'expression de leur identité sexuée dans un milieu qui a choisi d'être strictement féminin ? Comment se prépare alors la rencontre avec le père, l'homme ? Comment se fait l'ajustement de ces enfants déjà acteurs et auteurs dans les familles qui attendent peut-être d'eux d'autres modalités d'échanges ?

Dans une perspective d'avenir où l'arrivée de tout petits enfants diminuera sans doute au profit de sujets marqués et entravés par des conditions carentielles ou dysharmoniques plus prolongées, que faudra-t-il modifier dans l'accompagnement pour certains afin qu'ils ne s'enferment pas dans l'hypertrophie d'une seule modalité sensorielle d'intégration ou dans des processus circulaires d'exploration paralysant leur vie psychique ?

Autant d'interrogations passionnantes que, je ne doute pas, cette équipe saura relever. Sans vouloir tomber — et Dieu sait si Lóczy ne le veut pas ! — dans des imitations plaquées, nous sentons bien que le style d'interventions proposées peut inspirer d'autres structures de soins : crèches, placements familiaux, aides aux parents à domicile, clubs thérapeutiques de tout-petits, institutions pour enfants plus âgés, en n'oubliant pas que plus des enfants se révèlent difficiles dans leurs comportements, plus on a tendance à faire les choses à leur place au nom de leur inaptitude à être acteurs.

Un danger existe cependant, que je voudrais souligner ; c'est celui de penser, à la lumière de la simplicité apparente des vidéos tournées à l'Institut, qu'il est facile de réaliser un Lóczy. Une telle institution n'est en fait possible que par la qualité de son personnel, le soutien qu'il reçoit d'autres professionnels aidant constamment à créer un espace à penser qui permet d'accueillir et de contenir le jeune enfant sans être envahi par ses propres bourrasques intérieures et celles du bébé, la réalisation finalement d'un ensemble d'autant plus exceptionnel qu'il permet simultanément et pleinement d'être avec l'enfant et soi-même tout en étant à bonne distance de cet enfant et de soi-même.

Dans la thérapie de la quotidienneté, on dit parfois que tout l'art est de savoir s'appuyer sur l'insignifiance apparente des petits actes de la vie journalière pour qu'ils deviennent signifiants. Cet art repose en fait sur un savoir continuellement ajusté par l'écoute de ce qui surgit dans une étonnante spirale interactive entre un corps maturant et un psychisme se structurant au sein d'une collectivité d'adultes sachant que, si elle peut être fondatrice, elle est aussi perpétuellement fondée par sa rencontre avec l'autre en devenir.

En observant une séquence vidéoscopique de relation nurse-enfant à l'Institut, nous ressentons, autant dans nos corps, nos émotions que dans notre psychisme, l'immense travail accompli. Ces séquences sont de véritables révélateurs du déroulement des interventions. Elles permettent non seulement de mieux saisir ce qu'est l'enfant, mais encore et surtout de réfléchir secondairement sur la qualité empathique des régulations mutuelles.

Marie-Louise Carels
Gentile Manni

La sensibilisation à la valeur des soins au quotidien dans les institutions : richesses et difficultés

Pédagogue et psychologue dans un service universitaire de pédagogie, notre collaboration avec des équipes en institution se déroule dans le cadre de recherches-actions, c'est-à-dire de contrats d'une durée déterminée (un an à trois ans maximum), financés par des pouvoirs publics ou des fondations. Notre place est donc celle d'un intervenant extérieur (ni intervenant institutionnel ni psychologue clinicien), engagé dans un processus de changement des pratiques[1].

L'option de changement qui est la nôtre — améliorer les conditions de vie des enfants dans les lieux d'accueil — est renforcée par les attentes des commanditaires et par les caractéristiques de l'accueil des jeunes enfants en Belgique (formation initiale des professionnels insuffisante, formation continue non organisée, réalités de terrain peu satisfaisantes).

Dans ce contexte de recherche-action, la « sensibilisation » est conçue comme associant trois axes d'intervention : le travail sur le ter-

---

Marie-Louise Carels, pédagogue (Belgique) ; Gentile Manni, psychologue (Belgique).

1. Par « pratiques », on entend ici non seulement la vie quotidienne des adultes et des enfants dans le groupe, mais aussi l'organisation et le fonctionnement de l'institution, ainsi que les modalités de relations avec les parents.

rain (observation dans les groupes des conditions de vie des enfants, des conditions de travail des puéricultrices, de l'organisation de l'institution ; réunions, discussions, propositions...) ; des moments plus formalisés de formation (séminaires, conférences, journées d'étude, visites-stages dans des lieux-ressources) et l'interpellation des responsables politico-administratifs.

C'est donc à partir de cette expérience de travail spécifique que nous évoquerons les richesses et les difficultés de la sensibilisation à la valeur des soins au quotidien, richesses et difficultés que nous avons perçues à des moments de changement dans les institutions en Belgique francophone.

La notion de « soins au quotidien » renvoie à la conception « lóczienne » rappelée par M. David, c'est-à-dire où les soins directs, les soins corporels sont considérés comme moments privilégiés de la relation entre la puéricultrice[2] et l'enfant.

La valeur des soins au quotidien est loin d'être assumée comme telle dans les institutions de notre pays. En ce qui nous concerne, même si la rencontre avec l'Institut Pikler Lóczy a eu lieu à un moment de collaboration avec une crèche et a suscité de nombreux changements dans et autour de cette institution[3], c'est avec le travail en pouponnières[4] que la valeur de cette conception des soins a pris tout son sens pour nous.

En effet, nous avons redécouvert (après tant d'autres) que c'est bien là le *nœud critique à affronter* : assurer la sécurité affective des enfants confiés à l'institution, offrir à chaque enfant la possibilité de vivre des interactions signifiantes, d'élaborer des relations chaleureuses avec les adultes qui en ont la responsabilité directe.

Nœud critique parce qu'on sait combien cette sécurité de base est indispensable pour garantir le bien-être, le développement et l'insertion

2. En Belgique, les professionnelles auprès des enfants sont des « puéricultrices ». Leur formation est de niveau « secondaire supérieur » (de quinze à dix-huit ans), technique ou professionnelle, encore fortement paramédicale.

3. Recherche-action avec la crèche communale de Herstal (région liégeoise). Cf. M.L. Carels et G. Manni, en collaboration avec l'équipe de la crèche communale de Herstal *Du modèle de Lóczy à l'élaboration d'un projet pédagogique en crèche*, Liège, Laboratoire de pédagogie expérimentale de l'université de Liège, 1986 ; M.L. Carels et G. Manni, « Stratégie des réseaux et développement d'un projet éducatif en crèche », *dans : CRESAS, Interactions sociales et construction des savoirs*, Paris, ESF, 1987 ; M.L. Carels et G. Manni, *La crèche, un lieu d'implantation du projet Atelier – 7 (de 1981 à 1985) : élaboration d'un projet éducatif à la crèche de Herstal*, Liège, Laboratoire de pédagogie expérimentale de l'université de Liège, 1986.

4. Projet « Grandir malgré tout : soutien aux institutions soucieuses d'assurer aux enfants placés un accueil de qualité », soutenu par le Fonds Houtman-ONE. M.L. Carels, G. Manni et D. Penoy, « Le projet "Grandir malgré tout" : expérience d'un counseling pédagogique en communauté française de Belgique ». *Dans : Grandir malgré tout : l'éducation en institution des jeunes enfants séparés de leur famille, un défi à relever*, Bruxelles, Fonds Houtman, 1996.

sociale future de l'enfant. Nœud critique aussi parce qu'assurer à l'enfant des relations stables et continues avec un nombre limité d'adultes est un défi dans les institutions, où par définition, les espaces et les personnes sont multiples, défi qui requiert la mobilisation des moyens matériels et humains, et qui implique l'engagement de chacun. En effet, si la qualité de vie des enfants passe bien sûr par leurs relations avec les puéricultrices, celles-ci font partie d'un contexte qui peut faciliter ou contrecarrer l'établissement d'interactions signifiantes.

Pour approcher « la sensibilisation à la valeur des soins au quotidien dans les institutions », nous proposons deux pistes de réflexion : les soins au quotidien, occasion privilégiée de la relation individuelle ; les moments de soins, principe organisateur de la journée et de la vie de l'institution.

Les soins au quotidien

Ce sont à la fois des moments privilégiés du contact et des interactions individuelles, et un espace-temps pour élaborer une relation signifiante.

1. Donner de la valeur aux soins, faire de ces moments l'occasion privilégiée de l'interaction adulte-enfant constituait et constitue encore une véritable « révolution » dans la conception de la puériculture et de l'accueil des jeunes enfants en institution.

En effet, en Belgique, les crèches ont été conçues au départ pour sauver de la misère et de la mort les enfants de milieu populaire. Aussi l'accent était-il mis sur les pratiques hygiénistes, et les techniques de soins avaient comme but unique de « bien » nourrir, laver, changer… les petits.

Au moment où les progrès de la médecine ont diminué les dangers de contagion et où la crèche a cherché à affirmer une spécificité autre que celle de la garde, l'accent a été mis sur la dimension « éducative », trop souvent comprise comme l'organisation d'activités visant à stimuler le développement cognitif des jeunes enfants. Les moments de soins ont alors été relégués au second plan, et puisque incontournables, exécutés rapidement, à la chaîne, et confiés à différentes aides (stagiaires, femmes de ménage…).

Quand, dans une institution, les puéricultrices commencent à être intéressées par une approche qui met l'accent sur la valeur des soins, la mise en œuvre de l'organisation de la journée centrée sur ces moments bouleverse les routines, les habitudes et le sens même du travail des adultes. Ainsi le temps dévolu au repas s'allonge : de la demi-heure ou des trois quarts d'heure que l'on y accordait, si l'on veut individualiser les repas, il faut maintenant y consacrer deux heures ou plus.

Les habitudes culturelles elles aussi sont secouées : si l'on veut respecter des intervalles raisonnables entre les repas individualisés, la deuxième séquence de repas commencera vers 10 h 30 pour le premier enfant, situation étrange dans une société où le repas principal est celui « de midi » ! Envisager la scène du repas où l'enfant est en tête à tête avec l'adulte et ne sera que très progressivement et « tardivement » assis autour d'une table avec ses compagnons, paraît bien peu convivial à ceux et celles qui portent en eux l'image des grandes tablées familiales et/ou des communautés d'enfants, sources d'échanges, de complicités, de socialisation précoce.

Se consacrer aux soins — même investis d'une nouvelle signification — confronte les puéricultrices à une autre image de leur rôle : alors qu'elles s'étaient ou qu'on les avait valorisées dans un rôle d'éducatrices, mettant l'accent sur l'animation, le retour vers les soins évoque un passé peu agréable où les repas et les changes étaient considérés comme des tâches non valorisées, que toute femme pouvait assurer. Les moments de soin sont perçus comme des moments difficiles, source de tension. Les enfants agités, pleurant, réclament tous à la fois l'attention de la puéricultrice ; celle-ci tente de contenir « le désordre », de se débarrasser le plus vite possible de cette situation dont le caractère désagréable apparaissait comme normal et inéluctable.

Nous avons vécu combien il peut être malaisé, pour des puéricultrices, de réaliser qu'une grande partie de la journée va être consacrée aux soins, et d'imaginer que cette « activité » si prenante n'est en rien répétitive.

Nous avons éprouvé aussi combien l'entreprise est ardue pour celles qui s'engagent dans cette nouvelle option de travail avec les enfants alors que d'autres dans l'institution ne la partagent pas. Il n'est pas agréable de subir les remarques de collègues qui soulignent les inconvénients (pas le temps de souffler, de papoter...), qui mettent en avant des détails évoquant le passé (le tablier pour donner les repas, la tenue de la puéricultrice, genoux non croisés), sans percevoir le changement profond à l'œuvre dans ces moments : « On a toujours fait ça ».

Il peut être décourageant, pour les puéricultrices qui essayent dans leur groupe d'individualiser les soins, de buter contre les données organisationnelles qui relèvent d'autres niveaux de décision dans l'institution (quand les horaires, la composition des groupes, des équipes, des espaces… ne changent pas).

Quand on travaille avec des équipes sur le terrain, les routines, les habitudes peuvent être modifiées. Lorsque peuvent s'installer ces moments où enfant et adulte sont en tête à tête, dans une durée suffisamment longue pour que l'échange puisse se nouer, à des moments réfléchis et prévisibles pour chacun (adulte et enfant), l'atmosphère change. Le premier niveau de changement réside dans *le calme et la tranquillité* des enfants et des puéricultrices.

Celles-ci maîtrisent le déroulement des événements, ne se sentent plus débordées, sont beaucoup moins stressées : « Avant, je voyais venir les moments de repas avec angoisse. Avant, on courait pour les repas, puis on s'écroulait pour souffler, se "ravoir". Maintenant, on n'arrête pas de toute la journée, mais le rythme de travail est différent, on est moins fatiguées ».

Les enfants sont apaisés par un déroulement de la journée où ils ne doivent plus se battre pour capter l'attention de l'adulte, où ils peuvent anticiper et vivre pleinement les moments d'échange proche et prolongé avec la puéricultrice. Rassurés aussi par une réorganisation de l'espace où l'adulte reste à portée de voix et de regard, ils ne sont plus en attente, à l'affût d'un signe d'attention, quel qu'il soit, quel que soit l'adulte qui l'émet, ils ne sont plus dans l'attente de l'arrivée des repas qui sonnaient le signal du rassemblement. Chaque enfant peut s'investir dans ses jeux, poursuivre son projet d'action, seul ou avec un autre, percevant de mieux en mieux les repères qui annoncent, pour lui, le moment d'échange avec la puéricultrice.

Ce calme, cette tranquillité étonne, interpelle les collègues, les personnes extérieures et, nous l'avons vécu, peut même les convaincre de reconsidérer leurs conceptions et leurs pratiques dans l'accueil au quotidien des jeunes enfants. Pour les puéricultrices impliquées dans le changement, déjà cette ambiance de vie plus paisible pour chacun leur apporte une satisfaction, les renforce dans l'option prise et les incite à s'engager plus avant.

Si reconnaître et installer les moments de soin comme occasions de contacts individuels apaise certaines tensions du quotidien, surgissent pourtant des questions multiples. Certaines peuvent être traitées par la discussion, la réflexion : comment « être avec » un petit, engagée dans un dialogue, attentive à ce qu'il exprime, tout en restant à l'écoute des autres enfants ? Comment protéger les moments de soins tout en restant accueillante aux parents (entrer en dialogue, les laisser accéder aux lieux, voire les inviter à donner eux-mêmes les repas en pouponnière) ?

D'autres questionnements touchent des problèmes plus fondamentaux. En effet, pour la puéricultrice, ce tête à tête avec un tout-petit dans une durée relativement longue peut être source de difficultés que seul un travail de formation et le soutien au quotidien aideront à affronter. C'est en effet une situation neuve pour les puéricultrices que de chercher à *établir un vrai dialogue avec un bébé* : comment interpréter ses mimiques, ses gestes, ses gazouillis ? Comment répondre le plus adéquatement à ce qu'il exprime afin qu'il se sente compris ? Comment lui parler, lui parler de quoi, avec quels mots, comment « être avec » un tout-petit ? C'est un bouleversement complet de leur profession.

Par ailleurs, ce tête à tête *confronte directement* l'adulte aux émotions, aux désirs, aux difficultés de l'enfant. Dans cette situation de dialogue, le petit s'exprime plus ouvertement, la puéricultrice est face à ses manifestations ; dans ce tête à tête, elle peut difficilement y échapper et c'est toute sa personne qu'elle engage dans cet échange : elle n'est plus un animateur qui organise des activités et les gère à travers des règles et des routines ; elle est un être humain face à un autre être humain, le « petit d'homme » qu'il faut aider à grandir. Et rien dans la formation ne prépare à assumer cette mission.

Le risque, dans cette situation où la puéricultrice se sent démunie, d'autant plus avec un enfant en difficulté, est que *s'engouffrent les émotions non contrôlées de l'adulte*, source de manifestations d'affection intrusives ou de mise à distance, voire de rejet.

Judit Falk a évoqué ce « sentier étroit des émotions où existe toujours le risque de tomber dans la proximité excessive ou dans la distance dangereuse ». Nous avons vu des situations où un enfant, seul avec l'adulte pour le repas, se retrouve placé entièrement sous le regard de la puéricultrice, et rencontre, dans ce tête à tête, contrôle, limites et interdits (alors que dans un groupe, il trouvait les moyens d'y échapper partiellement). Par contre, quand les difficultés sont discutées, réfléchies, affrontées, on assiste à un changement fondamental des pratiques guidé par un autre regard sur l'enfant.

Prenons l'exemple du bain dans un groupe que nous avons accompagné. Au départ, déshabillage et habillage étaient des opérations exécutées rapidement pour que l'enfant puisse avoir un « bon moment » dans l'eau, c'est-à-dire jouer avec ce qu'on mettait à sa disposition, jusqu'à ce qu'il éclabousse partout ou que l'horloge mette fin au jeu. La scène de la table de change était plutôt un combat qu'un échange ; les paroles étaient limitées à des exclamations et à des invectives. Après un travail de sensibilisation sur le terrain, de formation, le moment de déshabillage devient celui des gestes doux, ralentis, où la puéricultrice — encore maladroite mais attentive — prévient l'enfant de ce qu'elle va faire, se dresse sur la pointe des pieds et se penche pour rencontrer son regard, s'enquiert de ce qu'il observe, commente ou l'interroge sur ses expressions, suspend ses gestes quand l'enfant geint un peu.

Un des signes du changement chez la puéricultrice est sans doute aussi le passage du « *on* va se laver » à « *je* vais *te* laver maintenant, je vais commencer par ta figure » ; chez l'enfant, c'est la détente, le regard qui s'accroche à la puéricultrice, le sourire, les gazouillis, l'agitation heureuse de tout le corps.

2. Donner valeur aux soins quotidiens, c'est mettre la *relation au centre* de la vie de l'enfant, du travail des puéricultrices, du fonctionnement de l'institution.

Bien que, depuis des années, les connaissances en psychologie et en psychiatrie de l'enfant aient mis en évidence l'importance de la relation adulte-enfant pour le développement du tout-petit, cette valeur n'est assumée comme primordiale ni partout ni par tous. Elle ne se traduit pas nécessairement dans les conceptions qui guident la vie dans les institutions (l'organisation, le fonctionnement, les pratiques avec les enfants) ni dans la formation, ni dans la réglementation.

Nous pouvons le constater en *Belgique* où, comme nous l'avons vu, la valorisation de l'accueil en crèches est passée par l'accent mis sur les activités et la vie en groupe. En Communauté française de Belgique, lors d'une première rencontre[5] entre intervenants, formateurs, chercheurs, psychologues et pédagogues..., on relève parmi les questions débattues ces interrogations : une institution se définit-elle et s'organise-t-elle autour de la relation adultes-enfants et/ou autour des relations entre enfants ? Dans des situations où des petits proviennent de familles dans lesquelles la sécurité affective n'est pas assurée, la crèche peut-elle combler ce gouffre (la puéricultrice peut-elle prendre en charge ce manque) ?

Le débat a mis en évidence deux positions :

— celle qui veut attribuer une valeur tant à la relation qu'à l'activité libre et ne pas dissocier ces deux aspects dans la réflexion ;

— celle qui met l'accent sur la valeur de la vie en groupe, des jeux en commun, des activités créatrices...

On peut observer les mêmes tendances en *Italie* où, comme le souligne Emmannuella Cocever, les références pour l'accueil des jeunes en-

---

5. Il s'agit d'un travail visant à l'élaboration d'un référentiel psychopédagogique commun, avec le soutien du Fonds Houtman. Coordination scientifique : Gentile Manni, université de Liège.

fants sont plutôt les travaux sur « les bébés et les choses » et « les bébés entre eux », et où la question de la relation n'est pas posée comme telle[6].

De même, le document vidéo produit récemment par le *Réseau européen* sur les modes de garde ne propose guère d'images de bébés[7], et les commentaires — centrés sur la qualité de l'accueil — ne font aucune allusion aux moments de soin.

Affirmer l'importance de la relation, reconnaître la difficulté pour un petit à être séparé de sa mère (même pour la journée), la difficulté pour la puéricultrice de prendre en charge (*to care*) un jeune enfant qui n'est pas le sien, ne peuvent sans doute être assumés explicitement qu'une fois dépassés les *débats* femme au travail/mère au foyer qui ont pris cours dans nos pays depuis l'après-guerre et avec le développement des crèches.

Il existe pourtant des exemples intéressants d'une démarche consistant à reconnaître la réalité sociale du travail des femmes, le rôle des crèches, et à réfléchir sur l'accueil en prenant explicitement en compte les difficultés du bébé, des parents, des accueillants[8].

Sur le terrain, dans la vie au quotidien en institution, tisser une relation avec un enfant qui n'est pas le sien implique une élaboration complexe, délicate.

C'est un véritable défi que d'arriver à élaborer avec un bébé une relation chaleureuse, affectueuse, qui passe à travers tous les gestes d'une mère avec son enfant, mais qui repose sur d'autres bases (l'intérêt profond pour son bien-être et son développement) et qui prend sans doute à certains moments une forme un peu particulière.

C'est un cheminement lent, progressif, où les puéricultrices doivent être accompagnées, soutenues, où elles ne peuvent être livrées à elles-mêmes.

Ceux qui travaillent comme psychologues de groupe auprès des puéricultrices et des enfants, qui ont développé et affiné les connaissances sur les différentes modalités de soutien au quotidien[9], pourraient décrire

---

6. E. Cocever et S. Andreoli, *Les soins à l'enfance qui vit hors de la famille d'origine : pensées et pratiques, de l'après-guerre à nos jours. Une réflexion à partir de l'expérience italienne.* Exposé au colloque « Grandir malgré tout », université de Liège, mars 1995.

7. Images du Danemark et de l'Italie où le congé parental étant long, les tout-petits ne sont pas présents dans les crèches.

8. Dr. Falk, sur les crèches en Hongrie. « La situation des jeunes enfants des mères qui travaillent en Hongrie », *Enfance*, 2, 1988, pp. 35-45 ; M. David, et Ch. de Truchis sur l'accueil de jour en France. « Accueil de jour pour les jeunes enfants », *dans* : M. Manciaux *et al.* (sous la dir. de) *L'enfant et sa santé : aspects épidémiologiques, biologiques, psychologiques et sociaux.* Paris, Doin éditeur, 1987, chap. 30 : « Enfants confiés ».

9. Notamment P. Mauvais, « L'observation dans les lieux d'accueil de l'enfance et de la petite enfance : réflexion sur le rôle du psychologue dans l'équipe », *Psychiatrie de l'enfant*, XXXVIII, 1, 1995, pp. 247-302.

les richesses qu'apporte aux puéricultrices cette approche de leur rôle auprès des petits. Quant à nous, intervenants extérieurs, ce dont nous pouvons témoigner, c'est combien les puéricultrices engagées dans cette voie apprécient — malgré les difficultés — de pouvoir être en interaction avec chacun des enfants, de pouvoir être proche d'eux sans se sentir accaparées par eux et débordées par les mille et une choses à faire.

Avoir la possibilité de se centrer sur les enfants et non plus sur les tâches, pouvoir consacrer du temps à chacun, c'est sans doute, pour elles, trouver le vrai sens de leur métier, retrouver enfin la motivation qui les avait conduites à s'engager dans des études de puériculture. Pouvoir établir un vrai dialogue avec les enfants, en observer les effets dans leurs jeux, dans la manière dont ils se comportent avec les autres enfants, avec les adultes, voir les petits devenir « intelligents », capables de négociation, c'est là sans doute déjà une véritable valorisation professionnelle. La majorité d'entre elles témoignent qu'elles ne voudraient plus « travailler comme avant ».

Les moments de soin comme principe organisateur de la journée et de la vie de l'institution

Pour que les moments de soins puissent constituer l'espace-temps dans lequel se tisse la relation entre l'adulte et l'enfant, c'est *toute la vie des groupes et de l'institution* qui doit être réfléchie dans ce sens. Cette conception de l'accueil des jeunes enfants où les moments de soins deviennent principe organisateur (de la journée et de la vie de l'institution) provoque un *bouleversement* de la vision habituelle de la vie de l'institution et du rôle de chacun.

Dans les institutions avec lesquelles nous avons travaillé, quand les équipes ont décidé de donner les repas aux petits de manière individualisée, un changement en a entraîné beaucoup d'autres.

Dans le groupe, ce sont les puéricultrices qui vont :
— réfléchir sur le déroulement de la journée en fonction des enfants présents (rythme et besoins de chacun) ;
— observer et discuter pour décider dans quel ordre leur donner les repas, quels points de repère utiliser pour eux ;
— concevoir un coin repas protégé ;
— préparer le matériel nécessaire à portée de mains (bavoirs, biberons, tétines…) pour éviter, diminuer les allées et venues ;
— réfléchir et aménager un espace de jeu « stimulant » pour les enfants puisqu'ils jouent alors pratiquement tout au long de la journée…

Chacune de ces modifications renvoie en fait à des changements ailleurs dans l'institution.

Concevoir un déroulement de la journée centré sur les enfants modifie l'organisation et les modes habituels de fonctionnement. Ainsi, assurer des repas individualisés, dans une séquence continue avec chaque enfant, quatre fois par jour, exige du *temps*. Des équipes ont organisé autrement les horaires des puéricultrices : quotidiens, hebdomadaires, mensuels. Dans plusieurs institutions, en Belgique, la plage horaire de la journée s'est révélée trop courte. Comment la modifier sans déstabiliser le fragile équilibre entre vie professionnelle et vie familiale du personnel ? Il a fallu revoir la mise en œuvre des *services*. La cuisine doit fournir des repas à différents moments (ou l'équipement doit offrir la possibilité de garder les aliments au frais, de les réchauffer), adapter les menus, la consistance des plats aux goûts des enfants. Il a fallu même réfléchir à la façon de faire parvenir les repas dans le groupe. En ce qui concerne le nettoyage, il faut trouver le moment et les moyens pour ne pas limiter les jeux des enfants (finies les deux heures de sieste collective !).

Quant aux personnes extérieures aux groupes (médecin, assistante sociale, kiné, thérapeute), selon quelles modalités et quelle tonalité vont-elles entrer dans les groupes ? Il faut aussi repenser le moment et le mode de présence des parents (familles d'origine, d'accueil, d'adoption).

La conception des *espaces* elle aussi est bouleversée. Chaque équipe a réfléchi à la façon d'aménager un coin-repas qui préserve à la fois intimité et communication. Souvent, il a fallu aussi remplacer les grandes tables, les hautes chaises, les relax, chercher, concevoir, faire fabriquer tables et chaises adaptées.

Pour que la puéricultrice reste à portée de regard et de voix des enfants, il faut souvent décloisonner des espaces qui avaient été conçus comme distincts (chambre, salle de bains…) ; réfléchir à la communication et à la circulation entre ces espaces pour ne pas déranger les moments de soin ni les enfants qui jouent. Un obstacle difficile à surmonter en Belgique concerne l'accessibilité aux espaces extérieurs. D'autres exemples de changements pratiques pourraient être évoqués.

Toutes ces dispositions concrètes que l'équipe de Lóczy a pensées et expérimentées, chacun de nous — intervenant dans les institutions — les redécouvre comme incontournables. Elles s'avèrent être des conditions nécessaires pour que puissent exister dans l'institution des moments de tête à tête entre la puéricultrice et l'enfant.

Tout cela n'est pas simple à mettre en œuvre. Et pourtant, nous n'avons pas encore évoqué l'essentiel. Myriam David a rappelé que « le soin donné par une personne autre que la mère a un objectif : il doit faire plaisir à l'enfant, le satisfaire pleinement, faire naître le plaisir d'être avec l'autre, lui permettre d'être restauré. C'est ainsi qu'ensuite il pourra bien jouer, bien dormir et que, plus tard, c'est un enfant en bon état qui rentrera dans une famille ».

Pour qu'au fil des jours puisse se tisser la relation entre la puéricultrice et l'enfant, le défi est de garantir dans la durée la *continuité* nécessaire des personnes en présence. Le jeune enfant, dans une situation de séparation, source de difficultés pour lui, a besoin de retrouver une assurance ; il a le droit de construire et de maintenir des liens avec les personnes qui prennent soin de lui. Il a besoin d'un environnement stable, fiable et connu.

Quant à la puéricultrice, c'est au fil du temps que son intérêt pour l'enfant peut se développer et s'enrichir des moments chaleureux vécus ensemble.

Nous avons expérimenté avec des équipes combien il faut mobiliser d'énergie, d'imagination et de rigueur pour réduire le nombre d'enfants dans chaque groupe ainsi que le nombre d'adultes différents autour d'eux. Une des plus grandes difficultés est de mettre en œuvre les moyens pour que les enfants puissent être entourés par les mêmes personnes bien connues tout au long de leur séjour. Par ailleurs, pour que le moment du soin soit celui de la rencontre entre la puéricultrice et l'enfant au cours de laquelle se noue un dialogue signifiant, les puéricultrices ont besoin d'être et de se sentir entourées, soutenues.

Comment assurer le *soutien aux puéricultrices* ? C'est une personne proche du groupe qui, grâce à l'observation partagée, peut aider à réguler les pratiques en fonction des signes, des besoins, du développement de chaque enfant (depuis le déroulement de la journée jusqu'au dialogue des gestes). C'est elle aussi qui aidera à l'harmonisation entre les puéricultrices.

En Communauté française, le psychologue, souvent limité par le temps[10], peu préparé par sa formation à assumer la fonction de soutien proche des groupes, tâche de « parer au plus pressé », de réaliser les nombreuses tâches que l'institution lui confie (ou qu'il se donne)[11], de s'investir dans la fonction où il se sent le plus à l'aise : élaborer les dossiers

10. En Belgique, toutes les pouponnières ne bénéficient pas d'un psychologue, certains des psychologues présents en institutions sont en fait directeurs et donc jouent essentiellement un rôle de gestion, les autres sont en horaire réduit.

11. Animation des réunions, dynamique des relations dans l'institution, rapports sur les enfants, entretiens individuels, contacts avec les familles d'origine et les familles d'accueil, contacts avec les services sociaux, d'adoption, de placement, de justice..., sans compter la gestion du matériel de jeu et des activités extérieures..., contacts avec les écoles, suivi des stagiaires... et les nombreuses circonstances où l'on fait appel à ses compétences d'écoute, de médiation, de « soutien ».

individuels demandés par les services extérieurs (organisme de placement, juge, conseiller de l'Aide à la jeunesse ...), animer les réunions, être à l'écoute de l'expression du « vécu » quand les émotions débordent...

Bien sûr, le rôle du psychologue en institution doit être revu[12], mais ce sont aussi la fonction et les tâches de chacun des responsables qui doivent être réfléchies, discutées, pour *assurer* auprès de chaque groupe, de chaque puéricultrice, le *soutien* matériel, « moral » et psychopédagogique nécessaire. Ce sont le respect et le soutien des moments d'interaction entre la puéricultrice et l'enfant qui vont guider l'échange d'informations, la réflexion commune, le rôle de chacun.

Ainsi, l'accent mis sur le quotidien, sur la valeur constructive, voire thérapeutique, réparatrice, de ce que vit l'enfant au jour le jour, va *pondérer autrement les interventions* des divers spécialistes ou des techniciens au sein de l'institution.

Nous avons éprouvé combien, dans un processus de changement, affirmer la valeur des soins au quotidien peut être battu en brêche par le renforcement au même moment dans l'établissement d'une approche diagnostique et thérapeutique centrée sur les « cas ».

« Devant les difficultés vécues par les enfants et les familles, devant les signes de malaise, de souffrance manifestés par les enfants (balancement, apathie...), devant les comportements vécus comme dérangeants (colère, agressivité, opposition...), la démarche la plus courante est de faire appel à des interventions thérapeutiques individuelles. Ce mode d'intervention peut être rapidement mis en œuvre, puisque aisément accessible (intervenants disponibles sur le marché, actes thérapeutiques assumés par la sécurité sociale et non par l'institution).

L'approche éducative, elle, est plus lente et plus difficile à mettre en œuvre. Passant par la sensibilisation, la formation des puéricultrices et des autres professionnels, elle interpelle chacun sur son rôle et sur la qualité du travail. Elle oblige à repenser l'organisation de l'institution, à utiliser différemment les moyens humains et matériels disponibles ; elle peut conduire à revendiquer des moyens supplémentaires. Elle pose un regard critique sur la formation initiale et demande à chacun de reformuler sa professionnalité. [...]

Dans un contexte où la thérapie est très présente, un travail centré sur la vie quotidienne doit lutter pour s'affirmer. En effet, la logique thérapeutique, de rééducation, centre l'attention, l'intervention sur le cas, le sujet à soigner. Ainsi les conditions faites aux enfants risquent de passer

---

12. Comme l'analyse en détail P. Mauvais dans un article récent, *op. cit.*

au second plan. Car est renforcée la tendance, déjà présente, à ne chercher qu'ailleurs les causes et les solutions au malaise de l'enfant. Par ailleurs, les problèmes mis en avant par les puéricultrices (leurs difficultés avec les enfants) reçoivent des réponses ponctuelles, liées à quelques "cas" dans le groupe, mais ne sont pas traités, à la base, pour l'ensemble du groupe, de l'institution, et reviennent sans cesse sur le tapis.

Risque alors de se développer un sentiment de déqualification : sentiment de déqualification des puéricultrices qui ne sont pas et ne se sentent pas reconnues, investies comme centre de l'action positive envers les enfants ; sentiment de déqualification pour la psychologue (responsable psychopédagogique) qui se retrouve devant les plaintes et récriminations des puéricultrices, devant les critiques de ses collègues, du directeur ; déqualification même de l'institution, qui n'est pas située et ne se situe pas comme capable et responsable d'assumer les conditions positives nécessaires à l'éducation des enfants, même avec leurs difficultés.

Dans ce contexte, les puéricultrices et les autres membres de l'équipe ont été soumis tout au long de l'intervention à un double message :
— on peut et doit affronter les difficultés de l'enfant dans la vie quotidienne, grâce à une attention et une compréhension profonde de l'enfant (et là les puéricultrices ont un rôle central), grâce à des pratiques et une organisation réfléchie qui soutient les puéricultrices dans leur travail ;
— des spécialistes vont prendre en charge les problèmes en soignant l'enfant qui va mal.

Double message[13] difficile à gérer dans une situation qui suscite un dilemme : peut-on décider de ne pas intervenir sur le mode thérapeutique auprès des enfants alors que la situation de vie dans les groupes n'est pas satisfaisante et que le changement de ces conditions de vie prendra du temps. »[14]

Assumer dans l'institution la valeur des soins au quotidien est une entreprise exigeante qui requiert énergie et rigueur de toute l'équipe. Elle suppose une coordination harmonieuse entre les différentes personnes et les différents services avec, pour chacun, comme fil directeur de la ré-

13. En outre, les puéricultrices sont soumises à des injonctions contradictoires quand le modèle thérapeutique ou rééducatif se propose comme modèle éducatif, vient suggérer des manières de faire différentes, voire opposées à l'action éducative en cours. (Notons que le passage du modèle thérapeutique ou rééducatif au modèle éducatif mériterait une discussion de type épistémologique que nous n'entamerons pas ici.)

14. M.L. Carels et G. Manni, *Grandir malgré tout : soutien aux institutions soucieuses d'assurer aux enfants placés un accueil de qualité : rapport d'activité au Fonds Houtman* (1991-1993), Liège, Service de pédagogie générale et de méthodologie de l'enseignement de l'université de Liège, février 1993.

flexion : comment susciter, soutenir, protéger le travail de la puéricultrice ? Quel est son rôle auprès des enfants ? Chaque personne dans l'institution, selon sa fonction, a une responsabilité et participe à ce que les moments de soin puissent être des espaces-temps pour l'élaboration de la relation.

Cette nécessaire réflexion, ces modifications multiples qui impliquent chacun peuvent être révélatrices de tensions, de contradictions, de conflits, voire de dysfonctionnement. Le *rôle de la direction* est central dans cette dynamique.

E. Kálló, analysant l'évolution des pouponnières en Hongrie, souligne elle aussi combien la « clé du bon fonctionnement des instituts de notre pays réside dans la personnalité du directeur et dans la compétence et l'aptitude de l'équipe dirigeante. Dans les cas où les directeurs étaient convaincus de la nécessité de changements et où ils les attendaient de l'application des conceptions de Lóczy, où ils s'intéressaient assez profondément aux questions pédagogiques et psychologiques de l'éducation des enfants en pouponnières et où en outre une bonne équipe de cadres s'était constituée, le niveau du travail a changé »[15].

Etant donné l'ampleur des changements à réaliser et des difficultés matérielles et psychologiques à affronter, c'est sur la base d'une conviction intime et profonde, d'un engagement réel que l'équipe pourra élaborer des objectifs clairs et déployer l'énergie nécessaire pour mobiliser les moyens à mettre en œuvre.

Quand une institution décide de centrer la réflexion et l'action sur l'élaboration de la relation adulte-enfant et sur les conditions nécessaires, le *dynamisme déployé* contribue à ouvrir la communication, à stimuler la discussion, le dialogue entre puéricultrices et entre les différents membres de l'institution. Par exemple, à la crèche d'Herstal, les puéricultrices ont pu dépasser la timidité et la méfiance réciproque, expliciter leurs pratiques, et elles osent engager des observations mutuelles et en discuter. La réflexion, la créativité sont mobilisées ; ainsi à la pouponnière Sainte-Adeline, chaque séminaire, chaque réunion a suscité la réflexion du staff de direction et entraîné des changements vers une plus grande stabilité des personnes autour des enfants.

Alors, progressivement, se construisent la cohérence du projet de l'institution et la complémentarité des interventions.

Nous voudrions souligner combien, pour entamer un processus de changement, élaborer un projet d'institution, l'expérience de l'Institut

15. E. Kálló, *Le rôle du centre de méthodologie des pouponnières en Hongrie.* Exposé au colloque « Grandir malgré tout », université de Liège, mars 1995.

Pikler Lóczy est précieuse. En effet, elle explicite à la fois le sens du changement, le principe directeur de la réflexion et de l'action, les fondements scientifiques et éthiques, et elle offre des propositions réfléchies et éprouvées, depuis l'organisation de l'institution, le cadre de vie mis à la disposition des enfants, les pratiques de puériculture, les attitudes éducatives… jusqu'aux petits détails matériels qui constituent la trame du quotidien.

Comme l'a rappelé G. Appell, l'approche de Lóczy n'est pas une méthode. Ensemble cohérent intégré, elle constitue une « praxis » au sens d'un ensemble de pratiques qui à la fois s'alimentent à des savoirs élaborés et se réfèrent aux finalités, à l'avenir de l'individu, au projet de société.

La richesse de cette expérience, la finesse de la réflexion et de l'action en rendent l'appropriation vivante, stimulante, mais aussi complexe.

Savoirs et pratiques sont constitués d'éléments complémentaires et indissociables. La ré-élaboration par une équipe de pratiques signifiantes dans son propre contexte se heurte à des limites quand l'ensemble des conditions ne peuvent être réunies. Comment, par exemple, faire prendre l'air aux enfants et échapper à l'univers clos quand il n'y a pas d'espace extérieur accessible et que la puéricultrice s'engage dans une journée rythmée par les soins individualisés ?

Au-delà des difficultés à garder liés les principes, les pratiques et leurs fondements, nous voudrions attirer l'attention sur les interprétations réductrices, sur les transpositions caricaturales. Le risque existe de ne capter d'une expérience que les aspects extérieurs, formels :
— la structure de l'institution, réfléchie à Lóczy comme milieu soutenant, peut être copiée sans en garder le sens et la vitalité, et n'être alors que coquille vide ;
— un système, une personnalité fermée peuvent traduire la rigueur en rigidité, les niveaux de responsabilité en relations de pouvoir ;
— les gestes, les paroles dans le tête à tête entre la puéricultrice et l'enfant, pensés à Lóczy comme tissant la relation, peuvent être reproduits de manière stéréotypée avec chaque enfant, le moment des soins se déroulant alors comme une chorégraphie sans âme.

Ces risques et ces difficultés posent la problématique de *l'appropriation* active de l'approche de Lóczy et son corollaire, le *processus de changement*, les modalités de sensibilisation-formation-intervention.

Au terme de cet exposé, nous avons le sentiment d'avoir peut-être mis l'accent plutôt sur les difficultés que sur les richesses de la sensibilisation à la valeur des soins au quotidien. Reconnaître les difficultés, les identifier permet d'envisager avec réalisme l'ampleur du travail de transformation des institutions et des pratiques, de mesurer les moyens nécessaires et de distinguer les niveaux de responsabilités impliqués : les personnes, les institutions, les pouvoirs organisateurs, les responsables politico-administratifs.

Prendre soin de jeunes enfants qui ne sont pas les siens — que ce soit en crèche, en famille d'accueil ou en pouponnière — est une œuvre délicate, complexe, exigeante, mais grâce à l'équipe de Lóczy, nous savons que ce n'est pas une « mission impossible ».

Natacha Bizos Kukucka

Quelles rencontres entre l'approche psychanalytique et l'approche « piklérienne » en consultation et en institution

Quelles rencontres entre l'approche psychanalytique et l'approche piklérienne ? Qui dit psychanalyse, dit inconscient. Et comme il est question des bébés, nous sommes dans des zones extrêmement complexes, d'où l'accroissement de la difficulté. En préparant ce texte, j'ai relu les écrits de Lóczy et je m'y retrouvais. J'ai relu également des textes psychanalytiques et je m'y retrouvais. Seulement, quand il s'est agi de faire des liens, ce fut impossible. Je passais à l'un ou à l'autre. Persuadée cependant de la richesse que cela pouvait apporter, j'ai tenté, en m'appuyant sur deux exemples cliniques, de dépasser cette impasse.

Premier cas clinique

Mme X. est arrivée au « centre maternel » un mois environ avant la naissance de son bébé. C'est une jeune femme d'une trentaine d'années, primipare. Lors de ma première visite, je constate l'aménagement de la pièce, le lit du bébé avec quelques peluches, les derniers achats personnels avant l'entrée en maternité. J'apprends que le père de son enfant est

Natacha Bizos Kukucka, psychologue (France).

le fils des commerçants chez qui elle était employée. Ces derniers, apprenant son état, l'ont renvoyée. Le père ne veut pas reconnaître l'enfant, il va se marier prochainement… Elle se retrouve ici avec un minimum de ressources.

Dans son enfance, elle est placée très tôt (vers l'âge de deux ou trois ans, les souvenirs sont obscurs) chez des nourrices successives. Les relations avec sa mère sont conflictuelles. Depuis sa grossesse, la mère refuse de la recevoir parce qu'elle n'est pas mariée. Quant à son père, elle ne le voit pas depuis longtemps déjà.

Je la trouve plutôt sympathique, montrant un certain courage, mais bien démunie. Du centre maternel, elle me dit : « Je me sens bien malgré que les voisines soient bruyantes, mais le personnel est gentil ».

Son bébé a quinze jours lorsque je la revois. C'est le soir. Elle le porte dans ses bras mais sans tenue. Je la sens crispée. Le bébé a ses poings fermés et serrés, son front plissé, sa tête tournée du côté extérieur à la mère. L'atmosphère est lourde.

Le bébé se met à grimacer, à se tortiller, à geindre, à fermer les yeux, à devenir rouge, à tendre ses bras. La mère se raidit. Elle le regarde, me regarde, le regarde à nouveau. Son visage se durcit et se panique. Tout à coup (cela va très vite), elle se lève, prétextant quelque chose à faire et me colle brutalement le bébé dans les bras. Surprise par cette violence, j'essaie de rester le plus calme possible et je tente d'apaiser Vincent devenu encore plus rouge et plus grimaçant. Je le blottis contre moi en lui prenant la main.

Quelques instants après, je rejoins la mère dans la cuisine. Le silence en dit long. Je finis par lui demander ce qui s'est passé pour qu'elle parte si vite. Elle regarde son bébé qui s'est détendu. Je m'adresse à Vincent : « Maman ne comprend pas pourquoi tu fais tous ces tortillis et tous ces bruits, et je crois même que ça lui fait peur ».

« Je vous prépare un café », me dit la mère en s'agitant encore un peu plus. Je dis : « Maman n'aime pas quand c'est le soir, peut-être qu'elle se sent toute seule ». A la mère : « Je crois que Vincent aimerait retrouver sa maman ».

Mme X. le reprend. Le bébé réagit par un petit sursaut, il bouge légèrement sa tête dans un petit va-et-vient, comme s'il cherchait quelque chose. Elle le met au lit. Il ne dit rien. Elle m'invite à m'asseoir près d'elle pour prendre le café… Le temps passe… Elle est douée pour parler tout en ne disant rien. Vincent dort. Il est pâle, chétif, il s'est agrippé au drap… et moi, j'ai bu le café et j'ai mal à l'estomac…

Les ayant quittés, je repense au surgissement soudain de cette violence et à l'image abandonnique du bébé. Cette mère ne peut pas soutenir et contenir son enfant. Je suppose que tout effort, si minime soit-il, du bébé qui se tend vers elle, échoue. Le fait même qu'il existe lui fait violence. En écho, elle répond par une violence massive qu'elle me jette brutalement dans les bras avec son bébé, dans le but de protéger son existence à elle. Jean Bergeret écrit, dans son article sur la violence fondamentale : « N'importe quelle mère peut voir se réactiver en elle, de façon consciente ou non, des représentations violentes et infanticides archaïques, la rendant incapable de jouer un quelconque rôle de pare-excitation [...] l'autre ou moi, survivre ou mourir sans intention nette de détruire cet autre [...] Un instinct de survie [...] ».

Cette violence primitive de la lutte pour la vie s'intégrera au profit du courant libidinal si elle est négociée par l'objet maternel. Non négociée, cette violence deviendra agressive et destructrice envers l'objet, ce qui entrave le développement psychique.

Je décide de repasser le lendemain à l'heure de la tétée. « Je vous attendais », me dit la mère. Le bébé est sur les genoux de sa mère, il est mou, sans tenue et sans couche parce qu'il est dérangé. De ses fesses, coulent des résidus de diarrhée. Le visage du bébé est toujours à l'opposé de la mère, et de sa bouche, coule du lait « caillé ». Il est profondément triste. J'essuie le bébé. La mère me dit qu'il ne veut pas de lait, qu'il ne le digère pas et qu'il pleure souvent.

Je lui dis : « Il a peut-être froid comme ça ». Elle est d'accord pour l'habiller. Elle va vite, avec des gestes saccadés et maladroits... un bras, une jambe... pas de paroles, pas de rassemblement... Vincent tremble un peu, se tortille, tend ses bras, pleurniche. J'avais apporté avec moi un lange épais et je propose d'installer Vincent dessus, ce sera peut-être plus facile pour le porter. Elle accepte et pense que c'est une bonne idée. J'installe un coussin derrière le dos de la mère et je reste auprès d'elle.

Je lui dis : « Ce n'est pas toujours facile, un bébé », et à Vincent : « Maman était très contente de t'attendre, elle avait tout préparé pour toi, et maintenant que tu es là, elle ne sait plus si vraiment elle est contente et ce qu'il faut faire. On va aider maman pour qu'elle s'occupe bien de toi... ».

Elle resserre son bébé contre elle et Vincent tend ses bras dans sa direction. Elle lui propose le sein. Vincent se saisit du mamelon en fixant le sein, une main posée dessus. Voyant qu'il tète, elle se détend, lui prend la main, la caresse, dit quelques mots. Après avoir tété, le bébé s'endormira en tenant le doigt de sa mère. Plus tard, elle le couchera et j'aurai droit au café.

Quelques commentaires

Pour que ce bébé et cette mère puissent tenter de négocier leur rencontre, je me suis appuyée sur mon expérience de Lóczy : les bébés sont installés dans des sacs-couvertures qui les protègent et qui les soutiennent, les auxiliaires sont elles-mêmes installées de façon à être le plus détendu possible, disponibles pour le bébé.

En proposant le lange pour Vincent, la mère a dû ressentir dans ses bras, un bébé plus unifié, moins en défenses contre des angoisses corporelles de liquéfaction et de chute. De ce fait, le bébé devenait moins dangereux pour sa mère. Je suppose que ma présence était soutenante par le fait que j'avais consolidé son assise à elle (en installant le coussin) et que je restais auprès d'elle, en empathie avec sa peur et sa violence. Là, je me réfère aux concepts psychanalytiques sur l'identification projective et le contenant-contenu de Meltzer et Bion.

Etre en empathie, c'est contenir l'intolérable qui fait souffrir (ici la violence de la mère et du bébé) et faire un travail interne de « digestion » et de transformation. En appui sur moi, elle peut, peut-être, vivre l'expérience émotionnelle de ne pas s'y perdre. Elle peut alors accueillir l'élan pulsionnel de son bébé qui se perçoit dans la recherche du tactile, élan perçu non pas comme une agression violente mais comme un besoin « narcissique très primitif ». Et c'est parce que cette mère a pu mieux saisir son bébé en le serrant davantage contre elle que ce bébé a pu, à son tour, saisir le sein maternel et téter. D'elle-même, elle répond à son bébé : elle lui touche la main et lui parle. Là, il s'endort en serrant le doigt de sa mère, contrairement à la veille où sa tête bougeait, paraissant chercher quelque chose.

La mère et le bébé forment une sorte de boucle qui va de la mère vers le bébé, du bébé vers la mère et ainsi de suite. Geneviève Haag dit à ce propos : « C'est le retour du même un peu modifié qui fait la différence et provoque l'évolution ». Pris dans cette boucle, le bébé est apaisé parce qu'il perçoit, dans ses sensations et dans son corps, les prémices lointaines d'une enveloppe qui contient l'existence de son être. Le corporel et le psychique ne cessent de s'emboîter l'un dans l'autre.

Sans ce point de retour qui forme la boucle, le bébé tombe dans un gouffre, comme Vincent qui coule par ses orifices anal et buccal. Comme moyen de survie, ce sera l'agrippement ou l'excitation sans issue pour combler le vide.

Deuxième cas clinique

Une femme vient me voir avec son bébé de sept mois. C'est une mère très excitée, angoissée, sans possibilités de faire des liens. Elle a simplement peur de son bébé, surtout quand il se met à faire des crises en hurlant. Rien ne le calme. Le père est présent, reste très à distance, tentant parfois de calmer le tempérament explosif de sa femme, sans résultat.

Le bébé est mis sur le tapis, sur le dos. La mère me dit, agacée et malheureuse, qu'il ne bouge pas. Il reste cloué au sol et ne fait aucun effort. Effectivement, ce bébé est impressionnant d'immobilité et de silence.

A la fin de cette première séance, ne sachant pas très bien dans quoi je m'embarque, je propose aux parents de me rencontrer sans leur bébé. Je dois ajouter ici que j'ai fonctionné comme cela à ce moment-là, moment qui correspondait à mon parcours personnel et à ma réflexion. De recevoir les parents seuls n'était pas une règle que je m'étais donnée.

Mme Y. vient me voir sans son mari. Elle est impressionnante par son état d'angoisse et d'excitation, et quelque chose d'étrange me donne l'impression d'assister à une représentation théâtrale de très mauvais goût. J'apprends qu'elle a repris récemment son travail. Sur son bureau, il y a la photo de son fils. Elle est obligée, parfois, de ranger cette photo au fond du tiroir car quelque chose la pousse à vouloir brûler les yeux du bébé avec le bout de sa cigarette. Elle veut chasser son idée qu'il serait possédé par le diable…

Elle a une fille de dix ans et a fait deux fausses couches avant d'être enceinte de Joël. Je réalise que c'est avec le diable que je vais m'embarquer… Elle revient avec son bébé. Dans ses bras, il est assez tendu, toujours silencieux, et son regard est plutôt perdu que noir. D'ailleurs, il me regarde souvent, sérieux, rarement tourné vers sa mère.

Elle le pose sur le tapis, opposé à nous. Le bébé glousse un peu et se laisse manipuler passivement. J'observe que le bébé tente de tourner imperceptiblement sa tête vers nous. Peut-être veut-il se joindre à nous ? Peut-être veut-il se rapprocher de sa mère ? Peut-être veut-il retrouver mon regard ? Je commente ce mouvement à la mère qui ne bouge pas, étonnée que je m'arrête à ce détail. Je me rapproche de lui et je lui dis : « Maman dit que tu restes cloué au sol mais nous avons remarqué que tu bouges ta tête. Je vais te tourner pour que tu puisses nous voir ». Il semble me répondre par un petit son.

Je glisse mes mains sous lui et j'attends qu'il me donne un signe corporel pour le soulever et le déplacer de telle façon qu'il puisse nous regarder ou non de lui-même. Je m'appuie là sur le « dialogue tonique » de

Lóczy et le dialogue des « attentions ». Je lui dépose quelques petits hochets et je retourne à ma place. Il me regarde, regarde vers sa mère qui devient silencieuse et perplexe. Alors que je m'interroge sur ce qui va se dire ou se produire, elle lui sourit.

Le bébé bouge, il décolle ses bras du tapis, fait de légers mouvements avec les jambes. Mme Y. me parle de sa mère : une mère insupportable qui se plaint sans arrêt, mais bien courageuse et qu'elle voit tous les jours. Une grand-mère maternelle, décédée il y a cinq ans, à qui elle était très attachée… Joël pleure un peu. La mère ne dit rien. Je reste auprès de lui. Il regarde le jouet. Je le lui donne. Je reviens près de la mère. Joël lâche le jouet. La mère prend mon relais et reste auprès de lui. Elle est plus calme. Elle reviendra plusieurs fois avec son bébé, nous serons dans le même état d'esprit.

Quelque temps plus tard, elle reprend contact avec moi. Elle vient seule. Son fils va mieux ; elle me dit : « Je me souviens toujours de la manière dont vous êtes allée vers lui et maintenant, je fais comme vous ». Elle me fait part à nouveau de ses angoisses diaboliques et voudrait que je l'aide. Elle s'installe dans un processus thérapeutique à trois séances par semaine. Je ne verrai plus l'enfant. J'entendrai, bien sûr parler de lui.

C'était il y a sept ans et notre travail se poursuit toujours. A propos de ce travail, elle dit : « Je peux penser maintenant. Ce qui me rendait malade de vivre, c'était de ne rien comprendre ». Dernièrement, elle me rapporte un rêve : « J'étais dans une pièce. Un homme va être exécuté. La femme de cet homme est aussi dans la pièce et elle semble ne pas avoir de chagrin. Je la traite de pêtasse et ça me fait du bien. Mon fils de sept ans est debout près de moi et regarde cet homme. »

Je reste silencieuse avec mes associations et je me mets à repenser aux premières séances avec Joël qui me regardait, il y a sept ans. Au même moment, elle s'effondre en pleurs sur le fauteuil en me disant que je ne suis plus la même, je suis moins gentille… distante. Je lui dis : « Le petit garçon, près de vous, regarde l'homme et c'est comme si c'était par le regard de cet homme qu'il se tenait debout ». Comme réponse, elle se redresse et me dit : « J'ai oublié de vous dire…, hier, en nettoyant les étagères de ma cuisine, j'ai pensé à ma mère qui me disait que mon père était un bon à rien, un imposteur, un salaud. J'ai pensé qu'elle me disait ça car elle ne voulait pas que j'aime mon père. »

Pourquoi ce rêve et le souvenir de la séance avec Joël ? Dans le rêve comme dans la séance, il est question d'exécution : exécuter l'homme, le père, exécuter le bébé-garçon qu'elle n'est pas (avec la cigarette). Dans la séance, il y a sept ans, le bébé que j'avais reçu était immobile, prisonnier des identifications projectives maternelles. Cependant, par le fait que j'ai pu contenir l'excitation et les angoisses qui la sous-tendaient, et par mon intervention auprès de lui, Joël s'était saisi du soutien et du regard que je lui apportais. La mère s'y était appuyée aussi (je fais comme vous).

Il n'y avait pas d'interprétation de ma part. Nous étions dans le vécu. Par la mise en place d'un cadre analytique, la mère de Joël fait un travail d'élaboration et de réintégration de sa propre histoire. « Je vais mieux parce que je pense. » Nous ne sommes plus dans le vécu direct, nous sommes dans la pensée. Dans la séance autour du rêve, je suis une mère qui contient son effondrement et je suis également un père sur lequel elle se redresse. Elle peut alors penser au sens de son effondrement et construire des liens, faire un va-et-vient entre ses niveaux infantiles et sa fantasmatique œdipienne.

Je ferai l'hypothèse que, par mon attitude thérapeutique, j'introduis de fait une double fonction : une fonction maternelle qui contient ; une fonction paternelle qui module et protège la mère et le bébé, fonction paternelle qui s'appuie sur ma pensée, ma théorie autour de l'initiative du bébé et ma référence analytique.

Meltzer, dans un article sur le rôle du père dans le premier développement, dit bien que la fonction du père est une fonction d'approvisionnement et de protection de la relation mère-enfant. Didier Houzel le reprend également : « Le rôle premier du père me semble plutôt un rôle d'union que de désunion ».

Par ma double fonction, les mères peuvent prendre pour elles cette double fonction (maternelle et paternelle), faire ainsi une place à leurs bébés et les voir. Ces bébés peuvent alors se saisir de leurs mères dans cette double fonction. Nous retrouvons la boucle.

*

* *

A partir de ces réflexions cliniques et des formations dont j'ai la responsabilité, je me suis interrogée sur le problème délicat de l'accompagnement du personnel en institution, sur le rôle de l'observateur qui accompagne. Il me semble que les propositions de Lóczy ne sont pas toujours bien comprises. En fait, ce qui n'est pas toujours bien compris, c'est toute la subtilité de la relation entre le soignant et le bébé..., tout un art, disait Myriam David.

J'évoquais, au début de mon exposé, l'importance de la boucle entre la mère et le bébé. De la même façon, j'évoquerai l'importance de cette boucle entre le personnel soignant et le bébé. C'est là que réside, en partie, la difficulté. L'écoute du bébé demande une réceptivité, une attente, une disponibilité. La réponse au bébé demande une action. L'écoute du bébé s'appuie sur une fonction maternelle, je dirais ici sur un maternage insolite. La réponse au bébé s'appuie sur un axe théorique (continuité d'autonomie) que je pourrais appeler un « paternage insolite ».

C'est la conjonction du maternage et du paternage qui rend vivante la relation au bébé. Etre à l'écoute du bébé, c'est observer le bébé, être au plus près de ce qu'il nous montre et de ce qu'il fait, rester ouvert à l'inconnu. Etre à l'écoute de l'auxiliaire, c'est être en empathie avec ce que provoque le bébé, dans quoi elle est entraînée et où dérape leur accordage, émotionnel et gestuel. La proposition d'un réajustement n'a de sens que si l'auxiliaire est sensible à ce que fait le bébé (en ce sens, elle est aidée par l'observateur) et si elle se sent comprise et contenue par cet observateur. Un peu comme les mères en présence de Vincent et de Joël...[1]. Elle s'approprie alors pour elle-même le cadre théorique et répond au bébé. Celui-ci se sent nourri par cette relation. Son activité libre contribue alors à l'élaboration en lui d'une sécurité de base et d'une force du moi.

---

1. A. Tardos, M. David, « De la valeur de l'activité libre du bébé dans l'élaboration du self », *dans* : M. David et G. Appell, *Lóczy ou le maternage insolite*, disponible à l'association Pikler Lóczy de France.

Martine Moralès-Huet

« Etre avec » pour soigner : les psychothérapies mère-bébé engagées au domicile de familles autrement inaccessibles aux soins

M. David et G. Appell (1973) ont parlé de « maternage insolite » à propos de l'organisation de l'Institut Emmi Pikler, et en particulier à propos des principes directeurs sur lesquels sont fondés l'accueil et le soin de jeunes enfants placés dans cette institution. Je souhaiterais aborder une autre modalité de soin quelque peu insolite, en ce sens qu'elle est encore peu pratiquée en France et en Europe, et qui s'inscrit, comme l'Institut Emmi Pikler, dans une démarche anticarentielle : il s'agit des psychothérapies mère-bébé d'inspiration psychanalytique et au long cours, engagées au domicile de familles carencées ou exclues.

Cette approche est en effet destinée de façon prioritaire à des familles en détresse psychologique et sociale, dites encore « à problèmes multiples », et inaccessibles aux consultations psychiatriques ou psychothérapiques proposées dans différents lieux de soins pourtant mis à la disposition des plus défavorisées (consultations de secteur adulte, CMP des intersecteurs infanto-juvéniles, consultations hospitalières, centres de protection maternelle et infantile...).

Martine Moralès-Huet, psychologue, psychothérapeute (France).

Très schématiquement, il s'agit ici de familles confrontées de façon généralement chronique, et donc ancienne, à une situation de détresse multifactorielle :
— elles appartiennent à un milieu socio-économiquement et culturellement défavorisé ;
— il s'agit souvent de familles déracinées et immigrées, issues d'une minorité ethnique ;
— elles sont généralement désorganisées et monoparentales, ou bien lorsque le couple parental n'est pas dissocié, l'enfant peut être confronté à de fréquentes violences intrafamiliales ;
— on relève aussi fréquemment la présence de handicaps ou de problèmes somatiques non traités ou mal soignés ;

Si l'hypothèse d'une structure bien définie ne peut être avancée, face à la diversité et à la complexité des configurations cliniques rencontrées, en règle générale, ces mères carencées et gravement déprimées s'apparentent, par certaines caractéristiques centrales de leur fonctionnement psychique, à des pathologies limites. Parmi celles-là, on relève le recours aux défenses par le comportement, un mécanisme ancien de répression des affects et un comportement d'évitement, de rupture des liens — qui, si nous nous situons dans la perspective de la théorie de l'attachement, évoque typiquement un pattern d'attachement anxieux évitant. On note aussi d'importantes carences narcissiques dont témoignent un profond sentiment de mésestime de soi et d'intenses sentiments de honte.

Ces mères sont décrites par les intervenants médico-sociaux qui les rencontrent au moment de la grossesse ou dans la période du post-partum — notamment les sages-femmes et les puéricultrices —, comme isolées, parfois même véritablement prostrées chez elles. Aussi celles-ci sont-elles très inquiètes face à une situation de détresse qui ne relève plus de leur compétence, et qui risque d'entraver gravement le processus de maternalisation chez la mère, l'instauration du lien d'attachement à son bébé, et sa capacité à lui prodiguer tous les soins nécessaires à sa santé et à son bon développement.

Le grave syndrome dépressif pré et postnatal qu'elles présentent peut être rattaché à un événement douloureux récent ou à la survenue de la grossesse car, on le sait, l'accès à la parentalité est aussi en soi une période de transition à risque (Bowlby, 1988 ; Cramer, 1995). Mais il apparaît rapidement que cette symptomatologie s'ancre dans une problématique plus ancienne et que nombre de ces femmes ont été elles-mêmes exposées précocement à des expériences répétées de rupture du lien et d'abandon, certaines à des négligences graves ou à de mauvais traitements, d'autres à la perte brutale de leurs objets d'attachement privilégiés.

De tels troubles psychopathologiques concourent, pour une part plus ou moins importante, au maintien de ces familles dans leurs difficultés matérielles et relationnelles, et au maintien d'une situation durable d'isolement, de déprivation et d'insécurité, comme si toutes ces difficultés cumulées figuraient et même confirmaient une représentation interne omniprésente : celle d'avoir continuellement à survivre à un environnement fondamentalement précaire et lourd d'insécurité, sans pouvoir établir une relation confiante et durable avec autrui, et sans espoir de changement.

Face à de telles situations, plusieurs équipes sociales ou médico-psychologiques, alertées par de nombreux « clignotants » (Soulé *et al.*, 1989), se sont souvent et activement mobilisées. Mais force est de constater que ces diverses tentatives, au reste difficiles à coordonner, sont fréquemment vouées à l'échec.

Tout ceci nous amène à constater que ce sont les familles les plus à risque pour le développement du jeune enfant, qui sont aussi souvent les plus limitées dans la capacité à utiliser les structures de soins existantes et gratuites mises à leur disposition. Aussi nous faut-il, si nous voulons accéder à celles-là, proposer des modalités de réponses thérapeutiques adaptées, c'est-à-dire utilisables par elles. L'élaboration de ces modalités de réponses passe par des aménagements du cadre et de la technique, voire une révision de certains présupposés théorico-techniques sur lesquels s'appuient de nombreuses pratiques institutionnelles traditionnelles. Or, l'expérience montre que grâce à ces aménagements techniques, grâce à l'alliance thérapeutique avec la mère, à l'attitude sécurisante et empathique du thérapeute, et grâce aussi à la présence formidablement mobilisatrice du bébé, ces mères peuvent s'engager dans un vrai travail psychothérapique sur elles-mêmes en tant que mère, sur l'enfant qu'elles ont été et qui est encore en elles, et sur la relation à leur bébé.

Le travail de S. Fraiberg, décrit dans son ouvrage *Clinical Studies in Infant Mental Health* (1980), a été véritablement pionnier en la matière. Il constitue une référence majeure, à double titre : Fraiberg est en effet l'une des premières à avoir proposé et conceptualisé non seulement les traitements conjoints mère-bébé d'inspiration psychanalytique, mais aussi l'approche psychothérapique à domicile face à des situations de petite enfance à haut risque et inaccessibles aux thérapeutes travaillant en institution.

En France, après les initiatives pionnières développées par G. Appell et M. David, diverses tentatives d'approche de ces familles à risques multiples ont également été mises en œuvre, plus ou moins inspirées par le modèle de S. Fraiberg, et donnant lieu, de ce fait, à des modalités d'intervention à domicile assez diversifiées (Lamour *et al.*, 1988 ; Stoleru et Moralès-Huet, 1989 ; Brengard-Dos Santos *et al.*, 1992 ; Guedeney *et al.*, 1995).

Finalement, les observations et les résultats fort encourageants des diverses expériences conduites jusqu'à maintenant mettent en évidence que ces psychothérapies mère-bébé entreprises au domicile de familles autrement inaccessibles, ne sont possibles que si les conditions suivantes se trouvent réunies :

— l'existence, en amont, de véritables liens de partenariat entre professionnels de la petite enfance appartenant à des institutions différentes ;

— la pratique régulière de visites à domicile, c'est-à-dire un aménagement du cadre ;

— la présence du bébé, profondément mobilisatrice pour la mère (ou les deux parents) ;

— le travail de maintien actif de la relation thérapeutique, une fois le traitement engagé, ainsi qu'une éventuelle implication du thérapeute au niveau de la réalité concrète.

Autant de paramètres sur lesquels je vais brièvement revenir maintenant, étant entendu qu'il s'agit là de principes généraux, et qu'il convient donc de les adapter au caractère singulier et unique de chaque situation.

Le travail de partenariat en amont

Si le travail préventif dans le champ de la petite enfance est fondamentalement transdisciplinaire, cela est particulièrement vrai en ce qui concerne les conditions de faisabilité et le bon déroulement de ces traitements. En effet, le dépistage des situations à risque repose sur la compétence et la vigilance de différents professionnels de terrain, en particulier celles des sages-femmes et des puéricultrices de PMI intervenant à domicile, ainsi que des assistantes sociales de secteur. Et ce n'est que grâce à la médiation offerte par les professionnels sur le terrain que les psychothérapeutes pourront avoir accès à ces dyades (Stoleru et Morales-Huet, 1989 ; Guedeney, *et al.*, 1994).

Intervenir le plus tot possible

Il est souhaitable et important d'engager le traitement psychothérapique le plus tôt possible, c'est-à-dire dans le meilleur des cas dès la période de la grossesse, sinon rapidement après la naissance du bébé. De nombreuses études ont en effet montré que plus on intervient tôt, plus le travail de prévention s'avère efficace.

De plus, la grossesse est souvent vécue dans ces familles sur un mode éminemment anxieux et conflictualisé, et elle apparaît réellement comme un facteur de risque venant s'ajouter à ceux déjà existants. Il s'agit donc d'intervenir le plus tôt possible en vue de soulager la détresse de la femme enceinte (ou de la jeune mère), en lui proposant d'emblée l'étayage dont elle a tant besoin, et en vue de favoriser l'établissement du lien d'attachement à son bébé, très menacé initialement.

Cette intervention précoce va se trouver facilitée et pleinement justifiée par le fait que l'accès à la parentalité rend la jeune mère exceptionnellement réceptive à une proposition d'aide psychologique. Parmi les bouleversements et les mouvements intrapsychiques intenses qui s'opèrent alors en elle, il y a, souligne Bowlby (1988), une réactivation massive de ses besoins de dépendance et d'attachement, tout comme d'une « base secure », à laquelle aspire tout être humain en situation de stress.

D. Stern (1995) parle de « constellation maternelle » pour désigner le vécu et le fonctionnement psychique singulier qui animent la jeune mère pendant la grossesse et après la naissance du bébé (notamment après celle du premier enfant). Il décrit lui aussi le profond besoin qu'éprouve celle-là d'un « réseau de soutien matriciel » : un soutien concret mais aussi psychologique, provenant certes du père du bébé, mais également et surtout d'autres femmes s'étant déjà (personnellement ou professionnellement) occupées de jeunes enfants et étant à ce titre reconnues comme pouvant légitimement aider la mère. Et ce, précise D. Stern , même si consciemment cette dernière n'en attend que peu de choses.

Cette « constellation maternelle » nous paraît pour beaucoup rendre compte d'un fait fréquemment observé dans la clinique de la petite enfance : la facilité avec laquelle des mères pourtant méfiantes, gravement déprimées et isolées, nouent une relation avec les sages-femmes ou les puéricultrices de secteur allant les voir à leur domicile. Et également, constatons-nous, avec une psychothérapeute engageant de même une démarche à domicile, pour peu que soit donné à la psychothérapie un climat de sécurité suffisante.

La présence du bébé

Un autre facteur va également faciliter la mise en place de la psychothérapie : la présence ou l'arrivée imminente du bébé, qui va avoir une fonction de catalyseur (Fraiberg, 1980). Il fournit, écrit celle-ci, une puissante motivation au traitement et au changement, et sa naissance peut être vécue comme une seconde naissance psychologique pour ses parents. « Le bébé devient le lien qui nous unit : nous sommes leurs partenaires et leurs alliés afin que les espoirs qu'ils ont pour leur bébé s'accomplissent ».

La pratique régulière des visites à domicile

Les visites à domicile constituent l'un des leviers thérapeutiques essentiels de ces traitements. Cette modification majeure du cadre et de l'attitude du thérapeute repose sur une préoccupation centrale : accéder à ces familles par une voie non persécutoire et rendre la relation à l'autre tolérable. Dans un premier temps, les visites vont permettre au psychothérapeute d'entrer en contact avec la mère (ou les deux parents) et le bébé, puis elles vont aider au travail d'instauration d'une alliance thérapeutique, et une fois celle-ci établie, elles vont largement contribuer à assurer la continuité de la relation, et avec elle la poursuite du traitement — à condition toutefois que soient conjointement réalisées les autres modalités nécessaires au bon déroulement du processus thérapeutique.

Parmi les concepts et les observations cliniques qui peuvent aider à la compréhension de la difficulté de ces jeunes parents à utiliser les ressources de l'environnement et à maintenir durablement une relation avec des soignants, il est maintenant souvent fait référence au concept d'attaque contre les liens, proposé par W. Bion (1959). Ce concept nous a paru éclairant face à l'isolement social de ces familles, au chaos de leur situation matérielle et à la désorganisation de leurs modes de relation avec autrui.

On pourrait dire ici, en paraphrasant W. Bion, qu'au travers de la démarche à domicile, le psychothérapeute « construit le lien » ou le répare, mais à condition, pensons-nous, que cette démarche s'inscrive dans la durée et dans la continuité. Se situer dans une perspective de soins avec ces familles, c'est avoir pour objectif premier — ce qu'a beaucoup souligné S. Fraiberg — d'établir une alliance thérapeutique avec elles en respectant leurs défenses contre l'angoisse, la méfiance étant considérée comme une résistance non pas à vaincre mais à traiter. C'est donner à la mère le sentiment réassurant de quelque peu contrôler la situation, puisqu'elle peut être ou ne pas être là, ouvrir la porte ou ne pas répondre, nous recevoir seule ou en présence d'autres membres de la famille, faciliter le déroulement de l'entretien ou le gêner, nous laisser voir son bébé ou le soustraire à notre regard en le laissant dans une autre pièce…

Par ces aménagements techniques du cadre qui impliquent une attitude thérapeutique à la fois rigoureuse, souple et créative, et donc laissant aussi la place à l'improvisation, le psychothérapeute vise à établir une « base sécure » propice à l'instauration d'une alliance avec la mère (ou les deux parents). Enfin, il s'agit de mettre celle-ci en situation de pouvoir penser et de pouvoir progressivement exprimer ses affects. Le thérapeute, dit S. Fraiberg, donne à la mère la permission de ressentir des affects pénibles liés à des expériences anciennes douloureuses et de pouvoir faire des liens entre ses difficultés actuelles (en tant que mère) et celles de sa propre histoire infantile (en tant qu'enfant). Au domicile, nous avons beaucoup plus accès au fonctionnement habituel de la famille, et à celui de la mère avec son bébé. Aussi l'aménagement du cadre ne va-t-il pas entraver mais bien plutôt permettre une appréhension du monde interne de la mère et l'engagement d'un processus psychothérapique en profondeur.

De plus, le domicile permet non seulement une approche de la dyade mère-bébé, mais aussi souvent une approche familiale plus élargie, et notamment un accès au père (lorsque le couple parental n'est pas dissocié), un accès à la fratrie, et une observation des liens d'attachement du bébé à d'autres membres de la famille, par exemple à une grand-mère ou à une sœur aînée.

Enfin, le domicile permet de prendre pleinement la mesure de facteurs de risque liés aux conditions de vie et à l'environnement. C'est dire qu'il va permettre une évaluation plus juste de la situation clinique dans son ensemble. Par-delà cette dimension, il permet de repérer certains aspects de l'environnement, du lieu de vie, qui peuvent refléter la psychopathologie parentale ou certains contenus de la vie psychique interne des parents.

Pour tenter de décrire, S. Stoleru et moi-même, ce que nous ressentions intérieurement dans ces traitements, et notamment le souci qui accompagnait et guidait notre attitude thérapeutique, nous avons parlé de « préoccupation thérapeutique primaire » (Stoleru et Morales-Huet, 1990). Car si toute psychothérapie mère-bébé fait appel aux capacités d'identification et d'empathie du thérapeute, cela nous semble particulièrement vrai et déterminant pour ces dyades à risque. Le travail engagé avec elles nécessite, en effet, de pouvoir s'identifier de manière empathique et sécurisante à la mère et au bébé, et aussi à l'enfant dans la mère. Outre cette disponibilité empathique, il implique la capacité du thérapeute à s'adapter à des situations qui peuvent être inconfortables ou imprévues : adaptation « dans l'espace », par exemple en conduisant un entretien dans une pièce bruyante ou insalubre ; et « dans le temps », par exemple en modifiant les horaires des rendez-vous ou en intensifiant le suivi lors de périodes critiques.

Notre objectif de soin et de prévention concernant les nourrissons nés dans ces familles nous conduit à être particulièrement attentifs, non seulement aux vicissitudes des interactions mère-bébé, mais aussi aux soins les plus élémentaires qui sont ou non prodigués à ce dernier. Les interventions de guidance développementale vont souligner les besoins de l'enfant et aider la mère à les reconnaître, à les tolérer et à y répondre.

Le travail de maintien actif de la relation clinique

Un autre aspect très important de ces traitements réside dans le travail de maintien actif de la relation clinique. Ici, c'est le psychothérapeute qui a à assurer la continuité et la fiabilité de la relation, et qui s'instaure comme garant du cadre. Lorsque des séances sont manquées, nous prenons systématiquement l'initiative de joindre à nouveau la mère, soit en lui téléphonant, soit en lui écrivant, et selon des modalités adaptées à la dynamique psychothérapique propre à chaque situation. Si un rendez-vous manqué semble lié à un mouvement transférentiel négatif, il est important de l'interpréter au moment opportun de façon à rétablir l'alliance thérapeutique.

Cette persévérance s'appuie sur l'idée qu'une relation affective privilégiée, stable et fiable avec le thérapeute, pourra permettre à la mère de vivre une expérience nouvelle ayant des effets mutatifs, c'est-à-dire donnant lieu à un processus d'ouverture et de changement dans sa relation avec son bébé, mais aussi avec d'autres professionnels de santé, jusque-là évités et perçus négativement.

Le travail de réflexion en équipe et la poursuite de la collaboration avec les autres services

Le thérapeute intervient seul au domicile de la famille, mais il ne travaille pas isolément avec la dyade mère-bébé. D'une part, il doit pouvoir s 'appuyer sur l'institution au sein de laquelle il travaille. D'autre part, il reste soucieux de maintenir ou d'établir des liens avec d'autres équipes susceptibles d'aider la mère et/ou l'enfant, chacune avec sa fonction spécifique (par exemple une équipe de crèche ou les services sociaux). Nous demandons toujours préalablement à la mère (ou aux deux parents) l'autorisation de contacter ces différents services lorsque le besoin s'en fait sentir, et jusqu'à présent, pour ma part, j'y ai toujours été autorisée. Ce faisant, nous veillons constamment à respecter suffisamment la confidentialité des entretiens avec la mère.

Nous n'ignorons pas par ailleurs ni ne minimisons la situation matérielle, socio-économique et culturelle de ces familles, et il se peut que nous intervenions, par exemple, pour appuyer activement une demande de relogement, que nous encouragions une mère à accepter l'aide d'une travailleuse familiale, ou que nous en aidions une autre à lire et à remplir un formulaire administratif, ou encore que nous accompagnions la mère et son bébé lors d'une consultation à l'extérieur.

On le voit, le psychothérapeute peut être amené à agir et à passer par le concret, comme figuration du lien qu'il propose et qui se crée, comme figuration de la fiabilité de la relation clinique engagée et de l'étayage offert à la dyade, et comme figuration du pensé et du ressenti. C'est dire qu'est conférée ici à l'« action » une tout autre place que celle qui lui est souvent assignée dans les milieux psychanalytiques français, où elle est plutôt envisagée avec suspicion et fréquemment considérée comme une forme de passage à l'acte (Guedeney *et al.*, 1995).

Objectifs

En décrivant les aménagements du cadre, l'attitude du psychothérapeute et certains aspects techniques de ces traitements conjoints à domicile, j'ai déjà évoqué les principaux objectifs que voici résumés :

— avoir accès à des dyades mère-bébé à haut risque et inaccessibles aux traitements habituels proposés intra-muros dans différents lieux de soins ;

— engager ces interventions précoces avec le double souci de procéder à une évaluation initiale approfondie de la situation, ce qui permettra de mieux définir les objectifs du traitement ; et d'amorcer dès le premier contact avec la mère (ou les deux parents) une alliance thérapeutique ;

— le thérapeute a à travailler activement à l'instauration puis au maintien de cette alliance thérapeutique, ce qui nécessitera souvent, notamment au début, l'interprétation bienveillante et empathique des mouvements transférentiels négatifs ;

— l'objectif du travail psychothérapique à proprement parler est tout d'abord de soulager la détresse de la jeune (ou de la future) mère, en lui offrant d'emblée, de façon fiable et continue, un étayage à la fois objectal et narcissique. Il est focalisé sur les troubles de la maternalité, sur les vicissitudes du lien mère-enfant, et sur ce qui fait peser sur ce dernier le risque d'une répétition intergénérationnelle.

Pour cela, le psychothérapeute utilise ses capacités d'empathie et d'identification à la mère et au bébé. Cette perspective rejoint celle proposée par D.W. Winnicott, tout comme par S. Fraiberg (1980), J. Bowlby (1988) et aussi S. Lebovici (1991, 1994) et D. Stern (1995*a*, *b*), lesquels soulignent toute la valeur thérapeutique de la dimension émotionnelle et empathique dans l'attitude du clinicien. A l'écoute de la mère et de l'enfant, celui-ci est également attentif à la dynamique interactive observable, le domicile ouvrant là un champ d'observations tout à fait exceptionnel.

Il importe de pouvoir décrypter cette dynamique interactive et d'aider la mère ou les deux parents à « comprendre la nature des déplacements transférentiels qu'ils effectuent sur le bébé » (Lebovici, 1991), de « décontaminer », selon l'expression de B. Cramer, la relation au bébé, ou sa représentation, des projections maternelles déformantes. Ou encore, selon la métaphore proposée par S. Fraiberg et si souvent citée, de « chasser les fantômes de la chambre du bébé ». Pas tous les fantômes, mais ceux qui, dans l'expérience traumatique passée de la mère, dans son enfance, semblent compromettre dans le présent son lien d'attachement à l'enfant, et sa capacité à exercer ses fonctions maternelles de manière suffisamment adéquate et avec suffisamment de plaisir.

Du côté du bébé, le thérapeute verbalise ce que celui-ci peut éprouver, là aussi dans le but de favoriser le lien d'attachement. Il est attentif à ses manifestations, à ses signaux, à ses besoins et à ses « manières d'être avec sa mère » (Stern, 1995), l'enfant étant considéré lui aussi comme un allié et comme un partenaire actif du traitement.

Durée

La durée de ces thérapies mère-bébé à domicile est variable ; cependant, il est important de savoir qu'il ne s'agit pas ici de thérapies brèves limitées à quelques interventions qui n'auraient lieu qu'à l'acmé d'une période de crise aiguë, et cesseraient une fois cette situation de crise apparemment résolue ou suffisamment atténuée, ou une fois la symptomatologie du bébé disparue.

Ces interruptions peuvent avoir des conséquences cliniques néfastes et ces traitements conjoints doivent pouvoir être envisagés, pensés et engagés dans la continuité et dans la durée, sans préjuger à l'avance, bien entendu, de ce que sera précisément cette durée.

Il est ressorti progressivement de notre expérience qu'une interruption prématurée pendant ou au cours de la première année était souvent liée au déménagement de la famille, sinon ces thérapies se prolongent généralement jusqu'à la troisième année de la vie de l'enfant, autrement dit elles couvrent souvent la période de la petite enfance.

La fin de ces psychothérapies conjointes semble pouvoir être envisagée lorsque nous constatons une amélioration durable de l'état clinique de la mère, une évolution favorable de l'enfant dans différents secteurs de son développement, et la qualité de leur lien d'attachement. Lorsque nous pensons que nous pouvons nous retirer, progressivement, sans que ce processus de séparation entraîne une désorganisation ou une décompensation chez la mère ou dans la famille. Lorsque nous constatons que la mère peut trouver du plaisir à exercer ses fonctions maternelles de façon autonome, sans notre étayage. Lorsqu'elle a pu découvrir et développer une autre représentation d'elle-même en tant que mère, en même temps que ses propres ressources parentales, et qu'elle peut maintenant compter sur celles-ci, c'est-à-dire compter également sur elle-même (Seligman, 1994). Lorsqu'elle a pu conjointement développer une autre représentation de son enfant, décontaminée des fantômes du passé.

S'appuyant sur une étude récemment réalisée, P. Fonagy (1996) avance l'idée que chez des mères ayant subi des carences ou des traumatismes pendant l'enfance, la capacité de réfléchir sur leur passé, de se représenter les conflits et de rester en contact avec ce qu'elles ont vécu et avec leurs émotions, a en soi une valeur protectrice pour elle-même et pour leur bébé, à qui elles se montrent plus en mesure de fournir une « base secure » que les mères n'ayant pu développer cette capacité.

L'une des finalités essentielles de ces traitements conjoints à domicile d'inspiration psychanalytique est bien de développer et de favoriser chez la mère cette capacité de réflexion sur elle-même et sur ceux de ses conflits internes ayant entravé jusqu'ici sa relation à son enfant. Elle est aussi de permettre à ce dernier de développer avec elle une relation d'attachement sécure, fondamentale pour son évolution ultérieure.

Si nous y sommes parvenus à la fin du traitement, nous pouvons penser que celui-ci aura contribué à desserrer l'automatisme de répétition inconscient qui pesait auparavant si lourdement sur l'un comme sur l'autre, et que cette thérapie leur aura permis une ouverture significative et structurante sur de nouvelles modalités relationnelles et de nouvelles expériences, dans le présent et dans l'avenir.

Bibliographie

Bion, W.R. 1959. « Attacks on Linking ». *International Journal of Psychoanalysis*, 40, pp. 308-315.

BOWLBY, J. 1988. *A Secure Base. Clinical Applications of the Attachment Theory.* London, Tavistock Rootledge.

BRENGARD-DOS SANTOS, D. ; BOTBOL, M. ; DUCHATEAU, A. ; NOËL, M. 1992. « Réflexions sur l'expérience d'une unité intersectorielle de soins à domicile en psychiatrie du nourrisson ». *Devenir.* 4, pp. 49-69.

CRAMER, B. ; PALACIO-ESPASA, F. 1993. *La pratique des psychothérapies mère-bébé.* Paris, PUF, Le fil rouge.

CRAMER, B. 1995. « Vicissitudes des identifications maternelles ». *Devenir.* Vol. 7, 3, pp. 5-22.

DAVID, M. 1983. « Early Treatment of Infants at Risk in Distrubed Families ». *Dans* : J.D. Call, E. Galenson, R.L. Tyson (sous la dir. de). *Frontiers of Infant Psychiatry.* New York, Basic Books.

FONAGY, P. 1996. Communication à la journée WAIMH France du 25 janvier, consacrée à « L'attachement ».

FRAIBERG, S. ; ADELSON, E. ; SHAPIRO, V. 1975. « Ghosts in the Nursery : A Psycoanalytic Approach to the Problem of Impaired Infant-Mother Relationships ». *Journal of American Academy of Child Psychiatry.* 14, pp. 387-422.

FRAIBERG, S. 1980. *Clinical Studies in Infant Mental Health. The First Year of Life.* New York, Basic Books.

GUEDENEY, N. ; MORALES-HUET, M. ; RABOUAM, C. ; BEGUIER, I. 1994. « Le groupe VAD. Un exemple de partenariat entre professionnels de la petite enfance ». *Devenir.* Vol. 6, 1, pp. 31-53.

GUEDENEY, A. ; GUEDENEY, N. ; MORALES-HUET, M. 1995. « Fraiberg in Paris. The Signal ». *Newsletter of the WAIMH.* Vol. 3, n° 1, pp. 1-5.

LAMOUR, M. ; SPIRA, N. ; NOËL, C. ; ROSENFELD, J. 1988. « Nouvelles actions préventives chez les nourrissons à risque psychosocial et leurs familles ». *Dans* : B. Cramer (sous la dir. de). *Psychiatrie du bébé, nouvelles frontières.* Paris, ESHEL, et Genève, Médecine et hygiène.

LEBOVICI, S. ; STOLERU, S. 1983. *Le nourrisson, la mère et le psychanalyste.* Paris, Le Centurion.

LEBOVICI, S. 1991. « Des psychanalystes pratiquent des psychothérapies bébés-parents ». *Revue française de psychanalyse.* 3, pp. 667-683.

LEBOVICI, S. 1994. « L'homme dans le bébé ». *Revue française de psychanalyse.* 3, pp. 661-680.

SELIGMAN, S.P. ; PAWL, J.H. 1984. « Impediments to the Formation of the Working Alliance in Infant-Parent Psychotherapy ». *Dans* : Call, J. ; Galenson, E. ; Tyson, R.L. (sous la dir. de). *Frontiers of Infant Psychiatry.* Vol. II, New York, Basic Books.

SELIGMAN, S.P. 1994. « Le programme enfant-parent. Le développement d'un programme pilote de santé mentale infantile ». *Devenir.* Vol. 6, 1, pp. 7-29.

SOULE, M. ; NOËL, J. ; FRICHET, A. 1989. « Le travail préventif auprès de la famille en faveur du très jeune enfant ». *Dans* : S. Lebovici, F. Weil-Halpern (sous la dir. de). *Psychopathologie du bébé.* Paris, PUF, pp. 751-769.

STERN, D. 1995*a*. *The Motherhood Constellation. A Unified View of Parent-Infant Psychotherapy.* New York, Basic Books.

STERN, D. 1995*b*. « La constellation maternelle ». Communication au 6e Symposium de psychiatrie de l'enfant et de l'adolescent. Genève, 11-13 mai.

STOLERU, S. ; MORALES-HUET, M. 1989. *Psychothérapies mère-nourrisson dans les familles à problèmes multiples.* Paris, PUF, Le fil rouge.

STOLERU, S. ; MORALES-HUET, M. 1990. « Psychothérapies mère-nourrisson dans les familles à problèmes multiples ». *Devenir.* Vol. 3, pp. 8-28.

WINNICOTT, D.W. 1956. « La préoccupation maternelle primaire ». *Dans* : *De la pédiatrie à la psychanalyse*, traduction française, Paris, Payot, 1969.

WINNICOTT, D.W. 1971. *La consultation thérapeutique et l'enfant.* Paris, Gallimard.

Table des matières

C'est après avoir exercé ses activités de pédiatre auprès des familles, que le Dr Emmi Pikler a fondé, en 1946, cet institut, plus communément connu sous le nom de « Lóczy », afin d'y accueillir des bébés privés du soutien de leurs parents.

A cette époque, Emmi Pikler connaît tous les travaux sur l'hospitalisme et la polémique qui existe autour de la difficile prise en charge des jeunes enfants privés de leur milieu familial. Se fondant sur des observations et des recherches conduites lors de son travail auprès des familles et sur l'approche psychopédagogique du bébé qu'elle y a développée, elle prend une option claire, fondamentale : si un jeune enfant ne peut être élevé par sa mère, la relation maternelle ne peut être reproduite. Cependant, il doit être possible de lui offrir, dans le cadre d'une institution, une expérience de nature tout à fait différente qui favorise son plein épanouissement.

Dès lors, elle structure un lieu de vie où l'accueil des enfants, la recherche et la formation permanente du personnel forment un tout indissociable. L'originalité de sa démarche, poursuivie par ses successeurs, ainsi que les résultats obtenus, contrôlés par des observations et des recherches rigoureuses, sont maintenant connus et reconnus sur les plans national et international. Pour tous ceux qui connaissent cet institut, il est certain que se sont accumulés là, depuis cinquante ans, un savoir sans cesse en évolution et l'épanouissement d'une attitude à l'égard du bébé, qui sont une richesse pour tout adulte et tout enfant quelle que soit la situation dans laquelle ils se trouvent. Il en émerge une subtile relation faite de respect mutuel et de tendresse qui en fait un haut lieu d'humanité représentant un patrimoine à préserver.

Et pourtant, depuis 1996, les pouvoirs publics hongrois ne pouvant plus assurer seuls le financement de l'ensemble de ses activités, cet institut est en péril. Par contre, avec l'aide privée, nationale et internationale, ils envisagent la création d'une fondation publique hongroise dont les statuts sont en préparation.

Pour contribuer au financement de cette fondation publique, une association internationale est créée, en mai 1997, par des professionnels qui n'acceptent pas de voir disparaître un lieu où l'intelligence et le cœur ont su :

— créer un remarquable lieu d'accueil, non carentiel, pour de jeunes enfants en difficultés et leurs parents ;

— apporter une contribution scientifique originale à la compréhension du développement de l'être humain ;

— élaborer une approche chaleureuse et réfléchie de la formation et de l'accompagnement du personnel engagé auprès des enfants.

En juillet 1997, la somme nécessaire à la première étape de la création de cette fondation était réunie. Il convient maintenant de consolider ces premiers résultats par diverses actions. Toutes les suggestions sont les bienvenues ainsi que les contributions financières, qui peuvent être adressées sous forme d'adhésions à l'association internationale, ou sous forme de dons.

Association internationale Pikler (Lóczy)
AIP(L) c/o SZANTO
2 ter, rue de la Cerisaie, 92310 Sèvres, France
Tél. (33) 01 46 26 26 52 – Fax (33) 01 45 07 10 64

En prolongation de cet ouvrage, et pour mieux connaître l'Institut Emmi Pikler et son travail, l'Association Pikler Lóczy de France informe que plusieurs membres de l'équipe de l'Institut ont écrit de nombreux articles sur leurs conceptions de l'enfant, de l'éducation et de l'organisation d'une pouponnière.

Ils sont tous disponibles en hongrois à l'Association Pikler Lóczy de Hongrie, 1022 Budapest, Lóczy Lajos utca 3 (certains sont traduits en allemand, anglais, italien, polonais...).

Un grand nombre de ces articles sont disponibles en français à
l'Association Pikler Lóczy de France
20 rue de Dantzig
75015 Paris.

Des documents vidéoscopiques tournées à l'Institut sont également disponibles à cette même adresse.

Achevé d'imprimer par Présence Graphique
2 rue de la Pinsonnière - 37260 Monts
N° d'imprimeur : 040517317-400